汉法词汇理据对比研究

Étude Contrastive de la Motivation du
Lexique en Chinois et en Français

孟晓琦 著

图书在版编目（CIP）数据

汉法词汇理据对比研究 / 孟晓琦著. -- 北京 : 中国书籍出版社, 2020.12
  ISBN 978-7-5068-8221-7

  Ⅰ.①汉… Ⅱ.①孟… Ⅲ.①汉语—词汇—对比研究—法语 Ⅳ.①H13②H323

中国版本图书馆CIP数据核字(2020)第250392号

汉法词汇理据对比研究

孟晓琦　著

丛书策划	武　斌
图书策划	尹　浩
责任编辑	宋　然
责任印制	孙马飞　马　芝
封面设计	东方美迪
出版发行	中国书籍出版社
地　　址	北京市丰台区三路居路97号（邮编：100073）
电　　话	（010）52257143（总编室）　（010）52257140（发行部）
电子邮箱	eo@chinabp.com.cn
经　　销	全国新华书店
印　　刷	北京睿和名扬印刷有限公司
开　　本	710毫米×1000毫米　1/16
字　　数	281千字
印　　张	14.25
版　　次	2021年3月第1版　2021年3月第1次印刷
书　　号	ISBN 978-7-5068-8221-7
定　　价	65.00元

版权所有　翻印必究

中文摘要

　　语言理据是促发语言各级符号形式、符号形义间关系及符号意义间关系生成、变化和消亡的内外部因素。它是语言生命的基因，决定着语言的面貌和特点。对语言理据的探讨，不仅可揭示语言的内在规律，满足语言研究解释充分性的要求，而且还能在一定程度上预测语言发展的趋势。本书以汉法词汇理据为研究对象，立足于对比语言学与认知语言学理据论、原型论等相关理论，从语音、文字、形态、语义四个层面对汉法词汇理据加以描写、分析、对比。

　　选择词汇作为理据对比的载体，缘于词汇在语言中的特殊地位。词汇位于语言学研究区域的十字路口——音位学与形态学研究词的形式对意义的影响；语义学研究词的意义；句法学研究词的组合特点，词汇是语言的基本结构单位，是语言系统的基石和根本。

　　本书由引言、正文与结论三部分构成。引言部分介绍了本研究的选题动机、目的、理论基础、研究方法、意义与主要内容。正文第一章首先对自古希腊以来的语言理据观与任意观之争进行概述，并对语言任意性与理据性的辩证关系做出了说明；其次在对前期有关理据的定义及理据类型加以综述的基础上，明确了本书的词汇理据讨论层次；最后对理据性、象似性、内部形式与词义透明度这几个与理据相关的重要术语概念加以说明。第二章对汉法词汇的语音理据展开对比。文中将语音理据二分为语音象征与语音诗性功能两个层面。语音象征层面主要针对汉法语单体音素或象声词中所具有的原生性质的语音理据进行对比。对比发现：这一层面的汉法语音理据具有较高的一致性，原因在于人类原初对语音意义的感知基于相似的发音姿势,生理相似引发心理体验的相似。语音诗性功能层面主要针对音素在以词汇为载体组合出现时,所孳生的具有次生性质的语音理据进行对比。对比显示:该层面表现语音理据的能指形式在汉法中差异相对显著,究其缘由,在于汉法语言词音基本编码单位的不同。第三章是对汉法文字理据的对比。文字理据是指词的文字书写形式与词义的联系。对比发现:汉文字在造字层面的理据性远高于法语文字,这一特点可从语言起源观、文字发生学以及认知模式三个方面加以阐明;而在文字诗性理据层面,汉法语言表现理据的方式类同,主要是通过文字形式间的可能关系来完成对意义的表达。第四章是对汉法词汇形态理据的对比。形态理据是指词汇通过形态构成表达语义的方式。文中首先对汉法词汇中的"形态"概念加以界定,明确了形态对比的主要对象为派生词与复合词;其次以派生词词缀的语法、语义功能为分析媒介,对比了汉法派生词的形态理据性;继而将汉法复合词划分为同心结构、向心结构与离心结构,对其理据性一一加以描述比对;最后对影响汉法派生词与复合词形态理据程度的相关因素加以阐明。第五章是对汉法词汇语义理据的对比。语义理据是指一个词条的若干义项之间存在的辐射型或连锁型语义关系。因此,对词汇语义理据的考察即是对"一词多义现象"的形成考察。对比明确了原型理论与转隐喻理论是汉法多义词语义网络形成中共同遵循的理据,但转隐喻机制在法语多义词中的作用能力要大于汉语。这一现象与汉法语言在处理新概念出现时所采用的不同策略有关:现代汉语总是通过构造双音词或多音节词的方式来作为新概念的能指,而法语则倾向于以增加原有词汇义项的方式完成。第六章与第七章是对造成汉法词汇理据共性与差异的元理据因素的考察。第六章针对汉法吸收外来语机制及机制作用的理据进行分析对比。在洞悉汉法语言内部运行机制的过程中,明确了经济原则在其中的共性指导作用,以及文字性质与文化哲学思想在其中的"造异"作用。第七章以汉语反义复合词这一独特的合成词类为分析对象,以《现代汉语词典》与《现代汉语规范词典》中搜集的317个反义复合词为语料,通过与在《新法汉词典》(2001)与《拉鲁斯法汉词典》(2014)中搜集的31个法语反义复合词组进行对比,明确了:汉语反义复合词词素序列与法语反义复合词组序列均可从语音、语义、语用三个层面获得理据支撑;经济原则是语音、语义、语用三层面理据均遵循的原则；汉语反义复合词贯穿了汉民族兼具辩证性与整体性的阴阳观思想，是运用单音节进行编码并具有二维空间特征的汉字特色构词，其构成遵循词汇语义学上的"默契原则"，且很大程度满足了构建包纳两对立概念之上位概念的需要。与汉语相对，法语词汇编码实行音素机制，用于记录语音的字母文字所表现出的线性特征体现并强化着西方传统思维的线性与形而上性，因此，法语中几乎不存在构成反义复合词的可能性，而反义复合词组也只能以固定词组的形式少量存现于法语中。最后一部分为结论，总结了本研究的主要发现，指出了不足，并对后续研究做出设想。

关键词：词汇理据；汉语；法语；对比语言学

RÉSUMÉ

La motivation est un terme emprunté à Saussure par les linguistes cognitifs pour se référer aux éléments linguistiques internes et externes qui stimulent la génération, l'évolution et la disparition des phénomènes langagiers. Elle pouvait exercer ses effets sur toutes unités linguistiques et révéler les relations de nécessité entre signifiant (forme) et signifié (sens), entre les divers sémèmes d'un mot polysémique, ainsi qu'entre le signe linguistique et le monde extérieur. La motivation se considère donc comme la gène de la langue et en détermine la physionomie et les caractéristiques. L'étude à ce sujet permet ainsi non seulement d'approfondir les connaissances sur les langues concernées, mais aussi de prévoir dans une certaine mesure la tendance de leur évolution.

Notre thèse est une étude contrastive sur la motivation lexicale entre le chinois et le français. Si nous avons choisi de préférence le lexique comme objet d'étude, c'est parce qu'il a un statut privilégié dans l'étude linguistique: le lexique se situe au carrefour des autres secteurs de la linguistique—la phonologie et la morphologie pour l'effet de la forme des mots sur leur sens, la sémantique pour leur signification et la syntaxe pour leurs propriétés combinatoires. Le lexique constitue donc l'unité structurale fondamentale de la langue et un ensemble ouvert et non autonome dans la langue.

Sur la base de la théorie de motivation et des fruits de recherches de la linguistique contrastive, et surtout cognitive, nous avons entrepris la description, l'analyse et le contraste sur le lexique chinois et français aux niveaux phonétique, graphique, morphologique et sémantique, et nous avons essayé de présenter l'un après l'autre la motivation, le but, la base théorique, la méthode ainsi que la valeur de nos recherches dans l'introduction. Le premier Chapitre de notre étude a pour objectif d'expliciter la relation dialectique entre la notion de la motivation et celle de l'arbitraire autour de la nature des signes langagiers. Et puis, en parcourant les définitions et les classifications au sujet de motivation données par l'étude précédente, nous avons tenté de redéfinir ce terme et de proposer les niveaux de discussion de la motivation lexicale dans notre étude. Enfin, nous avons explicité certains termes ayant un lien étroit avec la motivation: la nature de motivation; l'iconicité; la forme interne et la transparence sémantique. Le Chapitre 2 est consacré à une analyse contrastive sur la motivation phonétique du lexique entre le chinois et le français. Nous avons divisé la motivation phonétique en deux niveaux: le symbolisme phonétique et la fonction poétique des phonèmes. Le premier désigne surtout la valeur expressive évoquée par les onomatopées et les phonèmes isolés. Le contraste montre que le symbolisme phonétique du chinois est en grande partie identique à celui du français, puisque les positions articulatoires qui servent de base à la perception des sens phonétiques dans ces deux langues sont pourvues de similarités, et la similarité physiologique pourrait entraîner celle de la perception psychologique. Le dernier se réfère à la valeur expressive évoquée par des phonèmes lorsqu'ils sont utilisés ensemble. Le contraste montre que les signifiants véhiculant la fonction poétique des phonèmes sont très distincts entre le chinois et le français. Ceci vient peut-être de la divergence de l'unité de codage des mots dans ces deux langues. Nous avons aussi expliqué dans ce chapitre, pourquoi les facteurs physique, matériel, physiologique et psychologique pourraient servir de base à l'existence de motivation et quels sont les éléments affaiblissant le degré de motivation phonétique. Nous avons dans le Chapitre 3 fait une comparaison auprès de la motivation graphique du lexique entre le chinois et le français. La motivation graphique dénote le rapport de nécessité entre l'écriture et son sens. Le contraste a montré que l'écriture chinoise est beaucoup plus motivée que l'écriture française, ce qui peut s'expliquer via la notion de l'origine de la langue, la genèse de l'écriture et le modèle de cognition. Quant à la motivation poétique de l'écriture du chinois et du français, elle se manifeste toujours par la relation possible établie entre les formes graphiques. Le Chapitre 4 a mis l'accent sur le contraste de la motivation morphologique du lexique chinois et français. La motivation morphologique désigne surtout l'effet des composants aux mots dérivés ou composés lors de leur formation du sens. Pour les dérivés, nous avons essayé de clarifier leur motivation morphologique par le biais d'une analyse sur les traits grammatical et sémantique des affixes. Quant aux composés, avant de les mettre en contraste, nous les avons classés selon leur caractéristique structurale en trois catégories—composé concentrique, composé centripète, composé excentrique. Pour finir, nous avons cité des éléments qui exercent une influence sur le degré de motivation morphologique dans les langues chinoise et française. Le Chapitre 5 travaille sur la motivation sémantique du lexique. Ce terme dénote le rapport de rayonnement ou le rapport d'entraînement entre les sémèmes d'une entrée polysémique. La polysémie, loin de constituer une imperfection des langues naturelles, forme une propriété caractéristique du vocabulaire général. Elle est la conséquence normale et obligée de la vie de la langue. Leurs sémèmes ne sont presque jamais isolés, ils dépendent l'un de l'autre. Ce processus de polysémisation, en chinois comme en français se produit justement sous la direction de la théorie du prototype et sous l'effet des mécanismes métaphorique ou métonymique. Et pourtant, l'effet des mécanismes métaphorique ou métonymique joue un rôle plus grand dans la langue française que dans la langue chinoise, ce qui doit aux stratégies différentes adoptées par ces deux langues pour traiter l'apparition du nouveau concept: le chinois crée souvent un nouveau signifiant aux bi-syllabe ou polysyllabe pour l'exprimer, tandis que le français choisit de préférence d'accroître les sémèmes d'un signifiant déjà existant. Les Chapitre 6 et Chapitre 7 ont pour but d'étudier les méta-motivations qui entraînent les convergences et les divergences de la motivation lexique entre le chinois et le français. Le Chapitre 6 entreprend une analyse contrastive sur les motivations qui se manifestent lors de l'introduction et de l'assimilation des mots d'emprunt dans la langue cible. Après avoir constaté les manières dont la langue cible se sert respectivement pour absorber les mots d'emprunt, nous en avons tiré la conclusion que le principe d'Economie est un principe commun qui agit au cours de ce processus en chinois comme en français, et que les traits graphiques et la conception philosophique sont deux éléments essentiels aboutissant aux différences radicales de la motivation lexicale dans ces deux langues. Dans le Chapitre 7, des comparaisons ont été réalisées entre les composés-antonymes en chinois et les locutions-antonymes en français. Les composés-antonymes sont les mots composés de deux morphèmes monosyllabiques aux sens opposés, comme 死活 (sǐ huó : la mort et la vie), 彼此 (bǐ cǐ : l'un l'autre), 表里 (biǎo lǐ : extérieur et intérieur). Les locutions-antonymes sont les locutions comportant deux mots aux sens opposés, comme «tôt ou tard», «plus ou moins», «tant bien que mal». Vu la combinaison spéciale des composés-antonymes du point de vue sémantique, ils font l'objet d'une attention particulière des chercheurs. Basé sur un corpus de 317 composés-antonymes recueillis dans le *Dictionnaire Moderne du Chinois* (6e édition) et le *Dictionnaire Standard Moderne du Chinois* (2004) et de 31 locutions-antonymes dans le *Nouveau Dictionnaire français-chinois* de Shanghai Yiwen (2001) et le *Dictionnaire français-chinois* de Larousse (2014), nous avons mis en évidence les motivations de la séquence des constituants des composés-antonymes et des locutions-antonymes, ainsi que celles de leur apparition sur les plans tant linguistique et graphique que cognitif et philosophique. Par contraste, nous avons tenté de préciser: la séquence des constituants des composés-antonymes en chinois et celle des locutions-antonymes en français peuvent trouver leur motivation aux niveaux phonétique, sémantique ainsi que pragmatique; dans la langue chinoise, les caractères pourvus de traits monosyllabique et bidimensionnelle permettent et favorisent la formation des composés-antonymes qui contiennent la notion Yin et Yang—pensée traditionnelle chinoise à la fois dialectique et intégrale, et qui en obéissant au «principe de compatibilité» au niveau de la sémantique lexicale, satisfont en grande partie le besoin de la construction des hyperonymes de deux termes aux sens opposés. Au contraire, dans la langue française, le codage du terme s'appuie sur les phonèmes, et la caractéristique linéaire de l'écriture française qui sert la plupart du temps à noter les phonèmes correspond aux caractéristiques abstraite et métaphysique de la pensée traditionnelle occidentale, d'où les locutions-antonymes ne peuvent apparaître en français que sous forme de locutions dans une quantité restreinte. En guise de conclusion, nous avons montré les similitudes et les divergences que manifeste la motivation du lexique chinois et français aux niveaux phonétique, graphique, morphologique et sémantique. Avec ces découvertes contrastives, nous aurions pu affirmer que le lexique chinois est beaucoup plus motivé que le lexique français, ou plus précisément, que le rapport de nécessité entre forme et sens du lexique chinois est plus évident et plus étroit que celui du lexique français. Et pourtant, pour que notre étude soit plus convaincante, la recherche continue demandera une mise en considération des phénomènes lexicaux moins typiques avec la méthode de recherche à la fois empirique et scientifique, tels que des mots à la structure irrégulière ou des mots pourvus de caractéristiques nationales. De plus, la mise en application des fruits obtenus dans notre étude à l'enseignement, la traduction ainsi que l'appréciation du texte littéraire se montre aussi nécessaire, puisque la pratique est toujours la critère la plus pertinente pour tester la théorie.

Mots-clés: la motivation lexicale; le chinois; le français; la linguistique contrastive

目 录

中文摘要 ··· 1
RÉSUMÉ ··· 4

引　言 ··· 1
　一、选题动机与目的 ··· 1
　二、理论基础与研究方法 ·· 6
　三、理据研究的意义 ··· 7
　四、主要研究内容 ··· 11

第一章　语言理据相关理论 ·· 15
　第一节　语言理据观与任意观 ······································· 15
　　一、理据观与任意观之争 ··· 15
　　二、语言的理据性与任意性 ······································· 16
　第二节　理据的定义与类型 ··· 18
　　一、理据的定义 ··· 18
　　二、理据的类型 ··· 20
　第三节　与理据相关的概念 ··· 22
　　一、理据性 ··· 22
　　二、象似性 ··· 22
　　三、内部形式 ··· 23

四、词义透明度 ·· 24

第二章　汉法词汇理据对比之语音层面 ············ 25

第一节　语音象征 ······································ 26
　　一、直接语音象征 ······································ 26
　　二、间接语音象征 ······································ 28

第二节　语音诗性功能 ································ 38
　　一、重叠 ·· 38
　　二、近音 ·· 41
　　三、双关 ·· 45
　　四、韵律 ·· 46
　　五、平仄 ·· 49

第三节　语音理据的存现基础 ····················· 50
　　一、物理基础与物质基础 ···························· 50
　　二、生理基础 ·· 50
　　三、心理基础 ·· 52

第四节　语音理据的有限存在 ····················· 53
　　小　结 ··· 54

第三章　汉法词汇理据对比之文字层面 ············ 56

第一节　文字与语言 ·································· 56
　　一、拼音文字之于西方语言 ························ 56
　　二、表意汉文字之于汉语 ··························· 60

第二节　汉语文字的理据 ···························· 61
　　一、汉字的起源 ··· 61
　　二、汉字的理据 ··· 64
　　三、形声字编码的语言学意义 ···················· 70
　　四、汉文字的诗性功能 ······························ 73

第三节　法语文字理据性·· 75
　　　一、法语字母的来源 ·· 75
　　　二、法语字母的"伪"理据 ··· 76
　　第四节　汉法文字理据性差别的相关解释······························ 83
　　　一、语言起源观：西方语言神授说与汉民族语言人造说 ··········· 83
　　　二、文字发生学：自源文字与他源文字 ···························· 84
　　　三、认知模式的影响 ·· 86
　　小　结··· 87

第四章　汉法词汇理据对比之形态层面································ 88
　　第一节　形态理据研究中的"形态"界定·································· 88
　　　一、形态界定 ··· 88
　　　二、形态理据研究价值 ·· 89
　　第二节　派生词形态理据对比·· 90
　　　一、派生词形态理据之词缀能指 ··································· 91
　　　二、汉法派生词形态理据之能指性征 ······························ 92
　　第三节　复合词形态理据对比·· 98
　　　一、汉法复合词理据载体之构词方式 ······························ 99
　　　二、汉法复合词形态理据的一致性与特殊性 ······················ 101
　　　三、汉法合成词理据性程度 ······································ 113
　　第四节　汉法合成词形态理据程度的影响元素························· 114
　　　一、汉语形态理据的影响元素 ···································· 114
　　　二、法语形态理据的影响元素 ···································· 116
　　小　结·· 117

第五章　汉法词汇理据对比之语义层面······························ 119
　　第一节　汉法多义词语义网络形成的认知理据························· 120
　　　一、一词多义现象 ·· 120
　　　二、原型理据 ··· 121

三、转隐喻理据 ………………………………………………… 127
第二节　汉法一词多义现象转隐喻理据对比 …………………… 136
　　一、"头"的语义网络构成 …………………………………… 136
　　二、tête 的语义网络构成 …………………………………… 138
　　三、"头"与 tête 语义网络形成转隐喻理据作用共性与差异 … 140
小　结 ……………………………………………………………… 143

第六章　汉法外来词的相关理据 ………………………………… 145
第一节　汉法外来词概况 ………………………………………… 145
　　一、汉语外来词 ……………………………………………… 145
　　二、法语外来词 ……………………………………………… 148
第二节　汉法语言对外来词的吸收机制 ………………………… 151
　　一、汉法语言对外来词的引入 ……………………………… 151
　　二、汉法语言对外来词的同化 ……………………………… 155
第三节　汉法语言吸收外来词机制理据 ………………………… 160
　　一、汉法吸收外来词个性机制理据 ………………………… 161
　　二、汉法吸收外来词共性机制理据 ………………………… 162
小　结 ……………………………………………………………… 165

第七章　汉语反义复合词与法语反义复合词组的理据对比 …… 167
第一节　汉语反义复合词词序理据 ……………………………… 168
　　一、语音层面 ………………………………………………… 168
　　二、语义层面 ………………………………………………… 171
　　三、语用层面 ………………………………………………… 174
第二节　经济原则：汉、法三层面理据共循原则 ……………… 177
　　一、法语反义复合词组序列理据 …………………………… 177
　　二、语音、语义、语用三层面原则的经济性 ……………… 177
第三节　反义复合词的构词理据 ………………………………… 182
　　一、对立词素语言学层面的组合可能性 …………………… 182

  二、上位概念的构建需求 …………………………… 183
  三、独具优势的造词机制 …………………………… 185
 小　结 ………………………………………………… 188

结　论 ……………………………………………………… 189

附录1　汉语反义复合词 ………………………………… 196
附录2　法语反义复合词组 ……………………………… 198
参考文献 ………………………………………………… 199

引 言

一、选题动机与目的

1. 选题动机

1.1 理据研究的必要性

语言理据（la motivation）是"每一个促动和激发语言生成、变化和发展的动因"。[①] 具体而言，是指促发语言各级符号形式（语音、文字、形态、句法、篇章）、符号形义间关系以及符号意义间关系生成、变化和发展的内外部因素。理据因此被称作是"语言生命的基因，如同基因决定自然界生物的种种体征和习性一样，理据决定语言的面貌和特点"。[②] 对语言理据的探讨，不仅可揭示语言的内在规律，使我们了解"语言何以如此"，满足语言研究"解释充分性"的要求，而且还能在一定程度上预测语言发展的趋势。语言理据研究由此也被徐通锵先生（1997）称作是语言研究的根本任务："语言研究的基本任务就是要弄清楚编码的理据。为什么？因为理据是现实规则[③]的反映，是语言规则的语义基础。"[④] 目前，理据研究

[①] 王艾录，司富珍. 语言理据研究 [M]. 北京：中国社会科学出版社，2002：1.
[②] 同上.
[③] "规则"在认知语言学中被认为是主体与客体互动获得的理性。就本书的研究载体"词汇"而言，此处我们所理解的"现实规则"，主要指向被去词源化的词汇在现实语言活动中，由语言使用团体重新建立起的词汇形式与意义间关系的认知依据。
[④] 徐通锵. 语言论 [M]. 长春：东北师范大学出版社，1997：37.

已成为语言学研究的重要课题之一，与现代语言学的解释性取向一致，其前景十分广博。

1.2 对比研究的必要性及汉法理据对比现状

对比是语言学研究的基本方法之一。通过对比，不仅可加深对相关语言的认识，还能促进整个语言学研究的深入。赵元任先生曾明确表示：普通语言学是拿世界上的各种语言加以比较研究得出来的结论。[①] 对比研究因此是理论语言学构建的必要前提，是实现语言研究的根本目标——建立普通语言学的必须手段。另外，语言对比的成果对于外语教学、翻译、双语辞典的编撰等还有直接的指导意义，（许余龙，2010）对比研究因此还是应用语言学的重要组成部分。

汉法语言对比研究最早可追溯到20世纪50年代，后因历史原因，到八九十年代才得以开展。[②] 纵观三十余年的研究成果我们发现，汉法对比在语言学层面，除了对汉法一些主要词类（形容词、代词、动词、疑问词）的具体运用进行过对比，以及少数几篇有关语音、语义对比的文章外，其余多数集中在了语法层面，着重于对汉法时、体、态与各种句式、句子成分以及成分语序的对比分析。其中以贾秀英教授的成果最具代表性。她在所撰写的《汉法语言对比研究与应用》（2003）与《汉法语言句法结构对比研究》（2012）两本著作中，曾针对汉法语中的主要语法现象做过相对全面、系统的比对，重在通过对语法现象表层结构的细致描写透视汉法语言的异同。潘文国（1997）将汉英对比研究（同样适用于其他汉外对比研究）分作三个层次："第一个层次是语音及语法表层上的对比，其目的是为初学外语者提供一个简便的拐杖……；第二个层次是语言表达法的对比。其对象是外语已有了一定水平而又经常需要在两种语言间进行转换的人，帮助他们更地道地使用语言……；第三个层次是语言心理上的对比。这是更深层的对比，企图推导出隐藏在不同表达法后面的心理和文化背景，进行一种哲学式的思考，目的是为了最终建立中国的语言哲学。"[③] 与前期汉

---

① 王力.王力文集[M].济南：山东教育出版社，1984：544.
② 许高渝，张建理.汉外语言对比研究[M].北京：高等教育出版社，2006：174.
③ 潘文国.汉英语对比纲要[M].北京：北京语言文化大学出版社，1997：358.

法对比的着重层面相对，语言理据研究重在对比两种语言的内部运作机制，注重对语言结构和语言现象规律的解释，应隶属上述第三个层面。因此着眼于理据的对比研究将是对前期汉法对比研究的一个有力补充与拓展。然而，迄今为止，有关汉法语言现象理据的对比研究寥寥无几。吴泓缈教授（1996，1997）在《法、汉语序比较研究（一）》中曾主要借鉴霍金斯（Hawkins）研究词序的"轨层结构"理论对汉法名词短语的语序特点做出阐释；在《法、汉语序比较研究（二）》中从表意功能与结构美学两个视角对汉法动词结构的语序特点做出阐释。此二文是对汉法理据进行对比思考的重要成果之一。另外，曲辰（2014）在《语言类型学视角下的汉语与法语》一书中明确言及理据分析，认为理据分析对象应为大于词汇单位的词组与句型。孟晓琦在《汉法语音理据之语音象征》（2015）和《汉法反义同词现象的认知识解》（2020）两文中分别对汉法音素的基本音义关系与汉法反义同词的构成理据进行了对比解读。其余有关汉法理据研究的成果，常只关涉汉语与法语本体，无关对比。

　　有关汉语本体的理据问题在20世纪八九十年代受到关注，在此领域发表过具有代表性论著的学者有严学窘（1979），李世中（1987），李葆嘉（1986—1994），董为光（1997），宋金兰（2001），李海霞（2001），顾海峰（2006），杨自俭（2008），徐通锵（1997/2014，2008），王寅（2009），王艾录、司富珍（2002，2007，2014）等。有关法语本体的理据研究国内屈指可数，只有几篇文章有所论及：最早是郑立华（1989）教授在《语音象征意义初探》一文中，对法语中存在的一些语音象征现象通过实验数据加以论证，继而从生理、心理、潜意识等方面对语音象征的存现做出解释；陈伟（2000）在《法语词的理据探析》一文中从语音学、词汇学和语义学角度对法语理据形式及含义进行探讨；应小华（2013）在其博士论文《认知角度的语言教学：从中国学生法语学习的典型错误分析及对策出发》中，曾对语言符号理据有所概述，并基于对法语语音理据与形态理据的分析，给出了减少学生拼写错误以及提高词汇学习效率的相关策略，在《法语过去时的理据探究》（2011）和《从认知语言学角度"识解"法语时态的形态理据》（2015）中，分别对法语时态的理据做出详述；杨阳茹（2016）在《法语拟声词的认知理据研究》中，通过分析法语拟声词的结构和功能特征，探讨了拟声词的理据特点。国外对法语理据现象进行过研究的学者主要有：S. 乌尔曼（S.Ullmann,1975），莫里斯·格拉蒙（Maurice Grammont, 1965），罗曼·雅各布森（Roman Jakobson, 1963, 1976, 1980），热拉尔·热内特（Gérard Genette, 1976），伊万·福纳日（Ivan Fónagy, 1983），米歇尔·孔蒂尼（Michel Contini, 2009）等。其中，S. 乌尔曼从语音、形态、语义三个层面对法语中的理据现象进行了概述，其他学者则主要致力于对语音层面音义关系的考察。另外，克里斯蒂昂·尼古拉（Christian Nicolas, 1996）、吕卡·诺比尔（Luca Nobile, 2014）从形态与语义层面对法语理据现象加以阐述；让-皮埃尔·雅弗雷（Jean-Pierre Jaffré, 2010）则同热拉尔·热内特（Gérard Genette, 1976）一样，从字母这一具有争议的层面入手，解读法语字母的文字理据；克洛德·米勒尔（Claude Muller, 2017）对法语比较句中的理据进行了分析。

另外，从汉外语言对比的整体发展水平看，虽然近几十年汉法对比有了较大发展，成果显丰，但相较汉英、汉日等汉外对比研究，其成果依然甚微，影响则更是乏善可陈。因此，汉法语言对比的拓展与深入也是汉外语言对比研究亟待发展的领域之一。

1.3　选择词汇为理据研究对象的理由

选择词汇作为理据对比的载体，在于词汇之于语言的特殊地位。词汇，作为语言的三要素（语音、词汇、语法）之一，由语言共同体内成员使用的全部的词构成。虽然词汇是开放系统，规律难以概括总结，一度被形象地比喻为应用语言学大家庭中的"灰姑娘"，但并不能掩盖词作为语言建筑材料、作为语言基本结构单位的角色重要性。因为，作为语言基本结构单位的词是一个分层结构："下层是语音层面，代表词的语音结构框架；上层为语义层面，代表词义"。[1] 阿伊诺·尼古拉斯-萨尔米芒（Aïno Niklas-Salminen,1997）也曾表示：词汇位于语言学其他区域的十字路口——音位学与形态学研究词的形式；语义学研究词的意义；句法学研究词的组合特点。[2] 因此，有学者称"语言系统的基石是词，抓住词语就等于抓住

---

[1] 杨自俭. 字本位理论与应用研究 [M]. 济南：山东教育出版社，2008：89.
[2] Aïno Niklas-Salminen. *La Lexicologie*[M]. Paris: Armand Colin, 1997: 13.

语言之本"。① 此外，由于词汇理据与体验性、象似性、隐喻、识解、理想认知模型等认知方式有关，对"词汇理据的解析把握无疑有助于对词汇知识的掌握和记忆，而这一结论已得双编码理论、痕迹理论和深层加工理论的支持"。② 如此，词作为系语音、形态、语义、句法为一体的语言单位，其研究价值显得尤为重要。

此处我们还需对汉语中"词是语言基本结构单位"这一命题做特别说明。因为，以"词"为汉语基本结构单位的汉语言研究，是中国现代语言学在《马氏文通》以后以印欧语理论框架为根据的践行，然而很多汉语言事实及相关"词"的研究则显示，"现代汉语的词由于在其识别中存在许多模糊性、可争议性，再由于它并不是语法结构的最小单位，所以，不如字更适合于做现代汉语语法研究的基本单位"。③ 在此情形下，始于20世纪80年代，致力于汉语言研究的一些学者，以徐通锵先生为代表，以戴汝潜、鲁川、吕必松、孟华、潘文国、汪平、杨自俭为主要实践者，提出了"字本位"④ 概念，明确指出"字"才是汉语的基本结构单位。并认为字符合以下六个作为语言基本结构单位的判定标准：符合汉民族的"认知模式"；跟生活中的基本概念相对应；能导出（析出、组成）其他单位；跟其语言建筑结构相适应；是具有清晰边界的离散单位；是汉语编码机制（援物取象、谐声对偶、比类尽意）发展的必然结果。⑤ 事实上，赵元任（1940，1975）、吕叔湘（1962，1963）和王力（1982）三位汉语学界的著名学者，他们运用印欧语的理论、方法所建立的中国现代语言学，仍将"字"视作汉语基本结构单位。基于此，汉语中的词被重新定义为：可自由运用的"单字"和最小的"固定字组"⑥。本书中，我们欲探讨的汉语"词"便是基

---

① 李二占. 词语理据丧失原因考证 [J]. 外国语文，2013（4）：62.
② 王改燕. 认知语言学框架下的词汇理据解析与二语词汇教学 [J]. 外语教学，2012（6）：57.
③ 杨自俭. 字本位理论与应用研究 [M]. 济南：山东教育出版社，2008：135.
④ "字本位"这个概念最早见于郭绍虞写于1938年的《中国语词的弹性作用》一文，以"字本位的书面语"与"词本位的口头语"相对。
⑤ 杨自俭. 字本位理论与应用研究 [M]. 济南：山东教育出版社，2008：223-230.
⑥ 同上：229.

于上述定义。虽然汉语中的字与印欧语中的词"连近于相同也谈不上"（赵元任，1975），但由于它们都是语言的基本结构单位，"在差异的背后隐含有共同的结构原理"①，因而二者之间是可以进行对比的。而将作为汉语基本结构的可自由运用的汉语单字纳入汉语词的外延后，汉法词汇的对比研究也将更加全面深入。

2. 研究目的

语言理据，作为促发语言生成、变化和发展的内外部因素，从共时角度可分为内部理据和外部理据，从历时角度可分为原生理据和次生理据。单纯词②、合成词③和外来词是构成汉法词汇系统的主要词汇类型，语音、文字、形态和语义是构成词汇的四个具体层面。那么，汉法主要词汇在上述四个层面分别存有哪些具象的内外部、共时历时性理据？汉法词汇在各层面的理据或理据性特点有何共性与差异？造成汉法词汇各层面理据共性与差异的根本性因素，即元理据因素有哪些？这些均是本书要讨论的主要问题。

二、理论基础与研究方法

根据对语言理据的相关描述，理据研究可涉及到语言内部、外部、共时、历时四个维度。因此，对语言理据性的讨论既需要具有科学性质、关注语言内部系统、具有共时性质的结构语言学的支撑，也需要具有人文、经验性特征、关注激发语言变化发展外部元素的认知语言学的理论支撑。此外，由于本书主题关涉对比，且理据与语义密切相关，因此在论证分

---

① 徐通锵. 汉语字本位语法导论[M]. 济南：山东教育出版社，2008: 119.
② 此处的单纯词在汉语中主要指向字。虽然学界对此有所争议，认为不少汉字可进一步分析为更小的有意义的单位，故不宜被均视作单纯词，但汉语研究界目前仍普遍认为单音节汉字是单纯词的主体。为便于讨论，我们在书中也依然将字归入单纯词范畴。
③ 此处的合成词在汉语中主要指向派生词与双音合成词，因为冯胜利（2000: 77-78）在《汉语韵律句法学》一书中曾表示：双音词是符合汉语基本音步模式的词类，在汉语中占绝大比重；法语中指派生词与主要由两个词合而构成的复合词。

析中,既需要吸取西方语言学的研究成果,也需要吸取传统汉语研究的成果,尤其是有关语言理据的研究成果。据此,在研究方法上,具体可采用共时与历时相结合、内部与外部相结合、描写与解释相结合、科学与人文相结合四种方式:共时与历时相结合即既注重对语言各级符号间关系的考察,又注重对影响语言各级符号变化与发展的历史因素的考察;内部与外部相结合即既注重对人类语言作为同质性独立系统符号内部关系的考察,又注重对影响语言结构变化发展的外部诸因素,如自然、社会、文化、思维等因素的考察;描写与解释相结合即既注重对承载与表现理据的语言符号结构的描写,又注重对促发语言符合结构生成变化的理据作用的解释;科学与人文相结合即既注重借鉴具有科学性质的现代语言学的研究方法与成果,又注重对影响语言发展的具有人文性质的研究方法与成果的借鉴。

三、理据研究的意义

1. 理论意义

首先,语言理据研究可为语言研究中科学与人文方法的联合使用提供典范。语言理据研究,跨越历时、共时两个维度,贯穿语言内部、外部两个层面,不仅可为语言结构与语言现象提供系统内部解释,还可揭示语言世界同自然世界以及人类思维世界之间的互动关系。如此,在坚持"现代语言学之父"索绪尔所开创的语言研究科学性的同时,又不忽视可对语言造成影响的外部、历时性人文因素的关注,必将使语言研究更富有成效。

其次,语言理据研究可在一定程度上弥补普通语言学与语言类型学发展过程中由于对汉语考察缺省所造成的理论方面的不足。因为,语言理据的研究主要是围绕语义展开的。而在印欧语传统研究中,语义研究却是比较薄弱的环节。虽然20世纪下半叶,印欧语研究的重心已开始逐渐向语义倾斜,"提出了如'格语法''配价语法''生成语义学'等种种句法语义的理论,但由于没有摆脱传统语法格局的思维方式,因而成效不大"。[①]

---

① 徐通锵."字本位"和语言研究——《汉语字本位研究丛书》总序[M]// 杨自俭.字本位理论与应用研究.济南:山东教育出版社,2008:19.

相反，在拥有两千多年历史的汉语传统研究中，语义研究却一直都是它的核心，其中尤以语言和文字的理据问题为重。因此，以语言理据为对象的对比研究将更多凸显中国语言学，或言汉语语言研究中的特点与作用价值。现代语言学缔造者索绪尔（1916/1980）曾指出，人类语言总系统的基本类型为"三类两级"①，其中，一级为多音节屈折型的印欧语，一级为单音节孤立型的汉语。而现行普通语言学的理论却是以印欧语为主要描写对象得出的语言规律，那么，真正具有普遍意义的普通语言学理论便有待于围绕汉语——这一处于语言总系统另一级的典型语言——进行研究而得出的理论补充。诚如王力先生（1983）所言："现在普通语言学的书多欧美人写的，他们的材料古代的是希腊文、拉丁文直至印度梵文，现代的则是欧美各国的语言，没有或很少引用中国的语言学材料……如果能运用汉语或少数民族语言的材料研究普通语言学，就有可能发展语言学理论。"②

最后，根据汉语中词的定义，并鉴于文字在汉语中的重要地位，有关词汇理据的对比必然涉及对文字的考究。然而文字在印欧语传统研究中，自亚里士多德以来，一直只被视作是语言的符号。且在19、20世纪之交，随着索绪尔语言理论的诞生，还被进一步理论化，形成了"语音中心主义"或"逻各斯中心主义"思潮，认为文字唯一的存在理由只在于表现语言，进而被普通语言学排除在外。如此，鉴于文字在两级语言中的不同地位，通过对文字之于汉语相对文字之于印欧语的特性考究，将为语言—文字宏观类型学的全面描写和论证提供更多可能。因为，"语言特点的研究是通向语言共性的桥梁，只要挖掘出语言结构的真正特点，并对它的成因进行演绎论证，就有可能发现语言的某种共性结构原理"。③

---

① 索绪尔. 普通语言学教程 [M]. 高名凯，译. 北京：商务印书馆，1980：51-52.
② 王力. 王力论学新著 [M]. 南宁：广西人民出版社，1983：40-41.
③ 徐通锵. "字本位"和语言研究——《汉语字本位研究丛书》总序 [M]// 杨自俭. 字本位理论与应用研究. 济南：山东教育出版社，2008：14.

2. 实践意义
2.1 生活与文学

人类活动与语言密切相关，人类众多语言实践活动均可从语言理据的研究成果中获益。从古至今，人们一直擅用语言中潜在的理据关系或斗智斗勇或趣味生活。如以下一则对联讲述了一个姓袁的年轻人与一个姓马的老先生之间口角的故事，对联中语音理据的利用展示了我国古代人民的智慧：

二猿断木深山中，小猴子也敢对锯（对句），
一马陷足污泥中，老畜生怎能出蹄（出题）。①

另外，商业广告中也常常借助语音理据以期达到表达效用，如广告语：趁早下"斑"（化妆品广告），"骑"乐无穷（摩托车广告），默默无"蚊"（蚊香广告）；un verre à soie（一间酒吧的招牌）与 un verre à soi（自己的酒杯）谐音，(Au) Lion d'or（一间旅馆的名字）与 au lit, on dort（上床睡觉）谐音。

文学层面，理据的运用在诗歌创作中表现最甚。无论在汉语还是法语中，音、形、义的统一始终是诗歌这一文学形式的至高追求。因为音义、形义间的映照性关系可在最大程度上传递作者欲表达的宗旨，并最大限度唤起读者的共鸣。由格雷马斯（Greimas，1972）主编的《诗性符号学文论》（*Essais de sémiotique poétique*）一书中，米歇尔·阿里韦（Michel Arrivé）、尼科尔·格尼尔（Nicole Gueunier）、朱利亚·克里斯蒂娃（Julia Kristeva）等人均以例详述了音、形、义三层面的统一关系在诗歌中的表现，以及统一关系在诗歌表意中的积极作用。例如，在对波德莱尔（Beaudelaire）《猫》（*Les Chats*）一诗的分析中，让-克洛德·科凯（Jean-Claude Coquet）重点指出了音义层面的对应性关系：透过具有近音性质、并将鼻化元音与齿擦音或唇擦音组合使用的关键词汇，诗歌描写主体对象"猫"成功实现了向"斯芬克斯"（Grands sphinx）的变形。② 除了诗歌，语言理

---
① 传统语言研究中，词类双关或谐音被视作语言的修辞或文体手段，但在认知语言学中，此类现象被 Ivan Fónagy（1999）、李弘（2005）等人称作可反映语言符号音义关系的"语音隐喻"，即语音理据。
② Greimas, A.-J. *Essais de sémiotique poétique* [M]. Paris: Larousse, 1972: 26-32.

据在其他形式的文学作品中也颇为常见。比如在我国的文学巨著《红楼梦》中，作者曹雪芹匠心独运地将小说人物的性格、命运隐含于人物姓名中，如甄士隐（真事隐）、英莲（应怜）等；在法国漫画《高卢英雄历险记》中，作者勒内·戈西尼（René Goscinny）在漫画人物名字的处理上也充分利用了语音理据，以 Assurancetourix 暗指 assurance tout risque（全险），以 Abraracourcix 暗指 à bras raccourcis（猛力地，用尽全力地），将人物性格诠释得入木三分，也令读者看来耳目一新，忍俊不禁。

2.2 教学与翻译

词汇理据在语言教学与翻译活动中颇具用武之地，因为理据不仅是复杂多变的语言内存在，还是与社会、历史、文化有千丝万缕联系的语言外存在。教学过程中对理据的引入将有助于学习者对语言知识更加有效地习得与掌握。"Taylor（1993）曾表示：任意说和象似说（即理据说）的分歧反映在语言教学中可形成两种对立的教学方法，前者成了形式本体观教学法（the Form-Based Approach）的基础，后者成了语义本体观教学法（the Semantics-Based Approach）的基础。若在教学中只注重对形式的学习，重在句型操练，强调简单刺激反应，而不帮助学生充分理解语言形式、所表意义、客观外界、认知方式之间的对应性的理据规律，即使对某些现象做出了解释，也是十分肤浅的。"[①] 相反，若对语言形式与所指意义之间存在的理据性加以阐释，把语言形式与外界、人类经验结构或认知方式之间的内在联系描述清楚，则可从根本上提高学习者的学习效率及语言运用能力。特别是对于汉语这样的语义型语言，理据研究无论是对母语教学还是对外汉语教学都是不可或缺的。此外，Maurice (1998) 还曾表示：理据有助于记忆……记忆单词的有效方法之一便是为记忆对象寻找到与之相关或部分相关的已习得的因素或意义。从这个意义上讲，理据不仅有描写性功能，还有记忆功能。[②]

[①] 王寅. 认知语言学[M]. 上海：上海教育出版社，2007：539.

[②] Maurice Cotaud. Deux types de motivation dans quelques langues orientales et autres, Exemple dans le lexique de la flore et de la faune[M]//Paul Valentin, Michèle Fruyt. *Lexique et cognition*. Paris: Presse de l'Université de Paris-Sorbonne, 1998: 60.

对比与翻译有着天然的联系，因为翻译是语言间的互动与交流。词汇是文化差异表现最为直观的层面，文化沉淀于词汇又凭借词汇成为文化。当词汇，特别是民族特色词汇在他国语言中没有对应等值物时，通过理据对比，语言词汇中蕴含的民族文化可得到较好的揭示，如此可为译介活动提供更多保障。例如《红楼梦》（序）"古今'风月鉴'，多少泣黄泉"，此一句中"黄泉"一词，被译作"fontaines jaunes"，虽然字字对等，但显然不能使缺乏相应文化背景的读者读懂其意，因此只能备注 l'au-delà 加以明示。类似的翻译活动，若能在过程中将语言背后的理据也一并传达，效果定将不同，当然这也对翻译活动提出了更高的要求。再如，语音理据研究可揭示语言中音素或音节所蕴含的情感意义，通过对作品音韵特点的考察，译者可更加准确地把握作品情感基调，从而使翻译更加有效到位。而在翻译活动中，理据作用最突出的表现还当属对外来词在吸收过程中的改造。以对法国作家 Hugo 与英语外来词 UFO 的翻译为例，两词在初被引入汉语中时，分别对译为"于格"与"不明飞行物"，而最终被现下流行的"雨果"与"幽浮"所取代，原因就在于后者在音义、形义上所存在的映照性关系可传递出的意境是前者所望尘莫及的。

总之，词汇理据对比研究，不仅可深化人们对语言本体的认识，洞悉语言内在奥秘与魅力所在，而且还可使语言作为教学、交流、翻译等实践活动的工具运行得更加准确、高效。

四、主要研究内容

本书共分为三个部分，即引言、正文与结论。引言部分着重对本研究的选题动机、目的、理论基础、研究方法、意义与主要内容进行阐明。正文有关汉法词汇理据的对比又分作了三个部分，共七个章节展开：第一部分（第一章）是针对理据相关理论的概述；第二部分（第二章至第五章）对汉法词汇在语音、文字、形态、语义四个层面的具象理据进行了描写与对比；第三部分（第六、七章）以"汉法外来词与汉法反义复合词（组）"为对比载体，对造成汉法词汇理据共性与差别的元理据因素进行了阐述。结论部分对本研究的主要发现、局限不足以及续继研究做出了说明。

在正文第一部分（第一章）有关理据理论的简述中，我们首先对自古希腊以来的语言理据观与任意观之争进行了概述；其次对前期有关理据的定义及理据类型加以综述，在此基础上阐明本书理据研究的范围对象——汉法词汇在语音、文字、形态、语义四个层面的理据表现；最后对与理据相关的几个重要术语概念——理据性，象似性，内部形式，词义透明度——加以说明，此举一则可深化、清晰化对理据的理解与认识，二则可避免本书主体论述中可能出现的概念混淆。

正文第二部分（第二章至第五章）为理据对比的重点，具体分作四章展开。第二章对汉法词汇的语音理据进行对比。语音理据，也称语音隐喻或音义象似性（Ivan Fónagy，1999；李弘，2005），是指语言符号中语音能指和与其所指意义之间存在的映照性相似关系。本书中我们将语音理据二分为语音象征与语音诗性功能两个层面，继而对汉法语中相对典型的语音现象在这两个层面表现出的理据性征进行了梳理、对比。语音象征层面主要针对汉法语中具有原生性质的语音现象进行对比，对比发现，这一层面的汉法语音理据具有较高的一致性，原因在于人类原初对语音意义的感知基于相似的发音姿势，生理相似引发心理体验的相似；语音诗性功能层面主要针对具有继生性质的语音理据进行对比，对比表明，该层面表现语音理据的能指形式在汉、法中差异较为显著，究其缘由，在于汉法语言词音基本编码单位的不同。此外，本章还对语音理据赖以存在的物理、物质、生理、心理基础以及语音的理据性程度做出阐明。第三章是对汉法语言文字理据的对比。文字理据是指"词的文字书写形式与词义的联系"。[①] 若从汉文字，尤其是形声字的结构特点来解读该层面理据，文字理据实际可并属于下一章的形态理据。此处将其单置的原因有三：第一，汉语中的象形字、指事字、会意字以及法语文字的理据特点非属形态理据范围；第二，汉语形声字理据虽可依据形态理据加以考察，但其理据载体与形态理据着重考察的合成词（派生词和双音复合词）理据载体有所不同：前者以形符、声符作为载体，后者以单字（汉语）与词（法语）作为载体；第三，形态理据除了重点考察合成词的形义关系外，还关注构成合成词的词素的序列理据。汉语是目前世界上唯一大规模使用表意文字的语言，而法语是使用

[①] 许余龙. 对比语言学 [M]. 2 版. 上海：上海外语教育出版社，2010：90.

表音文字的典型性拼音语言。性质截然不同的两种文字于各自所属语言的价值不同，理据表现亦迥异。本章以文字与语言的关系作为切入点，首先说明将文字理据，尤其是汉文字理据纳入词汇理据对比的必要性；其次通过追溯汉、法语言文字的起源，对两种文字所蕴含的理据加以阐述比对；最后从语言起源观、文字发生学以及认知模式三个方面对汉法语文字的理据性差异做出了解释。第四章是对汉法词汇形态理据的对比。形态理据是指词汇通过形态构成表达语义的方式。我们首先对汉法词汇中的"形态"概念加以界定，明确了形态对比的主要对象为派生词与复合词；其次以派生词词缀的语法、语义功能性征为分析媒介对汉法派生词的形态理据做出了对比；继而根据构词方式将汉法复合词划分为同心结构、向心结构与离心结构，对它们的理据分别进行了分析对比；最后对影响汉法合成词形态理据程度的相关因素加以阐明。第五章是对汉法词汇语义理据的对比。语义理据是指一个词条的若干义项之间存在的辐射型或连锁型语义关系。因此，对词汇语义理据的考察即是对"一词多义现象"的形成考察。本章所论及的词汇主要指向汉语中的单字词与法语中的单纯词。这是因为，对汉语而言，现代汉语词汇虽多双音化，字却仍是汉语的基本结构单位。且双音词的出现除却是对韵律要求的满足外，更多是与单字词分担语义的一种需求，因此汉语双音词的意义多是单义的。对法语而言，单纯词，如在所有其他语言中一样，是其原生词汇、基础词汇。乌尔曼（1952/1975）曾表示，法语较之其他印欧语之所以表现出更多的任意性，主因便是单纯词是法语的表义主体。鉴于上述理由，我们关于汉法词汇语义理据的分析便以汉语单字词与法语单纯词为说明对象展开。本章首先指出了一词多义现象的普遍性、必然性以及它所构成的语义网络的非任意性；其次运用原型理论与转隐喻理论对多义词语义网络形成的理据进行了阐述；最后通过取例汉法语中的基本人体词汇——头与tête，对理据在两种语言中的异同表现加以说明。

正文第三部分（第六、七章）是对造成汉法词汇理据共性与差异的元理据因素的考察。我们以汉法外来词与汉法反义复合词（组）为研究对象，对汉法词汇各层面理据所遵守的共性原则——经济原则，以及造成汉法各层面理据差异的根本性因素——语言内为编码机制与文字性质，语言外为文化传统与思维方式加以阐述。并将词汇层面理据共同依据的经济原则与差异成因称作语言词汇的元理据。具体分作两个章节展开：第六章对汉法语言外来语吸收机制，以及机制作用的理据做分析比对。对比明确了经济原则在其中的共性指导作用，以及文字性质与文化哲学思想在其中的"造异"作用；第七章以汉语反义复合词这一在汉语中独特的合成词类为例，通过与法语中反义复合词组的对比，明确了：汉语反义复合词词素序列与法语反义复合词组序列均可从语音、语义、语用三个层面获得理据支撑；经济原则是语音、语义、语用三层面理据均遵循的原则；汉语反义复合词贯穿了汉民族兼具辩证性与整体性的阴阳观思想，是运用单音节进行编码、并具有二维空间特征的汉字的特色构词，其构成遵循词汇语义学上的"默契原则"，且很大程度满足了构建包纳两对立概念之上位概念的需要。与汉语相对，法语词汇编码实行音素机制，用于记录语音的字母文字所表现出的线性特征体现并强化着西方传统思维的线性与形而上性，因此，反义复合词组只能以固定词组的形式少量存现于法语中。

最后结论部分，对本书的主要研究发现做出总结，指出研究不足，并对续继研究做出一定拟想。

第一章　语言理据相关理论

第一节　语言理据观与任意观

一、理据观与任意观之争

人类自进入文明便开始了对语言的思考。纵观两千多年历史，基本上是理据观与任意观两种观点的争执并存，属认识论问题。理据观与任意观的对立在历史发展过程中被赋予不同的术语名称：古希腊时期被称作自然论和约定论的对立，中世纪时表现为唯名论与唯实论的对立，17、18世纪时被称作理性主义与经验主义的对立，20世纪索绪尔《普通语言学教程》的出版又使理据观与任意观，或称理据论与任意论这一组术语流行开来。王寅（2007）将二者之间的争论大致分为三个阶段：（1）相持时期（古希腊—19世纪末）；（2）索绪尔时期（20世纪初—20世纪60年代）；（3）后索绪尔时期（20世纪60年代以来），并对各阶段的主要思想与代表人物做出了较为全面的说明。此处我们只对两种对立语言观的主要思想做一简单陈述。

Simone（1995）将对立的理据观与任意观分别称为：柏拉图模式（Platonic Paradigm）和亚里士多德-索绪尔模式（Aristotelian-Saussurean Paradigm）。[①] "前者认为：如果我们想用语言表达现实的话，语言就必

---

① Simone, Raffaele. Forword: Under the Sign of Cratylus[M]//Raffaele Simone. *Iconicity in Language*. Amsterdam: John Benjamins, 1995：vii.

须在某种程度上与现实相似，语言符号和语言行为的许多方面在本质上打上了自然限制的烙印。后者认为：语言和现实是互相独立的，两者之间不存在相似问题，如果语言不是任意建构的话，就不能被使用，即使承认语言中有象似性（理据性），也仅限于单词的拟音现象。"① 以上关于理据观与任意观的陈述主要是针对语言符号与现实世界关系的思考。事实上，二者之间的对立还更多表现在对语言形式②与其所指意义的关系认识上，即不少研究者，如严辰松（2000），Jean Dubois et al.（1994/2007），王寅（2007），赵宏（2011）等所讲的语言内部理据。总之，理据观与任意观不仅是对语言符号与外部现实之间的关系认识，还指对语言形式与意义之间、语言符号相互之间的关系认识。

二、语言的理据性与任意性

理据观与任意观认识论的对立在语言学中具体表现为语言理据性与任意性的对立。任意性在索绪尔创立的结构语言学兴起之后一度被视作语言系统的根本属性，但不能忽略的是，索氏语言任意论的提出是存在有前提的：第一，将任意性作为本质属性的语言系统是一个共时的、内部的、同质的符号系统③；第二，该理论的得出主要基于对"以希腊字母为原始型"的拼音文字语言的研究；第三，语言符号任意性仅限于描述音响形象与概念之间的关系；第四，该理论将拟声词与感叹词排除在语言系统有机成分之外；第五，语言符号任意性主要体现在简单词中。事实上，就连索绪尔自己也曾表示："符号可能是相对地可以论证的（有理据的）……相对地可以论证的概念包括：（1）把某一要素加以分析，从而得出一种句段关系；（2）唤起一个或几个别的要素，从而得出一种联想关系。④ 由此可见，

---

① 王寅，李弘. 象似说与任意说的哲学基础与辩证关系[M]// 王寅. 中国语言象似性研究论文精选. 长沙：湖南人民出版社，2002/2009：84.
② 因语言符号二分法源于西方，最初"形式"这一术语只指向语言符号的语音形象，之后其外延扩大，将书写形式与语言结构等所有可承载语义的语言形式均涵盖其中。
③ Christophe Rico. Le signe,«domaine fermé»[J]. *Poétique*, 2005(144)：392.
④ 费尔迪南·德·索绪尔. 普通语言学教程[M]. 高名凯，译. 北京：商务印书馆，1980/2010：181，183.

即使从共时的角度出发，只从语言内部审视语言，它也是一个由任意性与理据性共同作用的系统：任意性主要表现为单纯词的音义间关系；理据性主要表现为语言符号间的组合关系与聚合关系。但由于索绪尔时期任意性一直被视作语言的根本属性，理据性一度被无视或至多被视为语言的次要属性。

事实上，若我们跨出前期结构主义对语言性质的考察范围，即将自然、历史、文化、社会等语言外因素也纳入对语言发展演变的思考，就会发现，任意性与理据性之于语言系统的重要性需要被重新审视、界定。许多语言学者，如许国璋（1988），李葆嘉（1986—1994），王艾录、司富珍（2002），王寅（2002），顾海峰（2006）等在对语言中的理据现象进行深入考察之后均指出，任意性与理据性是语言中同等重要的基本原则，二者具有对立统一的辩证关系。王艾录、司富珍（2002）表示："任意性（在语言中）是一个贯穿始终的变量，它的存在支持着语言的变异性，选择性和多样性；理据性是一个普遍潜在的动因，它的存在支持着语言的有序性、机制性和可证性……理据性对任意性有着强大的制约力，任意性只能在理据性所规定的范围内运作，离开了这一理据制约，任意性将变得毫无价值；理据性以任意性为其生存条件，有了任意性，才使语言符号的理据生成具备了广阔的选择余地。"[①] 赵宏（2011）认为："在语言的共时系统内部，任意性和理据性是对立统一、相反相成的两股力量，从不同的方向共同塑造着语言的基本面貌。共同生活在同一个世界的人类，有着相似的自然环境和基本相同的生理结构，却创造出异彩纷呈的世界语言版图，使得操不同语言的人以不同的方式和结构表达共同的概念，传达共通的意义，这是任意性的作用。同时，人类的语言符号和语言结构，并不是一盘散沙，而总是按照一定的原则和规律生成并组织在一起的，这就是理据的作用。"[②]

总之，"一切都是不能论证的语言是不存在的；一切都可以论证的语言，在定义上也是不能设想的"。[③] 任意性与理据性始终辩证地存在于每一种

---

① 王艾录，司富珍. 语言理据研究 [M]. 北京：中国社会科学出版社，2002：59-63.
② 赵宏. 英汉词汇理据对比研究 [D]. 上海：华东师范大学，2011：54.
③ 费尔迪南·德·索绪尔. 普通语言学教程 [M]. 高名凯，译. 北京：商务印书馆，1980/2010：184.

人类语言当中。

第二节 理据的定义与类型

一、理据的定义

"理据"一词最初属于哲学概念，指行为与解释行为的动机之间的关系。[①]索绪尔是将该词引入语言学研究的第一人，但由于索氏只是将它作为其主推思想——语言任意性的对立面指出，因此一度并不曾被予以重视。直至20世纪七八十年代认知语言学的出现，"理据"一词才成为语言学研究中的重要术语。

作为语言学概念，研究者们根据各自的研究目的、对象、范围、手段等赋予了"理据"不同的定义。赵宏（2011）从语言系统内部与超越语言系统两个层面出发，在对前期研究者有关理据的定义[②]进行总结后给出了一个相对中肯的定义："语言理据是语言的形式及演变和各种内外部因素的联系。"[③]但我们看到，此定义未能很好地体现语义这一语言中的重要

[①] Paul Robert. Dictionnaire alphabétique et analogique de la langue française[Z], Paris: Société du Nouveau Littré, 1978: 1233.
[②] 从语言系统内部入手，受索绪尔观点的影响，理据常只被用以探讨语言系统合成符号的种种构成规律。刘伶、王今铮（1985：53）将理据定义为"词义构成的道理，是一个词的词素与词素之间的语义联系或一个词词义发展的逻辑根据"；Jean Dubois et al.（1994/2007：313）把理据看作"语言形式与意义之间或符号与符号之间的非任意/必然关系（rapport de nécessité）"。从语言系统外部入手，王艾录、司富珍（2002：1）将语言看作一个自组织系统，将理据定义为"语言系统自组织过程中促动或激发某一语言现象、语言实体产生、发展或消亡的动因"。功能语言学者 Heine（1997：3）认为"语言形式是为了满足某些语言功能而产生的，故而并非任意而是有意义的"，语言使用和发展的理据都是外部的。Radden 与 Panther（2004：2-4）认为"如果一个语言单位的属性由另一语言结构（形式和/或内容）和其他语言外部因素塑造，它就是有理据的"。严辰松（2000/2009：67）认为"语言理据是辨识或诠释语言符号意义的依据，反映能指与所指（形式与意义）之间的各种联系，或者体现形式与形式之间的关系。理据说明意义从何而来、形式何以如此"。
[③] 赵宏. 英汉词汇理据对比研究[D]. 上海：华东师范大学，2011：69-77.

成分。基于前期研究成果，并结合我们对理据的认识，我们将语言理据定义为语言的形、义及形义间关系的生成和演变与各种内外部因素的关系。具体而言，可表现在四个方面：从语言内部看，理据主要指语言形式和意义间的非任意关系（认知语言学常称之为象似性关系），这一定义常被视作理据在狭义上的定义；从语言外部看，理据主要表现为语言社团和语言生存环境等因素与语言之间的相互作用；从共时层面看，理据主要是指语言系统内部可对语言形、义以及形义间关系造成影响的因素；从历时层面看，理据主要表现为语言形、义、形义关系及语言结构发生和发展背后的驱动力量。此四者常被视作理据在广义上的定义。此外，语言内部理据常与共时层面理据相对应，语言外部理据常与历时层面理据相对应。但众所周知，一个语言系统总是共历时、内外部因素共同作用的产物，因此，对应并不总是纯粹的。此处，我们以应小华（2013）[①]关于语言理据概念的图示为基础，对其加以一定修改后表示如下：

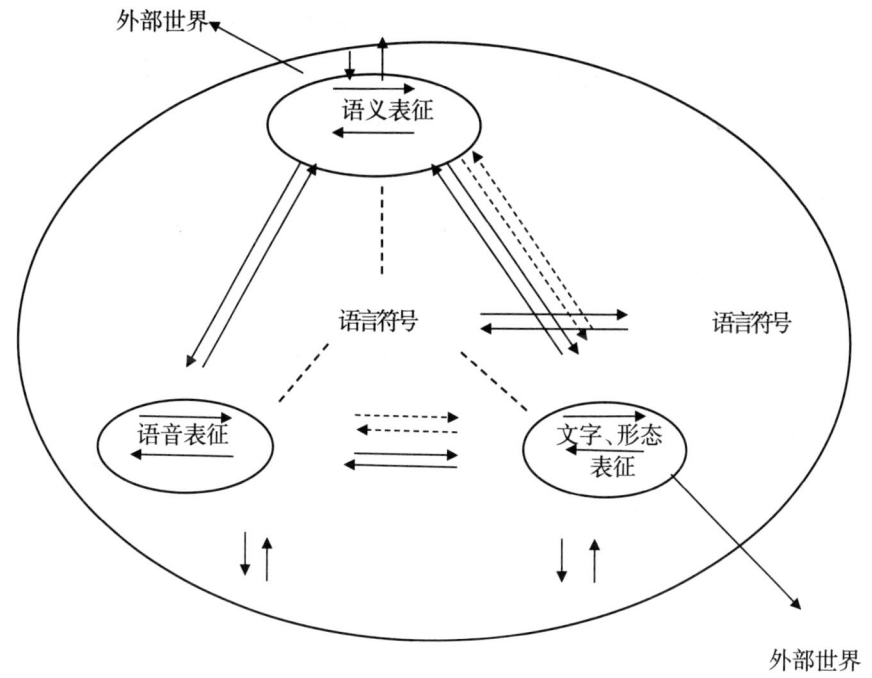

图 1-1 语言符号理据

[①] 应小华.认知角度的语言教学——从中国学生法语学习的典型错误分析及对策出发[D].武汉：武汉大学，2013：309.

箭头表示的是语言符号所关涉的内外部、共历时元素之间可构成的理据关系。文字、形态表征与语义表征、语音表征之间的虚线分别表示：表音文字（法语）的表义薄弱性，表意文字（汉语）的表音薄弱性。

二、理据的类型

研究者们根据各自的研究对象、研究需要及分类标准对理据类型做出了不尽相同的划分。因本书以词汇为研究主体，因此有关理据类型的讨论主要是基于词汇理据的划分。乌尔曼（1952）是对语言理据做出划分的第一位西方学者。他以英、法词汇为主要考察对象，将理据划分为语音理据（la motivation phonétique）、形态理据（la motivation morphologique）和语义理据（la motivation sémantique）三种：语音理据主要指语言中的拟声现象，以及元音与辅音的发音特征可引发的语义联想；形态理据主要是指通过分析词汇的结构组成进而可获得词汇的整体意义；语义理据主要是指一词多义现象中词汇本义通过转喻、隐喻等机制使词义得以扩展、获得引申义的现象。[①] 另，因形态理据与语义理据有时还关涉词源问题，因此乌尔曼也将二者统称在词源理据（la motivation étymologique）之下。

程依荣（2007）以法语词汇为研究对象，将词汇理据分作直接理据与间接理据两大类。直接理据指那些在语音形式上直接模仿所指事物的词的理据，主要对应于乌尔曼所定义的语音理据中的拟声现象。间接理据跟建立在直接模仿基础上的拟声词不同，指通过其他方式实现的理据，具体分为三种：形态理据、词义理据和词源理据。其中，形态理据指可以用派生构词和复合构词的规则解释的理据；词义理据通常指通过隐喻、转喻等修辞手段实现的理据；词源理据指可以用历史原因解释的词义。[②] 此外，程依荣还提出了"假理据"一说，主要指民间流行的对词的意义的解释，这些解释并不符合词的真正历史，因此有时被称作"民间词源或假词源"。在实际理据研究中，这类理据通常并不被单独列出，而是纳入以上三种间

---

① Ullmann, S. *Précis de Sémantique française* [M]. 5e éd. Berne: A. Francke AG. Verlag, 1952/1975: 103-120.

② 程依荣. 法语词汇学概论 [M]. 上海：上海外语教育出版社，2007：194-200.

接理据的考察分析中。

上面关于理据的分类以西方语言为主,许余龙(2010)在乌尔曼的分类基础上考虑到词的文字书写形式与词义的联系,事实上主要是考虑到汉语文字的表意性特点,将文字理据也纳入了词汇理据的范畴,认为:词的文字理据表现为词的文字书写形式与词义之间的联系。我们可以从一个词的文字书写形式上推断出该词的词义。①

截至目前,研究者以语言内因素,即构成词汇本体的语言元素为参照,将词汇理据主要划分为了语音理据、形态理据、文字理据、语义理据四种类型。

其后,有研究者将语言外因素也纳入划分标准之中。王艾录、司富珍(2002)以汉语为研究对象,依据作用理据自身的性质将语词理据分为语词内理据与语词外理据②,如下表所示:

表 1-1 语词理据分类

语词	语词外理据	语词——事物	
	语词内理据	表层理据	声音——意义
		中层理据	内部形式——理性意义
		内层理据	语法结构——语义结构

严辰松(2000/2009)则同时依据词汇本体的构成元素与作用理据的性质特点,将语言理据分为两大类:外部理据和内部理据。具体图示为:

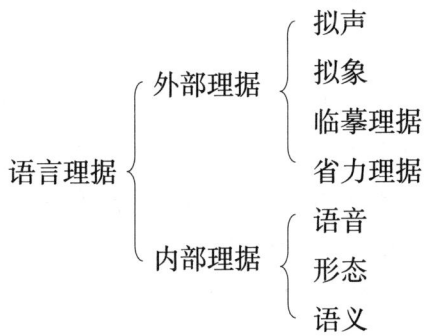

图 1-2 语言理据分类

---
① 许余龙. 对比语言学 [M]. 2 版. 上海:上海外语教育出版社,2010:89-90.
② 王艾录,司富珍. 语言理据研究 [M]. 北京:中国社会科学出版社,2002:57-58.

根据上节我们对理据的定义，并基于以上有关理据类型的研究划分，本书我们即以词汇的语音、文字、形态、语义四个层面为出发点，对汉法词汇在这四个层面所关涉的内外部、共历时理据分别进行考察。鉴于词汇四个层面各自的性征特点，对比研究中，不同性质的理据考察在各层面将各有侧重。

第三节　与理据相关的概念

一、理据性

理据与理据性在法语中均被译作 la motivation，在实际使用中也常不做区分，任意换用。而实际上二者之间并非完全等同。任意性在索绪尔时期的结构语言学中被称作是"语言的根本属性"。这一表述表明，任意性作为对能指与所指结合关系的描写，实际是对语言性质的描述。理据性作为任意性的对立面，自然也是对语言性质的描述，应属认识论范畴在语言学中的投射，因此，可有语言理据性或任意性大小之说。理据是客观存在的影响语言符号各层面与层面关系生成、发展或消亡的语言内外部事实或因素，"旨在回答'是什么'力量促使语言符号的能指与所指进行结合的问题，应属于本体论范畴"（李二占，2010）[①]。

二、象似性

象似性思想源于美国哲学家皮尔斯（Pierce）。皮尔斯（1955/2006）将符号称作第一者（First），符号的对象称作第二者（Second），符号的解释者是第三者（Third），并依据三者间的关系将符号分为图像（icon）、标志（index）和象征（symbol）。[②] 其中，"图像"（icon）用以表示"那些以某种方式相似于所指对象本身形式的符号"，被译作"象似符"（王寅，

[①] 李二占. 语言理据研究中的几个理论问题 [J]. 大连大学学报，2010（2）：74.

[②] 皮尔斯. 皮尔斯文选 [M]. 涂纪亮，周兆平，译. 北京：社会科学文献出版社，1955/2006：278-281.

1999/2009）①。认知语言学中象似性（iconicity）这一术语正是源自 icon，但又远超出 icon 的范围。它"不仅指语言形式在一定程度上可反映客观外界的事物，而且主要是指语言形式反映了人们对世界的体验感知和认知方式，语言形式是基于人们的经验方式、认知规律、概念结构的"（王寅，2007）②。

王寅（2007）将象似性分作狭义象似性与广义象似性：前者是指临摹现实世界的客体；后者是指通常所说的理据性。理据性重在指出一切类型的语言符号发生、发展的组织动因，而象似性重在指出语言的句段结构同人所经验的外部世界或人的认知结构之间存在着相似关系，因此象似性的研究成果都可成为支持理据性的证据。③李二占（2010）认为："作为任意性的对立物，象似性和理据性之间的共同点多于不同点，因此视象似性为理据性的同义词，统称为理据性。"④在欧美语言学界，研究者们一般也不做象似性与理据性的区分，通常都使用"象似性"这一术语。

综上所述，象似性与理据性有不少共通之处，常被视作同一。但从严格意义上讲，理据性的作用范围总大于象似性。本书中我们的观点取后者。

三、内部形式

内部形式是一个易于同理据画等号的概念，例如全国科学技术名词审定委员会公布的《语言学名词》（2011）就认为：词的理据即内部形式，指词的语音形式表示意义内容的原因或根据。⑤然而，理据和内部形式是不同的。李二占（2008）讲到："内部形式是语法结构和语义结构的总和，是形式和内容的结合体，是果；理据则是形式和内容结合的驱动力，是因。"⑥"作为动因，理据只在音义结合的一刹那显身并起作用，之后便

---

① 王寅. Iconicity 的译名与定义 [M]// 王寅. 中国语言象似性研究论文精选. 长沙：湖南人民出版社，1999/2009：79-80.
② 王寅. 认知语言学 [M]. 上海：上海外语教育出版社，2007：509.
③ 同上.
④ 李二占. 语言理据研究中的几个理论问题 [J]. 大连大学学报，2010（2）：70.
⑤ 语言学名词审定委员会. 语言学名词 [M]. 北京：商务印书馆，2011：83.
⑥ 李二占. 理据论语"字"本位论关系初探 [J]. 同济大学学报：社会科学版，2008（4）：77.

逐渐淹没起来因而鲜为人知。内部形式作为语言化石则永存于世，它缩录着有关理据的信息密码。"（李二占，2013）[1]因此，我们可以透过内部形式的变化轨迹来考察语言理据的变化，换言之，内部形式是透视语言理据的窗口。

另外，内部形式既被定义为语法结构和语义结构的总和，这就说明，对于词汇而言，只有合成词才有内部形式可言。语言中的单纯词是一种不可分割的独立性符号，并无语法结构和语义结构可言，因而是"零内部语言形式"。

四、词义透明度

词义透明度，国外语言学界也称之为"语义透明度"（semantic transparency），是合成词的性质之一，指"合成词的整词语义可从其各个词素的语义推知的程度，其操作性定义是整词与其词素的语义相关度"（转引自赵宏，2011）[2]。词义透明度大致可分为完全透明、比较透明、比较隐晦和完全隐晦四个梯级：完全透明是指词义基本上可从构成要素的意义上得出，如"哀叹"，可直译为悲哀地叹息；比较透明是指构成要素是词义的示意图，如"刀枪"，可指刀和枪，还泛指武器；比较隐晦是指部分构成要素基本上不具有词义示意作用，如"洞察"的"洞"表"深远、透彻"，因该义并不常见，故难起到提示整体词义的作用；完全隐晦是指所有构成要素均不大具有词义示意作用，如泛指各种事物的"东西"，与"东""西"二字表方向的意义已相距甚远。[3]由此可见，词汇透明度与词汇理据性程度密切相关。二者成正比关系，即词汇理据越高，词义透明度越高。反之亦然。但需要明确的是，我们对二者的关系认识实是在共时层面完成的，换言之，即便是词义完全隐晦的词，若从语言的历时层面，即从词源去考察它的意义，也会看到它原是有理据的。

---

[1] 李二占.汉语理据学雏建中的若干基本理论问题[J].同济大学学报，2013（4）：114.
[2] 转引自：赵宏.英汉词汇理据对比研究[D].上海：华东师范大学，2011：67.
[3] 李晋霞，李宇明.论词义的透明度[J].语言研究，2008（3）：60-64.

第二章　汉法词汇理据对比之语音层面

语音理据，也称语音隐喻或音义象似性（Ivan Fónagy, 1999；李弘，2005），是指"语言符号中语音能指和与其所指意义之间存在的映照性相似关系"（王寅，2007）①。语言的音义关系，自古希腊学者提出形式和意义"二分法"后，便在哲学界、语言学界、文学界等领域争论不断：从柏拉图《对话录》中规约观与自然观之争开始，持续至今演变为任意性与理据性之辩。虽然20世纪索绪尔《普通语言学》的问世使符号任意性论被推崇至几近登峰造极，但关于音义间存在理据的声音始终不绝于耳，本维尼斯特（Benveniste, 1939, 1974）、雅各布森（Jakobson, 1965, 1966, 1980等）、乌尔曼（Ullmann, 1952/1975）、热内特（Genette, 1976）、福纳日（Fónagy, 1983）、郑立华（1989）、朱文俊（1996）、马格纳斯（Magnus, 2000）等诸多中外学者均对音义关系做出了论述与肯定。1980年，俄罗斯语言学家斯塔尼斯拉夫·沃罗南（Stanislav Voronin）首次提出音义学这一术语概念，并出版《音义学原理》一书，自此，一项专门研究语言符号语音和语义间关系的学科——音义学应运而生。且"20世纪之后的音义关系研究进入了一个多元化的发展阶段，既有实验研究，也有大规模量化研究"（张立昌，蔡基刚，2013）②。音义关系研究成果因此具备了更多的客观性、准确性与科学性。

---

① 王寅. 认知语言学 [M]. 上海：上海外语教育出版社，2007：510.
② 张立昌，蔡基刚. 20世纪以来的语音象征研究：成就、问题与前景 [J]. 解放军外国语学院学报，2013（6）：9.

汉外语音理据对比主要是汉英对比，汉法对比相关成果甚少，常集中于对语音象征的讨论。事实上，除了语音象征，涉及语音的其他一些语言现象，其中主要包括语音修辞，如叠音、近音、双关等，也是反映音义关系的典型语言现象。为便于讨论，并区别于文体学中的术语称谓，书中我们将语音象征之外，可反映音义关系的一些典型语音现象，统称为语音诗性[①]功能。如此，语音象征主要表现单体音素与意义之间的映照性关系；语音诗性功能则主要表现音素整合运用时所体现出音义映照性关系，此处的音素或以其自身具有的语音象征意义为基础表现音义关系，或本身无语音象征意义而通过"音音联合"而具有了象征意义来表现音义关系。书中我们对汉法音义理据的对比探讨便将从语音象征和语音诗性功能这两个方面展开。

第一节 语音象征

语音象征，根据乌尔曼（1952/1975，1962），具体可分为直接语音象征与间接语音象征。直接语音象征，亦即直接拟声，是指用语音形式来模仿自然声音；间接语音象征，又称间接拟声，是指词的发音本身不直接唤起某种听觉经验，而是引起一种感觉印象，或是表征某些抽象观念或心理现象等。[②③]

一、直接语音象征

直接语音象征的语言表现形式通常为拟声词[④]。法语 onomatopée（拟

[①] "诗性"二字源自维科——"诗性"的语言，雅各布森——语言的"诗性"功能，以及让-皮尤（Jean-Puyau）与索尼亚·戈梅-若尔达纳（Sonia Gómez-Jordana）——"parole poétique"。以上情形中的"诗性"概念均关涉语言音义间的显性或隐性关系。

[②] Ullmann, S. *Semantics, An Introduction to the Science of Meaning* [M]. Oxford: Blackwell, 1962：84.

[③] Ullmann, S. *Précis de Sémantique française* [M]. 5e éd. Berne: A. Francke AG. Verlag, 1952/1975：104-105.

[④] 也有学者（郑立华，1989；李弘，2005；Voronin, 1980；Michel Contini, 2009，等）不把拟声词称作直接语音象征，而将其与语音象征并立，此时的语音象征只对应于本书中的间接语音象征。

声词）一词在希腊语中的词源义为"词的创造"。拟声作为人类初创词汇的重要手段之一，是人类语言中普遍存在的语言现象。拟声词多用于模仿人、动物、自然现象或事物的声响，其表现力源于直接模仿：以声拟声，如：哈哈，嘿嘿，咩咩，hélas（唉、咳），aïe（哎呦、哎），boum（嘣），miauler（猫喵喵叫）等。由于拟声词的名称和意义主要处于听觉这一感官层面，而人类听觉感受有别，表达听觉印象的语音体系有别，因此，拟声词并非客观世界声音的简单再现，而是"客观世界的声音所固有的节律和一种语言所特有的语言特点相结合的产物"[①]（王希杰，2004/2013）。也因此，拟声词在各语言中只"相似"而不"相同"。Otto Jespersen（1922）曾言，语音象征最简单的就是声音的直接模仿，但由于我们的发音器官不能发出完满的模仿，语音的选择在很大程度上是意外的，不同民族使用了不同的组合，同一个单词或多或少地习惯化（即符号化）了。[②] 如：得源于鸟鸣之声的"布谷鸟"，汉语中称为 bugu, 法语为 coucou, 德语则为 kuckkuck；鸡叫声，汉语中为 wo-wo-wo（喔喔喔），法语为 cocorico，德语则是 kikeriki；汉语模仿鸭叫为 ga-ga（嘎嘎），法语为 coin-coin，德语则为 gack-gack。

拟声词虽在汉法词汇中的数量有限，但鉴于其词汇原生性特点，以及生动、丰富、趣味的表现力，它在语言表达、文体修辞上发挥着重要的作用，常使读者有"如闻其声""如见其人"的切身感受。如 18 世纪法国大文学家夏多布里昂在描写美洲密西西比河两岸的景色时，通过拟声词的运用，将蛮荒、庞杂的河岸景象刻画得淋漓尽致。

"Si tout est silence et repos dans les savanes de l'autre côté du fleuve, tout ici, au contraire, est mouvement et murmure: des coups de bec contre le tronc des chênes, des froissements d'animaux qui marchent, broutent ou broient entre leurs dents les noyaux des fruits; des bruissements d'ondes, des faibles gémissements, de sourds meuglements, de doux roucoulements remplissent ces déserts d'une tendre et sauvage harmonie."

[①] 王希杰. 汉语修辞学（修订本）[M]. 北京：商务印书馆，2004/2013：163.
[②] Otto Jespersen. *Language: Its Nature, Development and Origin* [M]. London: George Allen & Unwin LTD, 1922: 398.

"如果说河对岸草原上万籁无声，河这边却是一片骚动和聒噪：鸟喙啄击橡树的<u>笃笃</u>声，野兽穿过<u>丛林</u>的<u>沙沙</u>声，动物吞噬或咬碎果实的<u>咂咂</u>声；<u>潺潺</u>的流水、<u>啁啾</u>的小鸟、低哞的野牛和咕咕的斑鸠使这荒野的世界充满一种亲切而粗犷的和谐。"

二、间接语音象征

间接语音象征又被称作语音联觉（phonesthésie/synesthésie phonique）。语音联觉这一术语由语言学家叶斯柏森（Jespersen）在20世纪20年代首次提出。他指出：[i]很容易和小的、近的事物联系在一起，而[u]、[o]、[a]则容易和大的、远的事物联系在一起。[①]同时代著名语言学家爱德华·萨皮尔（Edward Sapir，1929）也通过实验证实了叶斯柏森的观点：萨皮尔编造了两个无意义词mil和mal，告诉受试者这是两个桌子的名字，然后询问受试者哪个词指的是那个较大的桌子，如所预料的那样，有80%的人选择了mal。[②]法国心理语言学家福纳日（Fónagy，1983）通过问卷方式，对语音象征意义进行了调查、统计、分析，得出了类似结论。此外，还有科斯里于（Coseriu，1954），J.-M.佩特法尔韦（J.-M. Peterfalvi，1970），雅各布森（Jakobson，1965，1976），多加纳（Dogana，1988），孔蒂尼（Contini，2009）等均对语音象征做出过分析。其中，孔蒂尼（Contini，2009）还特别指出，雅各布森（Jakobson，1952）将音位定义为在两极对立系统中运作的、具有区别性特征且反映声音本质的语音单位，此举为研究语音单位的情感表现力奠定了基础，也为区别性特征作为最小的语言学成分，以语音联觉的单位出现成为可能。[③]我国学者也很早就注意到了语音的象征功能。早在19世纪，清代学者陈澧就主张"声象呼义"说。他在《东塾读书记·小学》里这样说："盖天下之象，人目见之则心

---

① Otto Jespersen. *Language: Its Nature,Development and Origin* [M]. London: George Allen & Unwin LTD, 1922: 402-408.
② Edward Sapir. A study in phonetic symbolism[J]. *Journal of Experimental Psychology*, 1929(12)：225-239.
③ Contini,Michel. Les phonosymbolisme: continuité d'une motivation primaire? [J]. *Travaux de linguistique*, 2009 (59)：178.

有意，意欲达之则口有声。意者，象乎事物而构之者也；声者，象乎意而宜之者也。……如'大'字之声大，'小'字之声小，'长'字之声长，'短'字之声短。"潘悟云（2002）在研究汉语上古指代词时也发现，近指代词"斯、此、是"的上古韵部都是支部 e；而远指的指代词则属鱼部、歌部，主元音为 a。① 辜正坤（1995）则更加明确地指出人类语言存在音义同构现象，并对汉语声韵与语义在阴阳、级阶、色度、空间等方面所表现出的同构现象做出详解。② 此外，朱文俊（1996）、贺川生（2002）、应学凤（2010）等均对汉语中的语音象征现象做出过分析研究。

语音联觉在语言中的承载形式，通常可以是单个音素，如元音、辅音；也可以是音组，如辅音丛（贺川生，2002/2009）。③ 此外，还有一类语义较拟声词抽象，被称作是拟态词的词类是以成词形式反映联觉现象的。"它通过临摹指称对象的某种语义特征，将语义形象转换为语音形象来赋予指称对象特定语音形式。"（杨建华，2009）④ 而该语音又反向唤起人们对事物性质、情态的感知与联想，如《诗经》"杨柳依依""杲杲日出"两句中，人们分别以"依依""杲杲"状"垂柳"与"阳光明媚"之貌；法语词 zig-zag（蜿蜒），couci-couça（马马虎虎）则拟"道路蜿蜒"与"人之不醒"之态。此外，由于汉语是声调语言，词汇语音由声、韵、调三方面构成，而隶属拼音语言的法语语音结构中没有声调，因此，汉语中的语音联觉较之法语多了声调这一表现方式，而汉语则没有辅音丛这个形式。

1. 汉语中的语音联觉

声母和韵母是汉语拼音的基本组成单位，基本对应于印欧语中的辅音

---

① 潘悟云. 上古指代词的强调式和弱化式 [M]// 潘悟云. 著名中年语言学家自选集：潘悟云卷. 安徽：安徽教育出版社，2002：293-311.
② 辜正坤. 人类语言音义同构现象与人类文化模式 [J]. 北京大学学报：哲学社会科学版，1995（6）：87-95.
③ 贺川生. 音义学：研究音义关系的一门学科 [M]// 王寅. 中国语言象似性研究论文精选. 长沙：湖南人民出版社，2002/2009：188.
④ 杨建华. 试论汉语单纯词象似性 [D]. 北京：首都师范大学，2009：7.

和元音。① 综合前期研究成果（李维琦，1986；朱文俊，1996；朱宪超，2003，等），结合对语言事实的考察，我们分别从声母、韵母、声调三方面对汉语的语音联觉情况做出如下梳理、总结。

1.1 声母

汉语中的声母根据其形成阻碍和解除阻碍的方式，可分为塞音 /b-p, d-t, g-k/、擦音 /f, h, sh-r, x, s/、塞擦音 /j-q, zh-ch, z-c/、鼻音 /m, n/、边音 /l/ 五类（黄伯荣，廖序东，2007）。② 其中塞音 /b-p, d-t, g-k/，也即爆破音，因是气流冲破口腔某一部位的阻塞和障碍发出来的声音，于是常用来模拟撞击和破裂的声音，表示突发性、爆发性的运动或事件。发音特点为时短，释放能量大，如啪 /pa/、叭 /ba/、破 /po/、迸 /beng/、卡 /ka/ 等（朱宪超，2003）。③ 擦音 /f, h, sh-r, x, s/，汉语音韵学又称之为"拂音"，本质上象风声（李维琦，1986）④，常用来强调摩擦，费力或运动的持续。发音特点为时长，释放能量较低，如抚 /fu/、拂 /fu/、呼 /hu/、吸 /xi/、洗 /xi/。塞擦音 /j-q, zh-ch, z-c/ 兼有塞音与擦音的特点，发音时长，释放能量较大，如溅 /jian/、涨 /zhang/、抢 /qiang/、闯 /chuang/。再如白居易《琵琶行》"银瓶 /p/ 乍破 /p/ 水浆 /j/ 迸 /b/，铁骑突 /t/ 出刀 /d/ 枪 /q/ 鸣"一句中，塞音与塞擦音 /p, b, t, d, j, q/ 交替叠加，有力烘托了琵琶弹到感情深处，如银瓶破裂、似刀枪撞击的气势。鼻音 /m, n/ 和边音 /l/ 在

---

① 徐通锵（1997/2014：147）曾在《语言论——语义型语言的结构原理和研究方法》一书中表示："虽然声、韵母与辅、元音分属不同的系统，前者是汉语音韵学的术语，后者是语音学的概念，但因汉语的音节结构原理有普遍理论意义，汉语音段结构中每一个位置上的"1"都可以映照其他语言上相应位置上的语音的性质和特点；即使某一位置出现的是非"1"的复辅音或复元音，也可以用响度的增强或减弱来解释，犹如音变规律的例外，找出它独特的规律。出现在汉语音节的声母位置上的音都是辅音（其中包括零声母）。自然出现在汉语音节的韵母位置上的音都是元音。因此，汉语中的声韵母可与印欧语中的辅元音相较对应。"此外，鉴于本书面向的读者主要为以汉语为母语的法语学习者，且考虑到读认习惯，文中涉及汉语音素或汉字注音时我们使用"/ /"标注汉语拼音；涉及法语音素或词汇注音时使用"[ ]"标注法语音标。

② 黄伯荣，廖序东. 现代汉语 [M]. 4版. 北京：高等教育出版社，2007：30.

③ 朱宪超. 现代汉语中声音意义的初探 [D]. 成都：西南交通大学，2003：29-30.

④ 李维琦. 修辞学 [M]. 长沙：湖南大学出版社，1986：22.

发音时声带振动近似元音，几乎没有气流阻碍，听起来感觉柔美，因此象征着宁静、和谐，如妈/ma/、奶/nai/、留/liu/、恋/lian/、流/liu/等（符章琼，吴学进，2006）。① 其中，/m/音还由于发音时唇与唇接触部位广泛，程度较宽，且发鼻音时又有一种沉闷的感觉，不像爆破音的逼促，于是凡有/m/音的字，还多含有宽泛、沉闷的意义，例如渺/miao/、茫/mang/、绵/mian/、邈/miao/、梦/meng/、寐/mei/等（转引自齐佩瑢，2004）。②

汉语声母的音义关系被辜正坤（1995）称作汉语辅音的音义同构。他以同韵词"点、线、面"（/ian/为韵母）为例，根据音素/d/、/x/、/m/各自发音部位的特点，对它们表现出的不同语义做出说明："发'点'字音，须用舌尖抵上颚，一点而出'点'音，舌尖和上颚的接触面很小，确实只有一点，所以这个'点'音非常形象地表达了'点'义，使人想到一点状或某物尖端上的一点或某尖端物与某平面相触或相触之一点；发'线'音时，辅音/x/促使双唇和牙床上合而在上下齿间呈线性感，故'线'音一出，确有流线形感觉；发'面'音时，须先闭合双唇，舌面与硬腭接触面很宽，所以发此音时，使人有一种明显的平面、铺盖、宽广感。"③ 由此可见，语音的联觉意义基于一定的生理基础，与发音器官的姿势关系密切。

1.2 韵母

韵母所体现的音义关系较之声母更易把握，因为"元音是所有能够通过口腔发出声响的动物的语音共性"（尹铁超，包丽坤，2010）④，是语言中最重要、最生动的东西，是语言的枢纽。而辅音复杂多变，是区分不同语言的主要依据。辜正坤（1995）根据大量汉字之间存在的对立意义将汉字分为阴阳两类，将与此两类汉字对应的元音称作阴性元音与阳性元音，对两类汉字所对应的两类元音音质的情感表达力与发音特征进行了说明：

---

① 符章琼，吴学进. 象似性和语音意义——论汉语诗韵的意象经营[J]. 现代语文，2006（4）：54.
② 转引自：齐佩瑢. 训诂学概论[M]. 北京：中华书局，2004：70.
③ 辜正坤. 人类语言音义同构现象与人类文化模式[J]. 北京大学学报：哲学社会科学版，1995（6）：90.
④ 尹铁超，包丽坤. 普通人类语言学视角下的语音简化性研究[M]. 北京：北京大学出版社，2010：117.

"意义相对昂扬奋发、时空关系及含义指向都呈正向扩张型的字被称作阳性字,其读音多响亮、厚壮,双唇发其音时的开口度相对较大,故多搭配 /a/、/ang/、/an/、/o/、/ong/ 等音,如刚 /gang/、高 /gao/、阳 /yang/ 等;意思相对收缩、压抑、呈负向退降的字被称作阴性字,其读音多沉钝、拘谨,发音时双唇开口度相对较小,故多搭配 /i/、/e/、/ei/、/u/、/ou/ 等音,如柔 /rou/、低 /di/、阴 /yin/ 等。"① 由此,韵母的音义关系可概括为:发音时开口度较大的阳性元音,通常表达博大、宽广、雄宏等阳性语义;相对地,发音时开口度较小的阴性元音,通常表达微弱、细小、薄弱、轻微等阴性语义。不过,辜正坤(1995)还强调,所谓语音(主要是元音)的阴阳特性是相对的:/i/ 对 /e/ 时,/i/ 为阴,/e/ 为阳,/e/ 对 /o/ 时,/e/ 为阴,/o/ 为阳。余以此类推,且还须正视汉语中存有例外的情形和大量中性的汉字。关于汉语元音,朱文俊(2000)在对汉语音素与所指事物体积大小的对应关系进行考察分析时也得出了与辜正坤(1995)类似的结论:"发音时,舌位高后,口腔大且气流浑厚或有时伴以鼻腔共鸣者,形体大,如 /a/、/o/、/u/ 元音及其组合:大、达、胖、莽、满、泛、展、涨、瀚、宏、洪、鸿、浩、博、硕、阔等;而舌位高前,口腔变窄且气流纤细者,形体小,如 /e/、/i/ 元音及其组合(按原则 /e/ 象征体积大于 /i/ 的):细、隙、溪、枝、滴、仔、丝、密、眯、抿、尘、粉、缝、微、萎。"②

此处还有一个需特别提到的音:鼻辅音 -ng。之所以将其放在韵母中作解,是因为 -ng 在普通话中不能用作声母,只可与元音构成鼻音尾韵母。鉴于此,鼻辅音 -ng 本身并不具有情感表达力,但由于"它有加长音节和响音特征的作用"(尹铁超,包立坤,2010)③,因此元音,特别是阳性元音与之连用时,常表示具有较大形体的世界对象,如庞 /pang/、蟒 /mang/、象 /xiang/。同时,根据上述分析,我们也看到:汉语元音的联觉

---

① 辜正坤. 人类语言音义同构现象与人类文化模式 [J]. 北京大学学报:哲学社会科学版, 1995(6):88-90.
② 朱文俊. 人类语言学论题研究 [M]. 北京:北京语言文化大学出版社, 2000:41.
③ 尹铁超, 包丽坤. 普通人类语言学视角下的语音简化性研究 [M]. 北京:北京大学出版社, 2010:36.

意义同辅音一样，与相应的发音器官或称声音姿势密切相关。

1.3 声调

汉语声调与意义的联系，自古伊始。古时声调分为平上去入四个调值。平稳悠长的平声倾向于表现平静、哀怨或缠绵之情，高亢的上声常表现激昂强烈的情感，清晰分明的去声表现凄切悠远的情致，短促的入声则表现决绝、凌然的情怀。古书中在此一点上不乏记载：唐人释处忠《元和韵谱》中言："平声哀而安，上声厉而举，去声清而远，入声直而促"；明人释真空《玉钥匙歌诀》中言："平声平道莫低昂，上声高呼猛烈强。去声分明哀远道，入声短促急收藏"；清代江永《音学辩微》中言："平声音长，仄声音短；平声音空，仄声音实；平声如击钟鼓，仄声如击木石。"[①]

现代汉语普通话中，入声归入阴平、阳平、上声、去声四声中。李世中（1987）看到了声调和意义之间存在的可论证性，指出："声调熔铸了一个古老民族对宇宙发生的原始直觉，汉语声调的分配法很可能受这种原始直觉的影响，而不是人们粗暴地把清、轻、天乱点为平声，把重、浊、地乱点为仄声，而是声调自己决定了自己的命运，与其所表示的意义之间有一种必然的象征关系。"[②] 张立昌（2011）在对汉语普通话单音动词考察后发现，动词声调的发声力度与声调长度等与词语所表达动作的力度、速度和延续状态等有很高的象似性；继而张立昌（2014）又对汉语普通话单音名词进行了考察，并得出如下结论：声调的高低、长短、发声力度的强弱都与词语所指事物的形状、形态、质地、程度等方面有着密切的联系。[③] 他还通过数据分析，得出了"意义在声调之间整体上呈互补分布"这一论断，对汉语声调所蕴含的音义间对应关系做出了相对完整的诠释。附表如下：

---

① 杨振淇.京剧音韵知识[M].北京：中国戏剧出版社，1991：196-197.
② 李世中.谈汉语声调对词义的象征性[M]//王寅.中国语言象似性研究论文精选.长沙：湖南人民出版社，1987/2009：159.
③ 张立昌.声调意义的疆域：汉语普通话单音名词声调理据研究[J].齐鲁学刊，2014（1）：155-159.

表 2–1　汉语声调的音义对应关系

阴平	轻小；高长平宽；低微	阳平	实脆；短小浅近；有一定高度/强度
上声	软虚；长大复杂；圆扁小特征	去声	坚硬、牢固；重要、力量；深峻、细碎

2. 法语中的语音联觉

法语中的语音联觉现象，法国学者梅尔塞纳（Mersenne，1588—1648）早在 17 世纪已有提及，先叶斯柏森两百余年：/i/ 之类的元音在音感上一般同"细""小"的概念相联系（王寅，2007）。[1]莫里斯·格拉蒙（Maurice Grammont）将法语中可产生联觉效应的词称作情感表达词（les mots expressifs），我们根据夏斯塔因（Chastaing，1958，1965，1966）[2]、乌尔曼（Ullmann，1952/1975）[3]、莫里斯·格拉蒙（Maurice Grammont，1965）[4]、孔蒂尼（Contini，2009）[5]等人的研究，并结合自己的语言实践，将法语中的语音联觉情况总结梳理如下。

2.1　元音

法语中的元音根据发音部位相对颚部的前后被分为亮音（voyelles claires）和低音（voyelles graves）两类，也称前元音和后元音。

亮音以开口度最小的 [i, y] 两音最为典型。由于亮音发音时舌面高，

---

[1] 王寅. 中西语义理论对比研究初探：基于体验哲学与认知语言学的思考 [M]. 北京：高等教育出版社，2007：142.

[2] Chastaing, M. Le symbolisme des voyelles: significations des "i" I & II [J]. *Journal de psychologie*, 1958(55): 403-423 & 461-481.

Chastaing, M. Dernières recherches sur le symbolisme vocalique de la petitesse [J]. *Revue philosophique*, 1965(155): 41-56.

Chastaing, M. Si les *r* étaient des *l* [J]. (1re partie). *Vie et langage*, 1966(173): 468-472.

Chastaing, M. Si les *r* étaient des *l* [J]. (2e partie). *Vie et langage*, 1966(174): 502-507.

[3] Ullmann, S. *Précis de Sémantique française* [M]. 5e éd. Berne: A. Francke AG. Verlag, 1952/1975：104-115.

[4] Grammont, Maurice. *Petit Traité de Versification française* [M]. Paris: Armand Colin, 1965：127-138.

[5] Contini, Michel. Les phonosymbolisme: continuité d'une motivation primaire?[J]. *Travaux de linguistique*, 2009 (59)：77-103.

也被称作高音,用于表示其发音器官特征所显示的声调,如 cri [kri]（尖叫）, aigu [egy]（尖声的,高音的）,或某种刺耳或令人不悦声音所引发的负面意义,如 piquer [pike]（刺,扎）, sinistre [sinistr]（不祥的;阴险的）, lugubre [lygybr]（阴森的;死亡的）等。所有亮音所传递的语义都可以是对其发音特征的模仿,如 clair [clɛ:r]（明亮的）, léger [lege]（轻盈的）, tinter [tɛ̃te]（钟表发出丁丁声）三个词的语义均反映了 [ɛ, e, ɛ̃] 三个音素轻快、明亮的特点。此外,亮音还可激发起对微小、轻盈、速度等特点的联想,如 petit [pəti]（小的）, fin [fɛ̃]（精细的）, vif [vif]（活泼的）, subit [sybi]（突然的）。

低音分为暗沉音（voyelle sombre）与响亮音（voyelle éclatante）:[o] 与 [u] 属暗沉音, [ɔ] 与 [a] 属响亮音。Grammont（1965）将 [œ] 也归入后者。暗沉音可制造沉闷的声音效果,如 sourd [sur]（沉闷的,暗哑的）, gloussement [glusmã]（咯咯叫声）;也可唤起昏暗、沉重等感觉,如 sombre [sɔ̃br]（阴暗的,阴沉的）, lourd [lur]（沉重的,沉闷的）。响亮音的名称源自它在词中所模仿的发音,如 fracas [fraka]（爆裂声,轰隆声）, claquer [klake]（发出噼啪声）, sonore [sɔnɔr]（响亮的,洪亮的）;响亮音还常常唤起美丽、伟大等联想,如 gloire [glwar]（光荣）, courage [kuraʒ]（勇气）, colosse [kɔlɔs]（巨人;大人物）。

鼻化元音与对应的口腔元音所表达的情感意义是相似的,其中,字母组合 -ombre 发音引发的"幽暗"之感颇"引人注目",如 ombre [ɔ̃br]（阴影）, sombre [sɔ̃br]（阴暗的）, décombres [dekɔ̃br]（瓦砾）。

2.2 辅音

辅音的表达力复杂多样,在此,我们只对具有相对典型性的辅音联觉现象进行说明。塞音 [b-p, d-t, k-g] 倾向于模仿干涩或重复的声音,如 casser [kase]（打碎,弄碎）, cliquetis [klikti]（清脆的撞击声）, trotter [trɔte]（疾走,小步快跑）;也可用于描述运动,如 palpiter [palpite]（颤动;闪烁）, tituber [titybe]（摇摇晃晃地走路）, saccadé [sakade]（一跳一跳的）;还可表突发性、爆发性运动,如 choc [ʃɔk]（撞击,碰击） percer [pɛrse]（凿,钻）, exploser [ɛksploze]（爆炸）。擦音的音义表现更加丰富。对于 [f]、[v] 而言, souffle [sufl]（气息）不失为显示其发音效果的典型词例,似有风声，再如 flotter [flɔte]（漂浮；飘扬），feu [fø]（火，火花）；此外，[f] 与 [v] 唇音的发音特征还可引发气息柔软、有气无力或喑哑、沉闷的联想，如 souffle（气息；微风），vent [vã]（风）。舌尖擦音 [s] 具有其名称可直接体现的声音特征，如 siffler [sifle]（吹哨；嘶嘶作响），soupir [supir]（叹气）；它还可间接传递滑行（glissement），颤抖（frisson）的含义，并能在一些词缀如 -asser，-assier 中引起具有轻蔑意义的联想，如 rêvasser [rɛvase]（胡思乱想），écrivassier [ekrivasje]（蹩脚作家）；虚拟式未完成过去时的废弃，便可部分归因于这些类似词缀令人烦厌的谐音。（前颚）擦音 [ʒ, ʃ] 可表现窃窃私语、低语之态，如 chuchoter [ʃyʃɔte]（叽咕，唧哝），或呻吟之声，如 gémir [ʒemir]（呻吟，哼哼），geindre [ʒɛ̃dr]（哼哼唧唧）。鼻辅音 [m, n] 自然而然首先表现与"鼻子"这一发音器官有关的词的意义，如 nasiller [nazije] 指带鼻音讲话，marmotter [marmɔte] 指嘟哝；它们还能引起位于它们前面的元音的共鸣，如 tonne [tɔn]（吨），résonance [rezɔnɑ̃s]（回声；共鸣），也可以弱化与之相邻的元音的尖音效果，如 murmure [myrmyr]（切切议论声）。总之，鼻音的抽象意义便在于它所蕴含的柔和效应，如 mou [mu]（柔软的），mollesse [mɔlɛs]（柔和）。流音或称边音 [l]，给人流动的印象，如 file [fil]（直列，直行），coulée [cule]（熔流），clapotis [clapɔti]（汨汨声）；这种感觉印象还可在表达物质或物体表面的词中出现，如 poils [pwal]（毛发），lisse [lis]（砑光棒），huile [ɥil]（油）；当它与唇音 [f] 共现构成辅音群 [fl] 时，一种明快流畅的效果会跃然纸上，如 flûte [flyt]（流痕），flots [flo]（波浪），fleuve（大河），fluide [flɥid]（流体）。此外，[l] 还是颤辅音，小舌颤辅音 [r] 的声音效果如 [l] 般取决于邻近的元音音色：与亮音（sons clairs）连用，会给人吱嘎作响的印象，如 grincer [grɛ̃se]（吱嘎作响），frire [frir]（油煎），griller [grije]（烤；干炒）；与低音中的响亮音连用，有表折断、撕裂、噼啪、刮擦等音响效果，如 craquer [krake]（发出爆裂声），fracas [fraka]（破裂声），croquer [krɔke]（发出嘎扎嘎扎的响声）；与暗沉的鼻化元音连用，可产生低声嗥叫或轰轰作响的音效，如 gronder [grɔ̃de]（发出轰轰声），ronron [rɔ̃rɔ̃]（隆隆声，喻喻声）；与唇音 [f] 连用，会令人产生颤抖 frisson [frisɔ̃]，战栗 frémissement [fremismɑ̃]，惊恐 effroi [efrwa]，痛苦 souffrance [sufrɑ̃s] 之感，正所谓"音若其义"！上述音素共现引发的效果说明，语音的情感联想效果有时会依附于它们所在的语音背景。

虽然法语辅音的联觉现象纷繁复杂，但这并不影响我们对其联觉效用的把握。郑立华（1989）曾做过一个小实验来说明法语音素的联觉效果。他"选取一首法语小诗，保留诗里的元音，按以下四种方式改动诗里辅音的结构（1）增加 [l], [m] 的数量，（2）增加 [p], [t], [k] 的数量，（3）增加 [r], [b], [d], [g] 的数量，（4）增加 [s], [f], [ʃ] 的数量。这样就产生了四首虚构的诗。然后提供四个可能性的主题（A）温柔的爱情，（B）淫荡的爱情，（C）战争的场面，（D）秋天的景色。要求被试指出哪首诗可与哪个主题对应。参加实验的是法语专业的学生，共 51 人。结果表明，被试倾向于认为含 [l], [m] 多的诗是'温柔的爱情'（53%），含 [p], [t], [k] 多的诗是'战争的场面'（41%），含 [r], [b], [d], [g] 多的诗是'淫荡的爱情'（45%），含 [s], [f], [ʃ] 多的诗是'秋天的景色'（45%）"。①这个实验结果与上边所描写的辅音情感联觉效用基本上是吻合的。

3. 汉法语音联觉的共性

通过上述对汉法语音联觉现象的梳理，我们发现，汉法元音与辅音的联觉效应存在有较大的一致性，且各音素所引发的联觉意义与各自所依附的发音器官姿势密切相关。就辅音而言，可总结为以下四种情况：爆破音常可用于模拟撞击和破裂的声音，表突发性、爆发性的运动或事件，其中以 /p/、/d/ 最为典型；擦音表现力更为丰富，既可表姿态行为的明快迅速，也可表其缓慢起伏，汉法各有特色，但典型擦音 /f/, [f] 均可表犹如风来之感，/s/, [s] 音中都充溢着起伏的摩擦；鼻音 /m/, /n/, [m], [n] 听来感觉柔美，均蕴含有柔和效应；边音或流音 /l/, [l] 总可给人轻柔流畅印象。就元音而言，汉语韵母的阴、阳性之分与法语元音的亮、低音之别有"异曲同工"之效。具体而言，汉语阳性韵母与法语亮音相对应，宏大、雄伟、高昂、厚重等正面意义常用之表示，其中汉法均以 /a/, /ao/, [a], [ɔ] 以及相关的鼻化元音为典型代表；汉语阴性韵母与法语低音相对应，轻微、尖细、矮

---

① 郑立华.语音象征意义初探[J].现代外语，1989（1）：59.

小等负面意义常用之表示，以 /i/，/ü/，/ê/（ue），[i]，[y]，[ɛ] 以及相关的鼻化元音为典型代表。此外，/u/，/o/，/ou/，[u]，[o] 以及其他发音开口度介于响音与低音（或阳性音与阴性音）之间的音，所表示意义常有温和、沉稳之态。语音联觉在汉、法语中表现出的相似性充分显示了人类在对客观世界的感知体验与认知表现上所具有的相当大的一致性。

第二节 语音诗性功能

语音象征连通"音—义"，如果说它是语言形式与意义之关系的直接体现（Hinton et al., 1994），语音诗性功能则因其部分基于语音象征之上，以"音—音（组）—义"的方式连通音义而成为音义关系的间接体现。简言之，语音象征可谓音义关系的原型，而语音诗性功能则是原型之上音义关系的继生延续。本书中，我们选取汉法语中较为典型的几类语音现象作为对象，以使分析对比具有更为普遍的意义效用。

一、重叠

重叠，在法语中被称为叠音（redoublement）或叠字，主要用于对人或物声音、形态、行为等的模拟、绘状。

重叠可以是一种构词手段。在汉语中以该方式构成的词，一类叫叠音词，基本结构为 AA，如潺潺、皑皑、姥姥；一类叫重叠词，基本结构有 AA，ABB，AAB（少见），AABB，ACAD，如爸爸、红彤彤、毛毛虫、干干净净、傻里傻气。二者的区别在于：叠音词是指由相同的音节[①]重叠

[①] 杨振兰（2003：66）在《现代汉语 AA 式叠音词、重叠词对比研究》一文中指出：该音节不表义，通常分作两种情形：一为单个音节确实没有意义，词典中只有条目，没有释义，这表明该音节有音无义，不符合语素的定义，只有重叠起来才是一个最小的音义结合体；二为单个音节孤立存在时确实有意义，词典中也有释义，但与重叠形式所表示的整体意义全然不同，毫无联系，其实等同于在重叠形式中没有意义，那么，只有重叠后的形式才是音义结合的语素，自然也是叠音词。如"落落""区区""太太"，孤立的"落"是动词，"区"是名词，"太"是副词,它们各有自己的意义，但是这种意义与"落落""区区""太太"等重叠形式的意义风马牛不相及。

而成的复音单纯词，只内含一个语素，拟声词中的重叠构词就属于叠音词；而"重叠词是指由两个相同的语素（或词根）重叠形成的合成词，内含两个或两个以上的语素"（杨振兰，2003）[1]。事实上，重叠词的构成语素不会超过三个，因为现代汉语中最常见的长词也不会超过四个音节，这是人类语言在使用时简化规则作用的结果（尹铁超，包立坤，2010）。[2] 法语中并无叠音词与重叠词之分，无论词中内含一个语素还是两个语素均被称作叠音词，如 ronron、papa、cache-cache、tic-tac、brain-drain。金励斌、郭小英（1996）曾对法语叠音词做过总结，认为其基本结构有如下三种：（1）构词成分完全相同，如 kiki，baba；（2）开头辅音不同，如 pique-nique，pêle-mêle；（3）中间元音不同，如 fric-frac，zig-zag。[3]

仅从形式上看汉法重叠构词，法语叠音词似乎只第一种构词与汉语叠音词以及重叠词的 AA 结构相互对应，而其余两种则分别对应于汉语中的叠韵词与双声词（二者合称为联绵词），如烂漫、徘徊、窈窕，忐忑、惆怅、玲珑。事实上，虽然双声叠韵词在汉语中未被列入叠音词类，但从二者的构成音节特点上看，它们同叠音词一样，单个音节孤立存在时常是没有意义的[4]，且双声叠韵词的音义关系也如同叠音词源自摹声[5]，因此，双声叠韵词与叠音词并无实质性差异。如此看来，汉法叠音词的构成形式可谓是完全一致了。那么，法语中是否可构成除却汉语重叠词 AA 结构之外的其他形式呢？其实，作为构词手段，重叠是可以构成不具对称性质的法语叠音词的，如 fofolle、bébète、roudoudou 这样的构成形式，从音节重叠的规律来看，与汉语重叠词中的 AAB、ACAD、ABB 结构颇为相似。因此，

---

[1] 杨振兰. 现代汉语 AA 式叠音词、重叠词对比研究 [J]. 齐鲁学刊，2003（4）：65.
[2] 尹铁超，包丽坤. 普通人类语言学视角下的语音简化性研究 [M]. 北京：北京大学出版社，2010：81，92.
[3] 郭小英. 法语叠音词小议 [J]. 法语学习，1996（2）：10.
[4] 杨自俭（2008：225）在《字本位理论与应用研究》中表示：联绵词中的每个字也有意义，不过是起分辨作用的"未足意义"。
[5] 叶舒宪（1994：375）在《诗经的文化阐释》中指出：摹声作为人类最早的言语能力之表现，不仅在汉语中直接催生了"重言"（即重叠）模式，而且又间接地孕育了足以显示汉语诗歌潜能的另外两种模式——双声与叠韵。

综上所述，作为构词手段，重叠在汉法中的表现形式呈现出了较高的一致性。

重叠还可是一种语法手段，但作为语法手段的重叠对象通常只限于动词。动词重叠可谓汉语的一大特色，汉语自周朝起就有动词重叠的记载。张泽乾先生（1994）认为："汉语动词重叠的用法在不少地方具有时态和语式的意义，弥补了汉语的词没有形态变化的不足，是动态助词的一种变化形式。"① 吴泓缈（1996）对汉语动词重叠与法语的未完成过去时对比观照后指出：表示动作的反复和持续是（汉语）动词重叠的基本功用，表示尝试是它衍生的功能。但表示"尝试"或"委婉"的功用只有对叙述者来说是将来的动作的动词重叠形式才有。重叠动词的基本功能在简约原则的调配下，还能衍生出"A-A，A了A，A了一A，A来A去，A了又A，AABB，A呵A，AA歇歇（停停），A着A着"九种形式来满足不同情形的"延续"表达需要。② 法语动词没有类似的构成，只有极少数名词性复合词有相仿形式，如 tête-à-tête，face-à-face，vis-à-vis。

重叠作为构词、语法手段丰富了语言形式，而形式的丰富也使语音承载的意义更富内涵，因此，重叠还被视作一种修辞。但作为修辞，从其表征形式上看，法语中通常只以不具对称性的叠音词的形式出现，使用范围颇为有限，郭玉梅（2010）曾直言"法语中几乎不用这种修辞手段"③。而汉语恰好相反，作为修辞，除去可以直接使用叠音词与重叠词的各种形式外，还可使用叠字这一手段构成，如，刘驾云"树树树梢啼晓莺，夜夜夜深闻子规"，此一句中"树树""夜夜"显然只为"表音显声"，不能为词。

综合以上分析比对，我们可做出如下总结：第一，重叠无论作为构词手段还是语法手段，在汉法中最大的不同在于对重叠载体的选择：汉语重叠的基本单位多是音义结合最小单位——语素或字，音节重叠较为局限，

---

① 张泽乾.翻译经纬[M].武汉：武汉大学出版社，1994：440.
② 吴泓缈.采采卷耳 不盈顷筐——汉语动词的重复与法语未完成过去时的比较[J].法国研究，1996（1）：29-41.
③ 郭玉梅.汉语叠音词的法语翻译探讨——读《红楼梦》法译本随感[J].法国研究，2010（3）：42.

通常只出现在叠音词中；法语重叠的基本单位则以音节或音素为主，单词重叠比例较小，如 passe-passe，coupe-coupe，fou-fou，trou-trou，pâte-pâte。第二，从汉法重叠元素语义承载的情况看，用于构成重叠的音节或音素在汉法中都不表具体概念，如咯咯、哈哈、饽饽、glouglou，tonton，kiki 中的咯、哈、饽、glou-、ton-、ki- 均无实际意义可言。只有它们的组合才可引发联觉效应。而用于构成重叠的语素（法语都为单音节词），无论在汉语还是法语中均有意义可考，如妈妈、红彤彤、唠唠叨叨、cache-cache，deux-deux 等词中的构成语素均可找到其作为实词的含义。第三，重叠无论是作为修辞，抑或构词或语法手段，在汉法中均可反映如下音义关系：直接摹声摹态指物，如 tss-tss，tic-tac，沙沙，灼灼；引发对可爱之态的联想，如不少儿语均为重叠构词，如姥姥、咪咪、爸爸、mimi，dodo，papa；表现喜爱的情感色彩，如 coco，chien-chien，fifille，宝宝、小狗狗、囡囡；增强情感生动性，以文学作品中使用居多；表现一种快速运动或循环运动，如笃笃（敲门），瞧瞧，toc toc，va-et-vient（王希杰，2004/2013；Contini，2009）[1]。总之，重叠作为构词、语法与修辞手段，无论从其构成形式还是从其联觉效应，在汉法两种语言中都表现出较为显著的一致性。但重叠无论作为何种手段，在汉语中的使用范围与组合自由度又均明显超出法语，而这归根结底要归因于汉语编码的单音节性质，单音节编码的汉字是汉语进行一定程度自由组合的载体与可能。

二、近音

"近音"，法语译为 paronymie，顾名思义，指一个字（词）与另一个字（词）在读音（音色）与书写之间相近或接近的特征，如："钱""线"和"残"，venimeux 与 vénéneux。法语是拼音语言，读音与书写形式保持有较大的一致性，因此，发音相近，书写形式也常相似，如 alternance 与 alternatif。汉语是表意文字，读音相近的汉字，书写形式可能相近，也可能不相近，但语义却常有相通之处，如"天"与"巅"，音近（韵母

---

[1] 王希杰. 汉语修辞学（修订本）[M]. 北京：商务印书馆，2004/2013：179. Contini, Michel. Les phonosymbolisme: continuité d'une motivation primaire? [J]. *Travaux de linguistique*, 2009 (59): 81.

同为 ian），形异，义则均可指向"极高处"；再如"线""栈""盏""践""贱"等，音近，形近，义均可指向"小"。事实上，这种"音近义通"现象，是始于秦、发于汉、起于宋、盛于清、延于今的汉语训诂学主要释词方法。王力先生（1937）曾对这一方法予以充分肯定，他指出："语音相近者，其字义往往相近；字义相近者，其语音亦往往相近。由语音系统去寻求词族，不受字形的束缚，这是语史学的坦途。"① 黎千驹（2009）将"音近义通"表现音义关系的情形具体分为三种：第一，造新词时的音近义通，即一组同源词中源词与派生词之间在意义上具有内在的渊源流别关系，构成一组音义相关的词。第二，记录词时的音近义通，即语言中的某个词（联绵词）有时用几个形体不同但声音相同或相近的字来记录。第三，使用词时的音近义通，即用借字来代替本字。② 可以看出，"近音"不仅是汉语词汇音义理据的表现手段之一，而且还是汉语词汇系统内部关系的组织方式。但有一点需要明确：音近义通这一音义关系多数出现在同族词（同源词）内，不宜任意夸大它的范围。如陆宗达、王宁（1994）所指出的："语言学中'放之四海而皆准'的定律是很少存在的……只有在同根词之间才能具有这种音义关系，任意扩大它的范围，以为任何音近之词必义通或任何同义词音必近，便否定了词语的社会约定性，以致牵强附会，造成谬误。"③

关于法语中的"近音"现象，我们可从索绪尔（1916/1985）取例"enseignement"描写语言符号"联想关系"的这幅图示④ 说起。

---

① 王力. 上古韵母系统研究 [J]. 清华大学学报：自然科学版, 1937（3）：484.
② 黎千驹. "音近义通"原理论 [J]. 保定学院学报, 2009（5）：83.
③ 陆宗达, 王宁. 训诂与训诂学 [M]. 太原：山西教育出版社, 1994：16-17.
④ Ferdinand de Saussure. *Cours de Linguistique Générale* [M]. Édition critique préparée par Tulio de Mauro. Paris: Payot, 1916/1985：175.

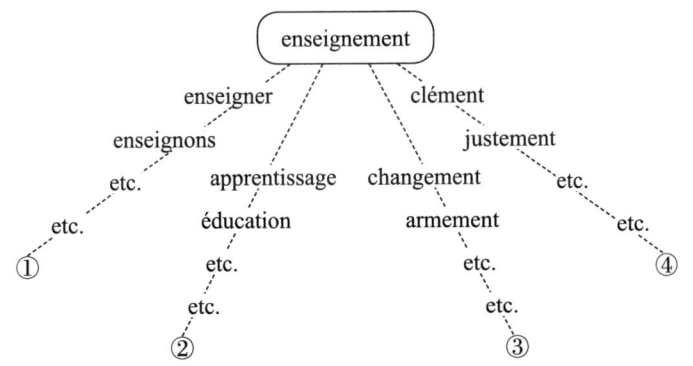

图 2-1 语言符号的联想关系

在这个图例中,轴①与中心词 enseignement 词根相同,属同族词,音近义通;轴②与中心词只具有语义相关性,无语音形式上的关联;轴③与中心词词缀相同,说明二者语法性质一致,且共享后缀①"-ment"表"行为及结果"的意义,语音形式相近;轴④与中心词只有音近形式上的关联,义不相通。从图示中可以看出,法语中的音近义通现象多依附于词根或词缀。事实上,不具词根或词缀共享关系的法语词汇中也存在音近义通现象,因为两个发音相近的词汇在形式上的相似性可引起被称作是"近音吸引"(attraction paronymique)或"民间词源"(étymologie populaire)的现象,而这种现象可导致两个近音词在所指层面的接近,甚至混同。如 errements 一词,由 errer 派生,源自拉丁语 iterare,表"旅行"之意,原指"习惯做法"(manière d'agir),但在 erreur 一词(源自拉丁语 errare)的影响下,现表"积习、恶习"(habitude blâmable)之意;再如原表"调皮、淘气"之意的形容词"mièvre",如今多表"矫揉造作、不自然"等意,无疑是受了 mignon, mignard 两个形容词词义的影响。另,能指相近影响所指相通的语言事实不仅出现在历时层面,共时层面也存在,如 les jours *ouvrables* 常被解释为"商店开门营业的日子",而非"工作的日子"(Aïno Niklas-Salminen, 1997)。② 上述音近义通的语言事实说明,法语词汇在其自身系统内部,

---

① 法语后缀约有 160 个,但仅一部分是经常使用并具有再生功能的,且后缀自身具有一定的意义与语法属性。详见程依荣《法语词汇学概论》(2007):51-54。

② Aïno Niklas-Salminen. *La Lexicologie* [M]. Paris:Armand Colin,1997:161.

音义之间是存有理据关系的。

综上所述，"近音"在汉法两种语言中均可作为表现词汇音义关系的手段，像 Pierre Guiraud（1967）所说的：形式上具有某种共性的词汇在语义上也会有某些对应特征，反之亦然。[①] 意义相近的词[总是]获得相似的语音（洪堡特，1999/2010）。[②] 同时，我们还须承认，对词汇语音理据的考察，除却要考虑语言的外部经验，更须着眼于语言内部系统，若离开系统考察词汇音义关系，则往往只能得出音义任意性的论断。

另外，基于"近音义不通"的这一现象，法语还构成了一种叫"近音词连用"（paronomase）的语音修辞，具体而言是指"在一个句子中连续使用声音近似、意义迥异的词"（王文融，1997）[③]。

如：（1）Qui vole un oeuf vole un boeuf.

（2）Il a compromi son bonheur, mais non pas son honneur.

Jakobson（1963）在谈到语言的六功能之一——语言信息诗性功能时，曾举过这样一个例子：一位女性在表达对一名叫作 Alfred 的男性的恐惧、厌恶时，潜意识选择了 affreux，而弃用 terrible, horrible, insupportable, dégoûtant 等词。究其原因，便在于 l'affreux Alfred 这一组合语段可引发近音词连用的联觉功效[④]：通过构成语音重复与比对，近音词连用可使关键词语义信息得以凸显、强化。鉴于此联觉效用，该修辞还常见于谚语、格言、警句中，如：Qui se ressemble s'assemble。

与法语中作修辞的功用相对，近音词连用在汉语中不仅可作为修辞手段——利用近音手段构成的双声叠韵词，无论是在以单音节为主的古代汉语中，还是在以双音节为主的现代汉语中，都是语言音乐美的重要手段——更是现代汉语中一种颇受欢迎的构词手段。吴泓缈（2008）有言："汉语

[①] Pierre Guiraud. *Structures étymologiques du lexique français* [M]. Paris：Larousse，1967：189.

[②] 威廉·冯·洪堡特. 论人类语言结构的差异及其对人类精神发展的影响 [M]. 姚小平，译. 北京：商务印书馆，1999/2010：92.

[③] 王文融. 法语文体学教程 [M]. 北京：北京大学出版社，1997：108.

[④] Roman Jakobson. *Essai de Linguistique Générale* [M]. Paris：Minuit，1963：218-219.

可能是一种特别喜欢隐喻①的语言，讲词汇或声、韵母一样，或部首偏旁相同，如昆仑 /kunlun/、懵懂 /mengdong/、稀奇 /xiqi/、美眉 /meimei/、忐忑 /tante/、崎岖 /qiqu/，乃至魑魅魍魉 /chimeiwangliang/、琴瑟琵琶 /qinsepipa/。在此，音似有一功，说起来更轻松；意似也有一功，记起来更容易，皆符合语言经济省力的原则。"②因此，近音词在汉语中比比皆是。

三、双关

双关，是一种利用同音异义或一词多义的条件，使一个词语或句子同时具有两种含义，以此造成幽默效果或揭示词与词之间隐秘关系的修辞手段。其中，同音异义构成谐音双关，一词多义构成语义双关，汉法无异。众所周知，汉语是单音节词，同音词众多，而谐音双关恰是利用同音现象来构成双关语，因此谐音双关在汉语中的使用特别广泛，从诗歌小说，到民歌、民谣、歇后语，再到社会生活的各领域处处可见。其中，谐音在社会生活中的使用已成为汉语特有的一种民俗文化。如：

（1）诗句：东边日出西边雨，道是无晴却有晴。（刘禹锡《竹枝词》）

句中"晴"字兼指"天气晴朗"的"晴"和"爱情"的"情"，这种一语双关使它成为了脍炙人口的名句。

（2）歇后语：孔夫子搬家——净是书（输）；猪八戒的脊背——悟能之背（无能之辈）

（3）民俗文化：鱼——富裕；苹果——平平安安；五只蝙蝠——五福齐全

如今，汉语中还有不少新词属于谐音造词，即"同一个语音形式对应于两个不同的词形，可以按照不同的需要做出不同的语义解释"（游玉祥，2012），取例如下③：

---

① 此处隐喻一词并非修辞学概念，而是指语言现象（语音、词汇、词组或句子等）的聚合特征，即相似性。
② 吴泓缈."相似"和"相近"——Jakobson 的隐喻和借喻 [J]. 长江学术，2008（2）：95.
③ 游玉祥. 新词语的特点分析及其认知解释 [D]. 上海：上海外国语大学，2012：67.

表 2-2　语音双关现象中的理据表现

词条	字面意义	话语指称意义	语用意义
杯具	杯形器具	悲剧	诙谐、调侃
茶具	喝茶的用具	差距	诙谐、调侃、新颖
餐具	就餐的用具	惨剧，不好的过程或结果	戏谑
咸鱼族	与含盐分很高的鱼干相关	"闲余"的谐音，指职场缺乏理想和职场规划、安于现状的人	风趣、简捷

法语中的双关修辞（le calembour）也被称作语言游戏（jeu de mots），因此，虽然同音异义词在法语中并不少见，但其使用范围总不及汉语，多见于广告、报刊或漫画中（王文融，1997；蒯佳，2014）。不过，法语谐音修辞在形式上要比汉语更加灵活。汉语只能"一对一"谐音，而法语则有可能"几对一"，这主要归功于法语拼音词汇的多音节性质。如：

（1）—Quelle différence y a-t-il entre un ascenseur et une cigarette?

　　—L'ascenseur fait monter et la cigarette fait des cendres（烟灰）.

此处 des cendres 与 descendre 谐音，descendre 又与 monter 在语义上相对，幽默效果跃然纸上。

（2）勒内·戈西尼（René Goscinny）所著漫画《高卢英雄历险记》中的人名，如：Assurancetourix 与 assurance tout risque（全险）谐音；Abraracourcix 与 à bras raccourcis（猛力地，用尽全力地）谐音（蒯佳，2014）。①

语义双关因基于一词多义，在汉法语中使用均较为普遍，且用法颇为相似，故此处不再赘述。

四、韵律

韵的最大功用在于把涣散的声音联络贯串起来，成为一个完整的曲调。邦维尔在《法国诗学》里说："我们听诗时，只听到押韵脚的一个字，诗人所想产生的影响也会由这个韵脚字酝酿出来。"（转引自朱光潜，

---

① 蒯佳. Calembour 在《高卢英雄历险记》系列漫画中的翻译初探 [J]. 法语学习，2014（6）：25.

2012）朱光潜（2012）则称："中国诗的节奏有赖于韵，与法文诗的节奏有赖于韵，理由是相同的：轻重不分明，音节易散漫，必须借韵的回声来点明、呼应和贯串。"① 可见，韵之于诗，实为连贯气息之材，汉法无异。当然，韵这种修辞不仅见于诗歌，戏剧、散文、小说、谚语等文学或非文学语言中也均有使用。

汉语构成诗词押韵的韵辙（韵）本身并无感情内涵表示，但它们经过诗人的匠心独运之后，却也呈现出了与阴阳字类似的音义同构现象。汉语将39个韵母归纳为18个韵辙，又根据韵辙的响亮度，也即发音时的口腔、鼻腔共鸣大小，将之分为三级：洪亮级，包括eng韵、ong韵、en韵、ang韵、an韵、a韵；柔和级，包括ai韵、ao韵、o韵、e韵、ou韵；细微级，包括ei韵、-i韵、er韵、i韵、ü韵、u韵、ê韵（王希杰，2004/2013）。② 洪亮级多抒发豪放、快乐、热烈的情感；柔和级表现平静、安详、舒适的心情；细微级表达低沉、忧伤、缠绵的思绪（沈祥源，1998）。③ 以下依级各举《红楼梦》④中诗词一例略加说明。

洪亮级如：贾雨村对月寓怀一绝

　　　　适逢三五便团圆，满把晴光护玉栏。
　　　　天上一轮才捧出，人间万幸仰头看。

该诗所押an韵隶属洪亮级，诗中其他选字如"逢""团""满""晴""轮""捧"，读音也为阳性。因此，无视吟诗之人的心态，仍可感受到诗中的豪迈之气。

柔和级如：访菊　宝玉（怡红公子）

　　　　闲趁霜晴试一游，酒杯药盏莫淹留。
　　　　霜前月下谁家种，栏外篱边何处秋。
　　　　蜡屐远来情得得，冷吟不尽兴悠悠。
　　　　黄花若解怜诗客，休负今朝挂枝头。

---

① 朱光潜. 朱光潜全集：卷三 [M]. 北京：中华书局，2012：188-189.
② 王希杰. 汉语修辞学（修订本）[M]. 北京：商务印书馆，2004/2013：187-188.
③ 沈祥源. 文艺音韵学 [M]. 武汉：武汉大学出版社，1998：90.
④ 曹雪芹，高鹗. 红楼梦 [M]. 启功，等，注释. 北京：中华书局，2010.

沉淀，一旦"错落无致"必然引起不适之感，为此，"义"的和谐有赖"音"之和谐。

第三节　语音理据的存现基础

一、物理基础与物质基础

语音是语言的物质外壳，它同自然界的其他声音一样，均产生于物体的颤动，具有音高、音强、音长、音色这四种统一于所有声音中的物理属性。而这也成为语音与其他声音或事物构成联想、产生共鸣的物理基础。如"后元音 /a/ 声音较沉，大而重的物体落地发出的声音比较沉，狮子老虎等较大型的野兽发出的声音也比较沉。这些生活经验使得人们很容易将 /a/ 与表示'大'或'沉'的事物联系或联想在一起"（郑立华，1989）[1]。

物质世界是人类生存的客观空间存在，也是人类开始与发展认识的第一个外在于自身的对象。人类语言的发展史也即人类不断认识自我与物质世界的历史。因此在表达对世界印象的词汇中，一定蕴含着世界万象在人类心中呈现的姿势。如此，物质世界便成为人类感触、感觉、反思[2]，进而将对事物特征的感受认识注入语音的物质基础。

二、生理基础

语音是由人的发音器官发出的，无疑具有生理属性。呼吸器官，喉头和声带，口腔、鼻腔和咽腔三大发音器官精致而多样的协调运作机制保障了语音的丰富多样性。而音素发音时各器官的生理协作特点则对音素的象征意义联想有着直接影响。比如，当舌头很高、在口腔前面时，它的共鸣空间变小，所以它放大高频率的音，于是我们就得到高音 /i/、/ɛ/ 等象征小的事物或事物特征，如 petit [pəti]、mini [mini]、insecte [ɛ̃sɛkt]、粒 /li/、

---

[1] 郑立华.语音象征意义初探[J].现代外语，1989（1）：59.
[2] 维科（1986/2008：104）在《新科学》中讲到：人们起初只感触而不感觉，接着用一种迷惑而激动的精神去感觉，最后才以一颗清醒的心灵去反思。

米 /mi/、细 /xi/。当舌头放低，在后面时，它使共鸣的空间变大，放大较低频率的音，于是我们就得到低音 /a/、/ɑ/ 象征大的事物或事物特征，如 salle[sal]、grand[grã]、géant[ʒeã]、大 /da/、广 /guang/、宽 /kuan/。安德列·马丁内（André Martinet, 1965）就曾对语言音义间表现出的这种对应性关系有过明确阐述：元音 [i] 的发音是在口腔前部完成的，发音时，舌面应尽可能趋近上颚，嘴唇则尽可能离开牙龈，这样可使共鸣腔在最大程度上变小，从而实现 [i] 的发音；元音 [u] 的情况正好相反，发音时，舌头要向口腔后面收缩，嘴唇向前突出，这样可使共鸣腔尽可能变大，从而实现 [u] 的发音。这样看来，[i] 音表示"小"的意义，而 [u] 音表示"大"的意义是具有明显生理基础的。这一基础可使我们假设，上述语音联觉意义是整个人类语言的事实，尽管我们尚未实现对所有人类语言的观察。[1]另外，朱晓农（2004）还曾引用 Marton（1977）的发现对语音调高（音高）、调低（音低）指向不同语义的情形做出了生物学上的解释："不管是哺乳动物还是鸟类，在它们打架争斗时，往往有自信的一方发出的叫声、吼声都是低沉的，而弱的一方，声音尖细，也就是频率高但音强小。"[2]

听觉是语音理据存现的另一生理保障。因较之视觉与其他感官具有灵敏性、清晰明确性、生动性、作用时间的长短适宜等更为优越的自然本性[3]，听觉成为语言形成的首要感官。赫尔德（1772/2014）说："人从自然这位教师那里接受语言，完全是经由听觉，没有听觉它就不可能发明语言。所以，听觉在一定程度上便成为它的中介感官，成为通往心灵的门径，成为所有其他感官的联系纽带。"[4]20 世纪有学者如雅各布森、乌尔曼等

---

[1] André Martinet. Peut-on dire d'une langue qu'elle est belle? [J]. *Revue d'esthétique*, 1965：231.

[2] 朱晓农. 亲密与高调——对小称调、女国音、美眉等语言现象的生物学解释 [J]. 当代语言学，2004（3）：195.

[3] 契舍尔顿用盲人做的实验表明，视觉的发展是一个缓慢的过程，心灵形成空间、形状和颜色的概念非常不易，而要能够清晰明确地运用这些概念，不知先要进行多少次预测和尝试。显然，视觉对语言来说并非最适当的感官。此外，视觉所及的现象是冷冰冰的、哑然无声的，而其他感官更不灵敏，其知觉更含混不清。（赫尔德，1772/2014：44）

[4] J. G. 赫尔德. 论语言的起源 [M]. 姚小平，译. 北京：商务印书馆，1772/2014：58.

专门研究过语音与颜色词——这一反映音义关系的联觉通感现象，认为语音在听觉上可引发对颜色的联想，一如汉语中的"红肥绿瘦"。可见，听觉确实具有促生音义关系的优势。

模仿力是音义间存有象似关系的又一生理基础。"科学家近年来对人类大脑'镜像神经元'的研究有力证明了人类具有'天赋'的模仿能力。"（杨建华，2009）[1] 可以说，模仿是人类生存和发展的一种本能。这项能力使人类的智慧和在自然界生存的能力远远超过了其他种类的生物，同时也成为人类原初造词的一种机制。语言中的拟声词与拟态词便是人类最初通过模拟造词的有效说明。如今，我们还可从儿童习得语言的过程观察到这种模仿机制。维科（1986/2008）曾言："儿童们都擅长模仿，我们看到儿童们一般都模仿他们所能认识到的事物来取乐……人类的语言最初是诗性的语言，而诗不过就是模仿。"[2] 这两条公理实际也说明了模仿是人类对于所感触到的世界最为原初的认知方式，而人类最初的语言不过是模仿的结果。因此我们说，人类天赋的模仿能力也是语音与被模仿物特征取得联系、建立象似性的基础。

三、心理基础

人类心灵按本性就喜爱一致性（维科，1986/2008）。[3] 人类以一定声音模仿、表达、再现事物在其内心中唤起的感觉印象，不仅能最大限度满足自我情感表达的需要，也易于在其生活的社会团体或群体中形成共识。

还有学者从潜意识里挖掘语音象征意义的根源。根据弗洛伊德的精神分析原理，潜意识有力地操纵着我们的思想和感觉。人们对语音的感觉也有可能受到潜意识的影响。"潜意识里埋藏着我们的原始热情和愿望，还包括孩提时代的大略记忆和感受。语音是从口腔里出来的，嘴唇及舌头的运动所产生的感觉有时能勾起各种深埋在潜意识里的感受，形成联想。"[4] 愿望主体因此可以通过"音近、同音异义、字谜"及其他类似的方法表述

---

[1] 杨建华. 试论汉语单纯词象似性 [D]. 北京：首都师范大学，2009：16.
[2] 维科. 新科学 [M]. 朱光潜，译. 北京：人民文学出版社，1986/2008：104.
[3] 同上：101.
[4] Fónagy, Ivan. *La Vive Voix* [M]. Paris：Payot, 1983：74.

愿望，而潜意识自身因此可通过声音传递出显性词、句、文之下的隐性意义（Michel Launay，2003）。①

综上所述，我们认为，音义理据存现源于这样一个过程：人类以一切感官，其中以听觉为主，作为心灵的触感手段，将对自然的把握融入心灵，继而心灵又将之加以区分表征在了声音中，形成了语言的物质外壳——语音。而语音，作为心灵对自然声音或姿势分辨把握的承载形式，又蕴含并再现了人类从自然对象中选择提取的特征。音义理据便在"物质世界—感官（听觉）—心灵—语音—物质世界（特征）再现"这一链条中形成了。如维科（1986/2008）所言："人类心灵自然而然地倾向于凭各种感官去在外界事物中看到心灵本身，只有凭艰巨的努力，心灵才会凭反思来注视它自己。"② 这个反思的过程正如是人类心灵将它对事物的理解或感触注入语音加以呈现的过程。

第四节　语音理据的有限存在

赫尔德（1772/2014）说："认为一种语言未经任何选择，就从人脑中任意地发明了出来，这种说法对于心灵来说，不啻于肉体被死神的手抚摸所遭受的痛苦。所以，一种根据肤浅空洞的任意性创造出来的语言是与他的整个善于类推的本性相背的；一种完全任意地构想出来的语言，事实上也同一切人类心灵力量的类推原则格格不入"③；亚历山大·蒲柏说：要让声音听来像意义的回声；弗洛伊德说语音可勾起人们深埋在潜意识里的感受；洪堡特（1999/2010）说："语音不仅指称事物，而且复现了事物所引起的感觉。"④ 从语言起源到语言事实到精神分析再到普通语言学研究，

---

① Michel Launay. Note sur le dogme de l'arbitraire du signe et ses possibles motivations idéologiques [J]. *Mélanges de la Casa de Velázquez*, 2003（33-2）：282.
② 维科. 新科学 [M]. 朱光潜，译. 北京：人民文学出版社，1986/2008：101.
③ J. G. 赫尔德. 论语言的起源 [M]. 姚小平，译. 北京：商务印书馆，1772/2014：54.
④ 威廉·冯·洪堡特. 论人类语言结构的差异及其对人类精神发展的影响 [M]. 姚小平，译. 北京：商务印书馆，1999/2010：66.

语音理据的存在俨然已是不争的事实。然而，我们还必须明确，语音理据的存在有其局限性，并且不断面临着多种因素"侵蚀"，甚至"消解"的威胁。具体而言，首先，语音理据性的存在只能是部分的、近似的。甚至对于单纯的象声词，也只能唤起模糊近似的联想。其次，词中每个音素引发联想的能力是不同的。通常，一个词中可体现情感表现力的音只集中在一个音素上，而剩余的却只能保持中立。再者，语音情感表现力的发挥还与语言使用者的性情、敏感性、想象力、文学文化背景、艺术爱好以及其他一些主观因素有关。比如作家对于词汇所蕴含神奇魔力的感受程度总是大于普通人，如勒孔特·德·利尔（Leconte de Lisle）在谈到 paon（孔雀）一词时曾言：若将 paon 中的"o"去掉，那么将再体会不到孔雀开屏的美丽；克洛代尔（Claudel）在 locomotive（机车）一词中"耳闻目睹"了车轮和烟囱。最后，词汇中的语音表达力并不具有恒定效用，因为词汇的变化是永恒的，语音表达力或随着词汇的历时变化被掩盖或消逝。

总而言之，语言符号的音义关系带有较浓厚的人文性质，总是徘徊于任意性和理据性之间，徘徊在二者之间那个模糊渐进的中间区域。这个中间区域在逻辑学上被称作"内在居中逻辑"，而这个中间状态的逻辑在数学上已得到证明。"[亚里士多德]非此即彼的二元逻辑已不能应对所有的人类处境，不能回答和解决人类社会和世界中的许多问题。"（胡壮麟，2014）[①]因此，对于音义理据，我们始终要辩证视之。

小　结

语音象征与语音诗性功能作为汉法语音理据的两个层面，最大程度体现着语言符号的音义间关系。语音象征主要体现个体音素内蕴含的音义关系，语音诗性功能则部分基于语音象征，主要以"音—音（音组）—义"作用模式表现音义关系。因此可以说，语音象征是语音层面的原生理据，而语音诗性功能则是语音层面的次生理据。通过对比我们发现，语音象征

---

① 胡壮麟. 让符号学与语言学"联姻"——《现代语言符号学》评介 [N]. 中国社会科学报，2014-01-20.

这个原生理据在汉法语中表现出的音义关系有较大的一致性，原因在于相似的发音姿势引发相似的意义联想，而语音诗性功能则由于介入了音素或音节的组合运用，虽在联觉效应上因与语音象征有部分存续关系，仍不失共同之处，但它的作用形式以及形式作用语域在汉法中却有较大差别，如韵在汉语中只可由韵母构成押在句尾，而法语无论元音辅音均可，且押韵形式多样；重叠、谐音是汉语文学作品中的惯用手段，法语中则多见于非文学领域。造成汉法语音诗性功能差别的原因在于汉法语言词音框架的编码基本单位不同："以英语为代表的多音节屈折型语言，[自然包括法语在内]，它们的词音框架的基础建立在音素层上，即必须以音素为它的编码基本单位；而以汉语为代表的单音节孤立型语言的词音框架的基础则建立在音节层上，以音节为它的编码基本单位。"（杨自俭，2008）[1] 汉法编码基本单位的差别导致了词汇语音构成及组合使用的差别，诚如洪堡特所言："语音形式是构成和主导着语言差异的真正原因，是地地道道的增加和扩大语言差异的原则"（1999/2010）[2]。

---

[1] 杨自俭. 字本位理论与应用研究 [M]. 济南：山东教育出版社，2008：91.
[2] 威廉·冯·洪堡特. 论人类语言结构的差异及其对人类精神发展的影响 [M]. 姚小平，译. 北京：商务印书馆，1999/2010：65, 295.

第三章　汉法词汇理据对比之文字层面

文字理据是指词的文字书写形式与词义的联系（许余龙，2010）。[①]汉语是目前世界上唯一大规模使用表意文字的语言，而法语是使用表音文字的典型性拼音语言。性质截然不同的两种文字在各自所属语言中的地位也不相同，理据性亦表现迥异。本章以文字与语言的关系作为切入点，首先说明了将文字研究纳入词汇理据对比的必要性；其次通过追溯汉、法文字的起源，对两种文字所蕴含的理据加以阐述，最后对文字在汉法语中表现出的理据性差异做出解释。

第一节　文字与语言

一、拼音文字之于西方语言

"文字之于语言价值几何"是从古希腊起就被议及的话题，近几十年更是成为西方语言哲学讨论的一个热点。从柏拉图、亚里士多德到卢梭、黑格尔，直至20世纪的索绪尔，文字总被视作语音的记录符号，"符号之符号"（亚里士多德语）。索绪尔曾言："语言和文字是两种不同的符号系统，后者存在的唯一理由是在于表现前者。语言学的研究对象不是

---

① 许余龙. 对比语言学 [M]. 2版. 上海：上海外语教育出版社，2010：90.

书写的词和口说的词的结合，而是由后者单独构成的。"① 索氏因其"现代语言学之父"的地位对文字的论断在现代语言学研究中产生了深远的影响，语言学界对文字的轻视一直持续到了20世纪下半叶。那么，文字之于语言真的就只是一种记录符号吗？事实上，20世纪之前，西方语言学界对此就曾有过不同的声音，只是从未引起重视。比如，19世纪的洪堡特（1824/1997）就曾在《论字母文字及其与语言结构的关系》一文中明确指出文字的重要性与影响力："文字是对语言更精妙的修饰，只是从有了书写以后才开始。这一件事极其重要，无论就其本身还是就其对民族文化发展的影响来说，都导致了语言间最特殊之点的差异，这比由原先粗糙的口语结构造成的差异要大得多"。② 洪堡特的陈述清晰表明了文字在承载并彰显各民族语言文化发展过程中所起到的重要作用。

1. 哲学层面的反思

面对文字的窘迫地位，20世纪下半叶法国两位著名哲学家德里达（Jacques Derrida）和利科（Paul Ricoeur），从哲学层面针对"符号之符号"的观点做出了正式的、正面的、激烈的批评。德里达在1967年出版《论文字学》一书，把柏拉图等人对文字的态度称之为"语音中心主义"或"逻各斯中心主义"，并认为这是西方全部形而上学的思维方式及结构的基础，而后从哲学角度深刻批判了从柏拉图到索绪尔重音轻字的传统："经过几乎难以察觉其必然性的缓慢运动，至少延续了大约20世纪之久并且最终汇聚到语言名义之下的一切，又开始转向文字的名下，或者至少统括在文字的名下。通过一种难以觉察的必然性，文字概念正在开始超越语言的范围，它不再表示一般语言的特殊形式、派生形式、附属形式（不管人们把它理解为交往、关系、表达、涵义、观念，还是理解为思维的构造等等），它不再表示表层，不再表示一种主要能指的不一样的复制品，不再表示能

---

① 费尔迪南·德·索绪尔.普通语言学教程[M].高名凯,译.北京：商务印书馆，1980/2010：47-48.
② Humboldt, Wilhelm Von. On Alphabetic Script and Its Relation to the Structure of Language[M]//Harden and D. Farrelly. Essays on Language/Wilhelm von Humboldt. Frankfurt am Main: Lang, 1997：71.

指的能指。从任何意义上说,'文字'一词都包含语言。这不是因为'文字'一词不再表示能指的能指,而是因为'能指的能指'似乎奇怪地不再表示偶然的重复以及日渐衰微的派生性。"① 利科在 1976 年出版的《解释理论》中也同样言辞激烈地批判了西方一直以来的文字观:"文字绝不只是以书面形式固定口语,它提出一个特殊问题:人类思想直接被带入思想中,而不必以说话为中介,从而使书写取代说话的地位。话语的意义与物质媒介之间出现了某种捷径……话语的命运交给了文字,而不再是声音。"②(转引自潘文国,2002)

2. 语言学层面的反思

在语言学层面,Martin Riegel(1994/2004)等人从"表音与表意"这两个支配书写功能的对立原则,说明了法语书写已然不能只被视作是口语的对应物的理由。从表音原则看,书写单位字符的第一角色是表现声音单位音素,然而二者之间并非一一对应的关系。法语中相同的字符可对应若干音素,如 s 可对应 son 中的 /s/,也可对应 position 中的 /z/;而相同的音素可对应不同的字符,如 son 中的 s、ceci 中的 c、soixante 中的 x、exécution 中的 t 对应的音素均为 /s/。从表意原则看,字符无需与音素对应,就可实现对词汇语法或语义方面的影响。如在同音异义词中,不发音的字母具有区别意义作用:通过书写上的对立,字母可辅助完成对词汇意思的确定,即通过书写区分意义,如 vert(绿色)与 ver(虫子)、vers(诗)、verre(玻璃)、vair([纹章] 一种蓝色和银色交替的毛皮纹)。③ 事实上,法语语音与拼写的断裂从 14 世纪中叶书写开始推广传播的时刻便已开始。例如,语言历史学家们曾将不对应任何发音的字母分别贴上"哑音(lettres muettes)、赘余(superflues)、不发音(quiescentes)、附加(adventices)"等标签来标明它们在语言译码中的特殊地位。这些不发音的字母,通常是

---

① 雅克·德里达. 论文字学 [M]. 汪堂家,译. 上海:上海译文出版社,1967/2015:8.
② 潘文国. 字本位与汉语研究 [M]. 上海:华东师范大学出版社,2002:86.
③ Martin Riegel, Jean-Christophe Pellat, René Rioul. *Grammaire méthodique du français* [M]. Paris:PUF, 1994/ 2004:64.

辅音，被视作词汇与其词源的关系纽带，也被视作书面语之于口语的解放标记。书写编码从此不再作为口语的替身编码（code substitutif），字符也自此拥有了新的定义：与语音和/或语义相合的单位（Yvonne Cazal et al., 2005）。① 我国一些学者也曾对西方文字的性质有所思考。郜元宝（2002）说："任何进化的语言都是声音和文字的水乳交融，二者不可偏废。西方的拼音文字，本质上也是文字，而不是单纯记录声音的音标；既然是文字，就有文字的相对独立性，并非意义通过单纯的声音载体的表出。"② 赵元任先生也曾在《反对罗马字十大疑问》与《国语月刊》汉字改革号中表达过类似看法："欧西的文字虽然大多可以从字形上读出声音来，但不必定要拼出声音来才认得出字来，非但不必拼，而且平常用字的时候，没有人像初学的慢慢拼着念的……西方人看书认字的时候，一点也不拼音，一个字有一个字的'面孔'，看见了同时就想到意思，叫出声音来，和中国人认汉字一样的，并不是先读出声音，然后想到意思的。西方人当中看书快的，是用'整体阅读'（versal reading）读法，把眼睛沿着字，一行一行地晃过去就能领会意思，连字音都不必清楚地想到的。由此看来，拼音和不拼音的文字的分别大半是在学习的时候和遇见生字的时候，前者比较后者容易认识学习；到实用起来的心理，两样都是见面就认得的。"（转引自郜元宝，2002）③

3. 视觉艺术视角的反思

拼音文字地位的重新定位除却受益于哲学、语言学层面的思考外，艺术层面的尝试也有所贡献，尤其是视觉艺术。"就视觉艺术而言，真正体现了当代西方思想家对于书写问题之思考的人却是中国艺术家徐冰。"徐冰坚持以文字作为创作的主体，从早期的《天书》到近年的英文方块字书法（Chinglish），特别是后者，徐冰把英文单词中的各自字母组合成一个方块，

---

① Yvonne Cazal, Gabriella Parussa, Cinzia Pignatelli et al. L'orthographe: du manuscrit médiéval à la linguistique moderne [J]. *Médiévales*. PUV, 2005：102.
② 郜元宝. 音本位与字本位：在汉语中理解汉语 [J]. 当代作家评论，2002（2）：65.
③ 同上.

再用中规中矩的汉字书法写出来,看上去就如同汉字一样。这些作品可能改变了西方人对于自己的字母文字的看法。因为,这些英文方块字以极端有力的方式展示出,即使在西方以语音为中心的语言中,书写可能也不是言语或思想的透明记录,词语—意义需要通过书写和辨读过程来加以实现。这一书写—辨读过程的存在,就是事物的自我显现,就是意义的"延异"所在,同时当然也是身体—灵魂的运动。(耿幼壮,2014)[①]

综上所述,当代拼音文字之于西方语言显然已不再只是"符号的符号",文字地位的转圜,西方理性誊写意识的断裂使我们对它于语言意义表达的价值所在进行更多的思考成为不容忽视的必要。

二、表意汉文字[②] 之于汉语

如果说"文字是符号之符号"的论断对于拼音语言确有一定的合理性可言,在汉语则完全不能适用。因为,作为汉语基本结构单位的汉字"以语义为中心,突出视觉,同一个字的字形所表述的意义相同,但读音古今不同,各地有异,也就是说,形义一体,'形'已成为'义'的标志,不与专一的语音相联系,因而很难将它视为符号的符号,而是它本身就是一种符号"(徐通锵,2008)[③]。因此,通过利用汉文字提供的线索描述汉语"第二语言"的结构原理、揭示相关的规律是完全可能的。

事实上,汉字于汉语的关系与重要性,不少著名外国学者也早有所著述。高本汉(Karlgren,1923)在《汉语的读音与符号》一书中曾言:"研究别的古老语言,第一步是先确定古代文字的音值,音值一定,读音也可确定了;而在汉语中我们看到的只是代表整个词的许多符号,其古代读音却完全不知道,结果在中国古代,字形的研究就占了很重要的位置。"[④]

---

① 耿幼壮.姿势与书写:当代西方艺术哲学思想中的中国"内容"[M]// 方维规.思想与方法.北京:北京大学出版社,2014:229.
② 徐通锵(2005:108)在《汉语结构的基本原理:字本位和汉语研究》一书中讲到:汉字呼应汉语的结构特点,即"据义构形造字"的机制使得文字的字与语言的"字"呈现出较高的一致性。因此,汉字的理据能够充分佐证汉语的文字理据。
③ 徐通锵.汉语字本位语法导论[M].济南:山东教育出版社,2008:91.
④ 高本汉.中国语和中国文[M].张世禄,译.北京:商务印书馆,1923/1930:6.

索绪尔（1916/1985）在陈述对文字的观点时也曾明确表示过："对中国人来说，表意字和口说的词都是观念的符号；在他们看来，文字就是第二语言。在谈话中，如果有两个口说的词的发音相同，他们有时就求助于书写的词来说明他们的思想……汉语各种方言表示同一概念的词都可以用相同的书写符号。"① 此外，莱布尼茨、德里达等人也对汉字在汉语中的意义价值有所陈述。鉴于汉字与汉语的关系，以及汉字作为语言基本结构单位的属性特点，将文字纳入词汇理据对比层面已然是一种必要。

第二节 汉语文字的理据

一、汉字的起源

汉字是世界上最古老的文字之一，距今至少已有五千年的历史。关于汉字的起源众说纷纭，其中较为流行并具有一定影响力的主要有八卦说、结绳说、仓颉造字说和图画说四种。许慎在《说文解字叙》中曾对前三种起源说有所阐述：

> 古者庖牺氏之王天下也，仰则观象于天，俯则观法于地，视鸟兽之文与地之宜，近取诸身，远取诸物，於是始作《易》八卦，以垂宪象。及神农氏结绳为治，而统其事。庶业其繁，饰伪萌生。黄帝之史仓颉见鸟兽蹄迒之迹，知分理之可相别异也，初造书契。……仓颉之初作书，盖依类象形，故谓之文；其后形声相益，即谓之字。文者，物象之本；字者，言孳乳而浸多也。②

从许慎的解说中可以看出，虽然八卦、结绳、仓颉造字这三种关于文字起源的观点有所分歧，但有一点是相同的，那就是：汉字的产生源自于

---

① Ferdinand de Saussure. *Cours de Linguistique Générale* [M]. Édition critique préparée par Tulio de Mauro. Paris：Payot, 1916/1985：48.
② 许慎. 说文解字叙 [M]// 许慎. 说文解字今注. 宋易麟，注. 南昌：江西教育出版社，2004：1-2.

对现实世界的模仿。

具体而言，在以上三种起源说中，伏羲氏与神农氏所创造的八卦与结绳符号虽均可反映客观世界，且均表示一定的意义，但它们本身却并不具备文字的性质，汉文字中只有少数与它们颇有渊源。例如，甲骨文八以内的数字似乎都是以数根八卦演算用的算筹摆成的，如图所示（李梵，2005）[①]：

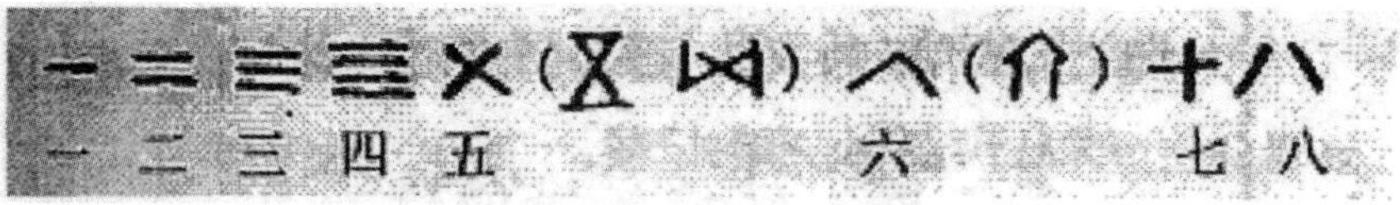

图 3-1　甲骨文八以内的数字

与结绳有显著关系的典型例子是"十"和十的倍数。"在商周金文中，'十'写作'▮'，'廿'写作'ᗌ'，'卅'写作'▥'，'卌'写作'▥'，像若干打了结的绳子，其中每个绳结代表'十'这一概念。"（李梵，2005）[②] 与八卦说、结绳说相较，黄帝时代的史官仓颉可谓创造真正意义上汉文字的第一人。汉代刘安曾在《淮南子·本经训》里对仓颉造字有生动评说："仓颉作书，而天雨粟，鬼夜哭。"可见仓颉造字于人类发展之伟大意义。仓颉所创造的汉字被许慎分作两类——文与字，其中"文"是根据"依类象形"的原则创制的，通常为独体字，即我们常说的象形字与大多数指事字；"字"是根据"形声相益"创制的，为合体字，即形声字。

与上述三种起源说相较，图画说可谓汉文字起源中最为推崇的观点。唐代张彦远在《历代名画记》中表示（转引自蒋勋，2009）："书法与绘画在仓颉的时代同出一源——'同体而未分'；'无以见其形，故有画'；'无以传其意，故有书'。"[③] 现代很多文字学家也持相同看法：陈梦家（1939/2006）在《中国文字学》中讲到："文字既不起于八卦结绳，而实

[①] 李梵. 汉字简史 [M]. 北京：中国友谊出版公司，2005：23.

[②] 同上：25.

[③] 转引自：蒋勋. 汉字书法之美 [M]. 桂林：广西师范大学出版社，2009：26.

起源于图画。"① 唐兰先生（1949/2005）也明确表示："文字本于图画，最初的文字是可以读出来的图画。"② 李梵（2005）则基于世界上几种古老文字的原始形式都是图画性的事实，得出"人类文字起源有共同的规律，都是脱胎于图画"③的论断。国外学者对文字的起源，自然包括汉字在内也持相同看法。布龙菲尔德（1955/2014）表示："文字是图画的产物。我们没有任何记载说明任何民族从利用图画到利用真实文字的进展情况，对其间的步骤只能加以猜测。在图画的利用上我们常能看出过渡的开始，这样的痕迹还保存在实际的文字系统里。一个图画到了已经约定俗成时，我们就不妨称之为字。一个字是一个或一套固定的标记，人们在一定条件下描绘出来，因而人们也按一定方式起着反应。这种习惯一旦建立以后，字跟任何特殊的实物相似之处就是次要的了，于是写字习惯的变迁也就看不出来了。"④ 詹姆斯·G. 费夫里耶（James G. Février, 1984）在其著作《文字的历史》（*Histoire de l'Ecriture*）中谈到：在人类用以传递意义的三类符号中——绳结（les noeuds）、几何图形（les signes géométriques）、图画符号（les signes pictographiques），最后一类图画符号正是具有书写符号意义的图画。同时，他还指出了起源文字与图画"你中有我，我中有你"的共存关系："图画与文字之间的界限实是难以厘清：每幅图画都是一种解读，甚至富有象征意义；相反，文字则是向图画的回归。自然，图画与文字在现代文明中界限已十分了然，而在原初则实是难以区分的：人们总会疑惑古代苏美尔文明时期花瓶上的装饰是否也内含了一种文字。"⑤ 在我国，被认作最古老汉字的"旦"字便是源自陶器上的图案：大汶口文化遗址出土的一件黑陶尊，器表面上用硬物刻了一个符号——上端是一个圆，像是太阳；下端一片曲线，有人认为是水波海浪，也有人认为是云气；最下端是一座有五个峰尖的山。有人认为这个符号就是表达"黎明""日出"

---

① 陈梦家. 中国文字学 [M]. 北京：中华书局，1939/2006：18.
② 唐兰. 中国文字学 [M]. 上海：上海古籍出版社，1949/2005：50.
③ 李梵. 汉字简史 [M]. 北京：中国友谊出版公司，2005：32.
④ 布龙菲尔德. 语言论 [M]. 袁家骅，赵世开，甘世福，译. 北京：商务印书馆，1955/2014：399-401.
⑤ James G. Février. *Histoire de l'Ecriture* [M]. Paris：Payot, 1984：18.

的"旦"这个古字（蒋勋，2009）。[1]

二、汉字的理据

汉字有六种构造条例：象形、指事、形声、会意、转注、假借，合称"六书"。其中，象形、指事、会意、形声主要为"造字法"，转注、假借属"用字法"。[2] 对六书的解说常以东汉许慎在《说文解字》中的这段话为核心："周礼八岁入小学，保氏教国子，先以六书。一曰指事：指事者，视而可识，察而见意，'上''下'是也。二曰象形：象形者，画成其物，随体诘诎，'日''月'是也。三曰形声：形声者，以事为名，取譬相成，'江''河'是也。四曰会意：会意者，比类合谊，以见指㧑，'武''信'是也。五曰转注：转注者，建类一首，同意相受，'考''老'是也。六曰假借：假借者，本无其字，依声托事，'令''长'是也。"许慎的解说是历史上首次对六书定义的正式记载。

字是汉语的基本结构单位，也是汉语词汇的重要组成。汉字的理据实质上就是"汉语如何用字接受现实规则的投射"（徐通锵，2014）[3]。以下我们对"六书"的理据性进行逐一说明。

1. 象形字、指事字和会意字

"象形"和"指事"是汉语最初的造字法，无论从文字起源还是从六书定义，都可以看出二者是"近取诸身，远取诸物"，依据"依类象形、象形取义"原则的创造，因此象形字与指事字各自的形义联系十分明确，理据性程度自然也高。如"人"字是取象于侧视站立之形，"手"字取象于握成拳的那部分；"寸"字，本义是寸口，指手腕上边中医按脉时距手腕最近的部分，其中一点为指事符号，指示手掌后寸口的所在（姚淦铭，

---

① 蒋勋.汉字书法之美[M].桂林：广西师范大学出版社，2009：9-10.
② 姚淦铭（2008：278）提到，段玉裁说了一句名言：指事、象形、形声、会意四者，字之体也；转注、假借二者，字之用也。
③ 徐通锵.语言论——语义型语言的结构原理和研究方法[M].北京：商务印书馆，2014：271.

2008）。①

汉语中的独体字多是由象形字和指事字构成的,然而象形和指事的造字能力非常有限。据清朝朱骏声统计,许慎《说文解字》中象形字只有364个,指事字有125个（转引自汪寿明,潘文国,1992）。②如此有限的数量显然不能满足社会发展的需要,因此基于二者之上,又产生了将两个或两个以上独体字合在一起表意的合体字——会意字。由于会意字是对两个或以上实物形体的会合,因此它的理据性也很明晰,如下大上小为"尖",上八下刀为"分",不好为"孬"。不可否认,现今的汉字很多是简化了的,一些汉字因字形变化太大已很难看出它们的字源,因此理据性程度也难免随之降低,如"夹",即"夾",甲骨文从"大"从"二人",表示一个大人腋下夹着两个孩子。《说文解字》中会意字收录有1167个,如今会意也早已不是汉语造字的主要方法,因此新造会意字数量非常有限。

2. 假借字

从象形、指事、会意的造字方式、数量及性质可以推断,这三类造字法所造的汉字应多指向表具体或相对抽象事物与动作的词汇,而对于内容更为抽象的人称、颜色、时空等概念则显得"捉襟见肘"或"束手无策"。在此情形下,"本无其字,依声托事"（《说文解字》）的假借字应需而生,即将汉字视作只表音不表义的符号,新出现概念借用已有汉字中声音相同的符号作为其记录手段。该方法同以下我们要讲到的埃及文字与闪米特字母在向其他西方语言传播中的作用性质是一样的。如"北"本意是二人相背,后假借为表方向的"北";"来"本来指麦子,后假借为来往的"来"（姚淦铭,2008）。③假借字的出现说明汉字在经历了最初象形、指事和会意三种以形表意的造字方式后,开始向表音的方向发展,成为了汉字沟通语音的突破口。而假借字在当时也确实满足了汉字发展的需要,因此大量涌现。刘又辛(1984/1993)讲到,据吉林大学古文字教研室的统计,

---

① 姚淦铭.汉字文化思维[M].北京:首都师范大学出版社,2008:250,255.
② 转引自:汪寿明,潘文国.汉语音韵学引论[M].上海:华东师范大学出版社,1992:249.
③ 姚淦铭.汉字文化思维[M].北京:首都师范大学出版社,2008:280.

假借字曾在甲骨文常用字中占到80%以上，而（之后占汉字绝对主体的）形声字则只占到百分之十几。① 然而假借字这种抛开形义结合临摹性原则、转而采用音义结合任意性原则以扩大书写范围的文字手段，随着假借字使用数量及频率的不断增长，其弊端也随之显现：假借字产生了大量的同音同形字，导致概念相互混淆，给汉字的识别及会话交流造成了极大困难与混乱。研读古籍时假借字所造成的辨义困难便是佐证。假借字将汉字这种高理据性符号当作纯表音的低理据性甚至任意性符号来使用的用字方式，实与汉字的内部机制背道而驰，因此最终被形声字取代。

3. 形声字

形声字对假借字的取代实际是"汉字由音义关系突显的低理据模式向形义关系突显的高理据模式的回归"（赵宏，2011）②。这一回归不是简单重复早期汉字象形、指事的造字方式，而是结合了表音和表意的新模式。该模式使得汉字的理据性编码机制形式化、表层化，如同汉语最初的三种形象造字法（象形、指事、会意）保持了跟认知世界的直接联系，同时还保持了字形跟语音的密切联系。因此，"音义兼顾、信息密集"的形声字完全适应了汉语的结构发展需要。也因此，形声字的数量不断攀升，从甲骨文时期的百分之十几，到《金文编》正编中的百分之四十多，到《说文解字》中的82%强，到宋代的90%，一直发展到现代的90%以上（刘又辛，1984/1993；赵毅衡，2012），③④ 当仁不让成为了汉字系统中的绝对主体。

形声字通常由声旁和形旁两部分组成，一般认为，声旁表音，形旁表义，二者分别体现形声字中的音义理据与形义理据。然而，形声字的这两种理据从来不能"泾渭分明"，因为形声字中的声旁不只具有表音功能，还常

---

① 刘又辛. 论假借 [M]// 刘又辛. 文字训诂论集. 北京：中华书局，1984/1993：42-44.

② 赵宏. 英汉词汇理据对比研究 [D]. 上海：华东师范大学，2011：155.

③ 刘又辛. 论假借 [M]// 刘又辛. 文字训诂论集. 北京：中华书局，1984/1993：43-44.

④ 赵毅衡. 符号学 [M]. 南京：南京大学出版社，2012：89-90.

同时具有表意功能，甚至有时声旁表示的意义还更接近词源①。例如沈括在《梦溪笔谈》中举例说道：如"戋"，小也：水之小者曰"浅"，金之小者曰"钱"，歹之小者曰"残"，贝之小者曰"贱"，如此之类，皆以"戋"为义也。后梁启超又在《从发音上研究中国文字起源》中，对"戋"的右文用法做了很多补充：丝缕之小者为"线"，竹简之小者为"笺"，竹木散材之小者为"栈"，车之小者亦为"栈"，钟之小者亦为"栈"，酒器之小者为"盏"，水之小者为"浅"，水之扬子细沫为"溅"，小巧之言为"诶"（jiàn），小饮为"饯"，轻踏为"践"，薄削为"划"（chǎn），伤毁所余之小部为"残"，右凡"戋"声之字十有七，而皆含小意（转引自王寅，2007）。②由于形声字的声旁多在右边，很多学者发现了这种现象，还形成了传统汉语研究的"右文说"。宋代的王子韶曾对这种理论进行总结：凡字，其类在左，其义在右。意即形声字意符（左文）表事物的类别范畴，而声符（右文）为意义所在。徐通锵先生（2014）将形声字中的"声"称作"义象"，"形"称作"义类"，认为"字义的结构就是由'形'表示的义类和由'声'表示的义象的结合"，即："一个字义 = 一个义类 × 一个义象"。③徐先生继而围绕"义类"和"义象"总结了汉字的造字规律：以"声"为核心义素形成的字族被称作向心性字族，说明不同的现实现象中隐含有某种共同的特征，该类字族成员之间隐含有一种共同的意义，是"名之于实，各有义类"，说的是不同的现象具有相同的意义，着眼于"同"

---

① 我们根据徐通锵先生（1997/2014：278）的说明，总结了三种"声"转"义"途径：一为取联绵字中的一个音节加形旁，新字可获得由原来的联绵字所表示的那类意思，如"非"声加"月"字旁，变"腓"表"肥"义；二为单字连语，即单字重叠，如"菲"，只有在用作"菲菲"时才可表"赤色"；三为假借而成，如浓、侬等字中的"农"声，原只表"耕"的意思，如今所表示的"浓厚"这个意思便是假借时期留下来的痕迹。

② 王寅. 中西语义理论对比研究初探[M]. 北京：高等教育出版社，2007：153-154.

③ 徐通锵. 语言论——语义型语言的结构原理和研究方法[M]. 北京：商务印书馆，2014：302-303.

中的"异";以"形"为核心义素形成的一组字被称作离心性字族[①],该类字族成员相互间没有一个共同的意义核心,说的是同一现象或语义特征所支配的不同的义象,着眼于"异"中的"同"。[②]

向心性字如：

缣 = ［丝缯］× ［并合］

鹣 = ［鹣鸟］× ［并合］

鳒 = ［鳒鱼］× ［并合］

慊 = ［心思］× ［并合］

该例是以声符"兼"为义类形成的"向心性"字族,体现了字义之间的纵向联系,反映音义结合的理据性。《说文》："兼,并也。从又持秝。"原指兼持两个禾把,引申为"兼并"之义。从"兼"得声的字,如"缣"是指并丝缯,"鹣"是指比翼鸟,"鳒"是指比目鱼,"慊"是指"疑生二心",有"并"义。

离心性字如：

羝 = ［羊］× ［牡］

羠 = ［羊］× ［騬］

羳 = ［羊］× ［黄腹］

羍 = ［羊］× ［小］

羜 = ［羊］× ［五月羔］

羝 = ［羊］× ［未卒岁］

挚 = ［羊］× ［六月羔］

《说文·羊部》："羝,牡羊也","羒,牂羊也","羠,騬羊也","羳,黄腹羊","羍,小羊也","羜,五月生羔也","羝,羊未卒岁也",

---

[①] 离心性字族在以往的研究中从不被称作字族,因为它不似向心性字族含有共同的语义核心,使得研究者可以在字族的范围内对字义进行系统的研究。此处之所以如此称呼,徐通锵（2014：306）指出：一是着眼于系统,和向心性字族配对,构成两个对立而统一的语义结构,说明汉语社团观察现实现象的两种不同而相互又有内在联系的视角;二是这种字族有其自己的语义基础,反映同一现象的不同侧面,也是汉语字义结构的一个重要原则,有资格称为字族。

[②] 徐通锵.语言论——语义型语言的结构原理和研究方法 [M]. 北京：商务印书馆,2014：304-306.

"挚，六月生羔也"。以上文字均与"羊"有密切的关系，体现了字义之间的横向联系，反映形义结合的理据性。

从上述分析可以看出形声字所表现出的造字理据是比较明显的，但由于如今汉字简化，且自身难免经历音、义变化，不少形声字的构成理据已难辨认或已丧失。尽管如此，我们还是不能否认现代汉语中的形声字通过其声符与形符对汉字的音与义仍旧有着较强的提示作用。

4. 转注字

对于转注一"书"如何理解，历来分歧很大。此处，我们根据徐通锵先生（2014）的认识对转注加以说明。徐先生（2014）把象形、指事、会意三"书"视作汉语临摹性编码的三种表现方式，对转注也从临摹性编码方式的角度来考察。他认为："对于现实中没有具体的物可以作为临摹凭据的语言符号只能借物临摹，即借用一个依据临摹性而创造出来的字去转注难以临摹的现实现象。如《尔雅·释诂》的第一条：初、哉、首、基、肇、祖、元、胎、俶、落、权舆，始也。'始'这种现象没有具体的物件可以作为临摹的凭据，就只能借用'裁衣之始'的'初'，草木之始的'哉'，筑墙之始的'基'等去转注"开始"这一类现象。"① 鉴于转注字的表形性特点，它与象形、指事、会意等造字法一样，突出了字的理据性。

综上所述，除了假借字"借音记事"单纯凸显汉字音义间的任意性关系外，其他五"书"均具有较高程度的理据性：象形字、指事字与会意字的理据主要来源于对现实世界的临摹，其中象形字名实理据最为突出，指事字次之，会意字已能运用已有符号进行组合，名实理据最弱，依此三法所造的字许慎称之为"文"（dessin singulier/graphies primitives）；转注字的理据性主要来源于借物临摹，形与义的理据增强；形声字②的理据则基于用于构成它的由象形、指事、会意等字演变而来的形旁与声旁，形义理据和音义理据均有体现，依此方法所造的字许慎称之为"字"（graphies

---

① 徐通锵. 语言论——语义型语言的结构原理和研究方法 [M]. 北京：商务印书馆，2014：272-273.
② 刘又辛（1982）在《右文说》一文中讲到：秦以后大量出现的形声字，多是从殷、周时期的假借字或象形、会意字演变而来的。

enfantées par les graphies primitives/graphies dérivées）。虽然"四书"造字均有显著理据性，但只有形声字凭借其音义、形义双重性理据最终确立了在汉语中的主体地位。那么，形声字的理据双重性特点何以能成就它在汉语中的最佳适应性？对该问题的思考将使我们看到汉字逐渐弱化现实世界对其束缚，被注入了更多人类主观思考，进而作为语言的主要编码手段在语言学层面的发展特点。

三、形声字编码的语言学意义

字是形、音、义三位一体的结构单位，义是核心，音与形是表现这一核心的物质形式（徐通锵，2014）。[①]二者均与义存在有理据关系，但表现形式不同。那么这两种异质的理据在形声字中是如何实现统一的，它们的统一有着怎样的意义？以下我们从两种理据在形声字中的作用性质及二者于语言中"言""语"的连接功能加以阐明。

1. 形声字中音义关系的重要性

语言是听的，因而"音"是第一性的；"形"是为弥补"音"的不足而产生的表义形式，是写出来的，因而是第二性的（徐通锵，2014）。[②]然而，从汉字的起源、发展中我们看到，文字的"形"在汉语这种依据临摹性原则进行编码的语言中似乎起到了更大的作用，尤其是在同音字大量出现以及书面语言逐渐盛行以后。一些西方学者如莱布尼茨、庞德、福柯等甚至认为中国文字只是意象的呈现，与语音毫无关系（耿幼壮，2014）。[③]当然，这种看法是对汉文字的误解。早在中国汉代，刘熙就撰写了《释名》一书，专门研究汉字音义结合的理据性，力求解决"百姓日称而不知其所以之意"的状况。虽然此书志在阐明汉字音义关系的努力瑕瑜互见，但"书中可信

[①] 徐通锵. 语言论：语义型语言的结构原理和研究方法[M]. 北京：商务印书馆，2014：271.

[②] 同上：272.

[③] 耿幼壮. 姿势与书写：当代西方艺术哲学思想中的中国"内容"[M]// 方维规. 思想与方法：全球化时代中西对话的可能. 北京：北京大学出版社，2014：225.

或基本可信的材料仍旧有近30%"（刘又辛，李茂康，1989）[①]。因此，即使我们承认字"形"对于汉文字显而易见的重要性，也不能否认字"音"在汉文字中的表义作用。这一点在占汉字绝对优势比例的形声字中便可得到说明。形声字堪称完美地适应了汉语的需求，或许正是因为它使得汉字既能兼顾"音"作为人类语言首要性征的语言共性，又能兼顾汉语自身以"形"表义的语言个性。那么形声字是如何将"音"纳入"字（符）"中的呢？

徐通锵先生（2014）认为形声字中存在有一种处于对立统一关系的"转化"机制："义"转"声"，"声"转"义"。[②] 具体而言，形声字中"充当声符（声旁）的符形原来大都是表意字，有音有义，是语言中的一个'码'，随着语言文字的发展，汉语社团用它来再编码，使其转化为'码'的一个构件，表示字音。这样，'义'在结构体系中就转化为'声'，成为语言再编码的基础；'形'（旁）就是在这个'声'的基础上加上去的，以摹写与这个'声'的意义有联系的现实现象。"如，代表"双手并合作供奉状"这一事类的"共"声，同代表"人、心、手"等这些"形"连用，反映了"供奉"这一事类的不同侧面特征："供"与"共"义同，表"供奉"主体为人；供奉必恭敬，为"恭"；古人表敬意时双手抱当胸为"拱"。由于表音的"声符"是从表意字转化而来，因此，它在形声字中不仅提示读音，还兼表意义。在声符表义的基础上，清代语言学家发展了"因声求义"的训诂法，成就了训诂学中重要的声训法——"右文说"，将中国传统的语言研究推上顶峰。而与之相对，许慎《说文解字》中所提倡的训诂法未能取得深入发展，就是因为它采取的是以形求义的途径。因此，可以肯定地说，中国语言研究能攀上顶峰，就在于以字"音"作为了研究媒介，字"音"像希腊神话中的阿丽亚娜之线（fil d'Ariana）使研究者在文字迷宫中愈走愈明晰。王力（1982）根据语音通转原理联了3163个字[③]；殷寄明（2007）

---

① 刘又辛，李茂康.训诂学新论[M].成都：巴蜀书社，1989：172.
② 徐通锵.语言论:语义型语言的结构原理和研究方法[M].北京:商务印书馆，2014：276.
③ 王力.同源词典[M].北京：商务印书馆，1982.

根据126个声符线索，联系了2071个字①。这些研究也充分表明了"音"在汉字系统研究以及汉语中的首要性地位。

2. "言"与"语"的衔接实现

从汉字的起源我们可以看出，最初的汉字，主要指象形、指事、会意字，它们虽然有自己的相关读音，但自身却不具有类似拼音文字记录语音的功能，这或许与它们的音义理据早已丧失有关。而形声字的出现使得汉语在一定范围内实现文字对语音的记录成为可能，比如，形声字的声符可作为具有一定汉文字基础的使用者在识别陌生汉字读音时的依据，虽然记录语音的声符自身也是从字符转化而来，但这一特点却使它因既携音又携义成为了汉字更加经济高效的有机组成。由此可以说，形声字确实在一定程度上实现了汉语中"言（音）与语（书写字）"的衔接。

综上所述，形声字通过"形符""声符"联合造字，不仅保持了汉字以"形"表义的根本属性，还兼顾了语言以"音"为本的天然性质；不仅以以"形"表义体现了与现实世界的客观联系，还以以"音"表义系统化了汉语语言的编码关系。因此，形声字自然成为汉语主体编码手段的不二之选。

还有一点需要指出的是，以上我们关于"音"在形声字中重要性的强调，一在于阐释形声字成为汉字主体的深层次原因，二在于指出"音"在汉字训诂学研究，即汉字同源关系研究及语源研究中的重要作用，但并无意也不能撼动汉字表意的根本属性，而这与"音"在语言中的首要性质并不冲突。首先，形声字中声符常兼有表义的作用，且有时表义作用大于标音作用，有些形声字甚至屈于对表义的强调转换为他字，比如表现儒家道德思想精髓的"仁"字，最初是由表音的"壬"和表义（词根）的"心"组成的上下结构形声字，之后被由集音义为一体的字根"亻"和数字"二"构成的会意字"仁"所代替，目的就是使能指可以明确表现"两人之间的关系"这一所指（Léon Vandermeersch，1990）②；其次，形声字所表概念需

---

① 殷寄明. 汉语同源字词丛考 [M]. 上海：东方出版中心，2007.
② Léon Vandermeersch. Ecriture et Langue graphique en Chine [J]. *Le Débat*, 1990（62）：61.

表音的声符添加形符才得以完整，也就是说"音"不足以发挥文字的区别性特征的功能；再次，"形声字（宽泛些讲，合体字）的读音很可能是语言社团造字时对语源字进行音韵分析和组合的结果"（赵宏，2011）[①]，而并非声符"一家之音"；最后，声符有时也并不能起到提示读音的作用，因为汉字中有声符同而字音不同、字音同而声符不同的情况存在。因此，我们要明确，"音"于汉语和汉字系统内部关系研究是第一性的，于汉字自身性质则弗是。

四、汉文字的诗性功能

以上我们对汉字"六书"的理据阐释主要说明的是汉字形义之间的照映性关系，而汉字除却自身表现形义关系外，还可利用其单字内部或单字之间形与形的潜在联系促发人们对意义的联想。汉字这种以形－形类比表现意义的方式类似于上一章我们所讲到的语音的诗性功能。与之对应，我们将汉字的此种理据表现称作汉字的诗性功能。汉字在语言学层面的该项功能常用于文学实践，具体由两种手段所表征：拆字，形近字联想。

1. 拆字

拆字意即分解字形并重新组合。通过拆字进而构造出临时性同义的手段被称作析字（王希杰，2004/2013）。[②] 析字作为一种修辞，除却为文字游戏的重要手段外，在中古代诗词以及对联中常见使用。如：

（1）千里草，何青青。十日卜，不得生。（范晔《后汉书·五行志》引东汉末童谣）

（2）凡鸟偏从末世来，都只爱慕此生才。一从二令三人木，哭向金陵事更哀。（曹雪芹《红楼梦》）

（3）子系中山狼，得志便猖狂。金闺花柳质，一载赴黄梁。（曹雪芹《红楼梦》）

（4）品泉茶三口白水，竺仙庵两个山人。（杭州西湖竺仙山对联）

---

① 赵宏. 英汉词汇理据对比研究 [D]. 上海：华东师范大学，2011：160.
② 王希杰. 汉语修辞学（修订本）[M]. 北京：商务印书馆，2004/2013：313.

以上举例，第（1）句中，"千里草"和"十日卜"分别指向"董"和"卓"字，暗指"董卓"；第（2）句中，"凡鸟"为"凤"（繁体字：鳳），"二令"为"冷"，"三人木"为"休"，暗指贾琏对王熙凤的态度转变过程；第（3）句为迎春的判词，"孙"字被拆为"子"与"系"二字，暗指迎春最终命丧孙绍祖之手；第（4）句中"品"为"三口"，"泉"为"白水"，"仙"为"山人"。

上述例子中所表现的语言事实，是对语言内部文字形式之间存在隐喻性理据关系的最好说明。

2. 形近字联想

提到诗歌，音韵常是主旋律，然而，对于汉字这样的表意文字，其文字之间字形的可能联系也常被作为"传情达意"的手段。此处，我们借用程抱一（François Cheng，1975）对唐朝诗人王维诗作《辛夷坞》[①]中"木末芙蓉花"一句的解读，来说明字形联系与意义间的照映性关系。

辛夷是一种落叶乔木，其花不同于梅花与桃花，它的花苞是长在每一根枝条最末端的，因花瓣颜色近似荷花，诗中王维将之称作芙蓉。诗人的描写，重在展现花开的过程。但诗人对花开经验的描写，并未使用直白的语言，而只选用了五个字来体现，即：

木	末	芙蓉	花
«branche»	«bout»	«hibiscus»	«fleurs»

意为：树枝顶端，鲜花绽放（Au bout des branches, fleurs de hibiscus）。透过这五个字，即使不懂中文的读者，似乎都可在眼前捕捉到花渐次开的景象。诗中次第排列开来的五个字俨然一幅花开的景致，使读者有身临其境之感：第一字"木"尚且是一株光秃秃的乔木；第二字"末"似乎已在枝端生出了些许新物；第三字"芙"中的"艹"是发出的新芽，草木的根本；第四字"蓉"是新芽富有生机的生长；第五字"花"是盛开的花朵。在诗句五字所展现的画面与呈现的意义背后，深谙中文的读者透过这些表意文字不难发现被作者巧妙藏起的玄机：以树指人，树人合一。第三字"芙"

[①] 王维《辛夷坞》：木末芙蓉花，山中发红萼。涧户寂无人，纷纷开且落。

事实上包含有"夫"（homme）的所指，"夫"即为"人"（homo），"木""末"两个字所代表的乔木自此被赋予人的存在。第四字"蓉"包含有"容"（visage）的所指，新芽便是那副新生的面孔，而"容"中的"口"字又似指向讲话的嘴巴。第五字包含有"化"（transformation）的所指，指向万物的生长定律：变化。① 无须再多的笔墨，更不必有外来的注解，诗人将生命变化这样神秘的体验过程化入区区五个字中，却已使我们不能不感同身受，回味无穷。

第三节　法语文字理据性

一、法语字母的来源

法语文字是字母文字，由拉丁字母发展演变而来。除 26 个字母外，出于发音需要，同时还可用于区别意义，还增加了带有读音符号（accents aigu, grave, circonflexe）与辅助符号（tréma, cédille）的字母形式。标题中使用"来源"而非"起源"二字，其因在于拉丁字母并非如汉字产生自对

---

① François Cheng. Le «Langage Poétique» Chinois [M]// Julia Kristeva, Madeleine Biardeau-François Cheng et al. *La Traversée des Signes*. Paris：Seuil, 1975：45-46.

 1er caractère: un arbre nu; 2e caractère: quelque chose naît au bout des branches; 3e caractère: un bourgeon surgit ⺿ est le radical de la plante; 4e: éclatement du bourgeon; 5e caractère: une fleur dans sa plénitude. Mais derrière ce qui est montré (aspect visuel) et ce qui est dénoté (sens normal), un lecteur qui connaît le chinois ne manque pas de déceler, à travers les idéogrammes, une idée subtilement cachée, l'idée d'un homme qui s'introduit en esprit dans l'arbre et qui participe à sa métamorphose. Le 3e caractère 芙 contient en effet l'élément 夫 «homme», lequel contient l'élément 人 «homo» (l'arbre représenté par les deux premiers caractères est habité à partir d'ici par la présence de l'homme). Le 4e caractère 蓉 contient l'élément 容 «visage» (le bourgeon éclate en un visage) lequel contient l'élément 口 «bouche» (ça parle). Enfin le 5e caractère contient l'élément 化 «transformation» (participer à la transformation universelle).

应语种所在民族及地区，而是由其他拼音文字传播发展而来的。①

拉丁字母最早可追溯到西奈半岛的闪米特族部落发明的拼音字母。闪米特族部落是在和埃及人的贸易中，借用埃及人字母表的理念，第一个使用纯拼音文字的民族（罗伯特·洛根，2012）。② 我们无意，因亦无用对每一个拉丁字母追根溯源，因为拼音字母传播的多是表音的符号。罗伯特·洛根（2012）曾表示："字母表是转写口语的有效系统，它从一种文化传播到另一种文化，每传一次都有所修正以适应当地语言的独特语音。有时增加新的字母，以表征独特的语音，有时对旧的字母略加修正，以表征旧音的变异。"③ 拉丁字母表就是在不停的传播、修正、创新中最终建立起来的。此处我们借用周有光（1958）"字母的大家庭"④ 一图（图3-2），可快速清晰地了解整个拼音文字的发展过程。

二、法语字母的"伪"理据

鉴于法语字母的来源性质，可以说法语中几乎无文字理据可言。虽然法语字母的源文字也是起源于对动物、人类姿势或具体现实的描摹，且至今仍可被追溯到一定的含义，比如多数古字母中的第一字母 aleph (a) 表示"牛头"；beth (b) 表示"房屋"；heth (h) 表示"祈祷的人"；mem (m) 表示"水"；nun (n) 表示"蛇"；tau (t) 表示"十字"等（Jean Chevalier, Alain Gheerbrant, 1982）⑤，然而这些源文字古老的蕴义对于现代法语词汇的语义辨识并不起作用。但事实是，文字（此处指字母）作为除言语之外，语言被物化的另一产物（Gérard Genette, 1976）⑥，还是引

---

① 周有光（1958：33）曾表示文字的起源不是一元的，许多民族都创造自己的文字。但是作为文字最高阶段的音素字母制度，据专家的考证是一个源头传承下来的。

② 罗伯特·洛根. 字母表效应：拼音文字与西方文字[M]. 何道宽，译. 上海：复旦大学出版社，2012：25-26.

③ 同上：28.

④ 周有光. 字母的故事[M]. 上海：上海教育出版社，1958：29.

⑤ Jean Chevalier, Alain Gheerbrant. *Dictionnaire des symboles* [M]. Paris: Robert Laffont, 1982：566.

⑥ Gérard Genette. *Mimologiques-Voyage en Cratylie* [M]. Paris: Seuil, 1976：71.

起了不少学者对其所指意义或言对其理据的探寻。

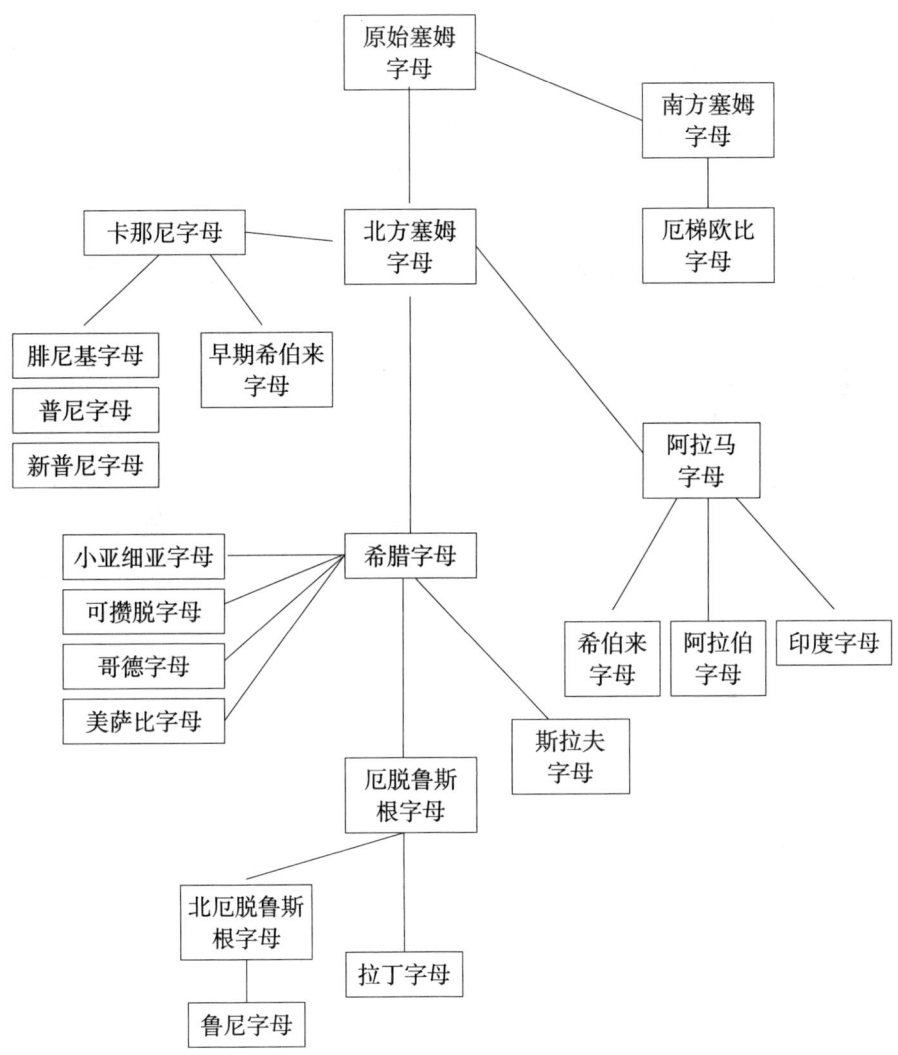

图 3-2　拼音文字的发展过程

1. 拼音文字的诗性功能

文字史前科学阶段，即 18 世纪前的学者基歇尔（Kircher）、约翰·威尔金斯（John Wilkins）以及 18 世纪的罗兰德·琼斯（Rowland Jones，1722—1774）和安托万·库尔·德·热贝兰（Antoine Court de Gébelin，1719—1784），特别是后两人均有意追溯拉丁字母具有世界源语言普适性的意义表示，后者甚至将拉丁字母作为象形文字（hieroglyphie）进行研究。他们的研究结果具有太多幻想、自我妄语的成分，结论因此大相径庭。如字母O，琼斯认为象征时空的无尽循环，而热贝兰则认为它是眼睛的形状。这种对字母意义颇有"仁者见仁，智者见智"意味的研究尝试，实际并无助于对词汇的语义理解，便也无文字的理据性可言。

还有一些认为字母蕴含了意义的或任性或严肃的爱好者——雅里（Jarry）、克洛代尔（Claudel）、蓬热（Ponge）、佩雷克（Perec）、拉康（Lacan）、德里达（Derrida），以及直接将自认为字母符号所具有语义加以应用的诗人——波（Poe）、魏尔伦（Verlaine）、马拉美（Mallarmé）、格诺（Queneau）均有对字母表意特征的独到见解（Hélène Campaignolle-Catel，2007）。[①]此处，我们说法语字母具有一定的理据性，主要就是指来自魏尔伦、马拉美、热内特等作家对于字母别出心裁的运用。比如，魏尔伦认为大写字母I具有图像记忆的作用。在《爱》（*Amour*，1887）一诗中，他围绕字母I构建了一个对朋友的回忆，对站立在远方身影纤细的溜冰者充满情感与赞美的回忆。

> Il patinait merveilleusement,
> S'élançant, qu'impétueusement!
> R'arrivant si joliment vraiment!
>
> Fin comme une grande jeune fille,
> Brillant, vif et fort, tel une aiguille,
> La souplesse, l'élan d'une anguille.
>
> Des jeux d'optique prestigieux,
> Un tourment délicieux des yeux,
> Un éclair qui serait gracieux.

---

① Hélène Campaignolle-Catel. La lettre: désoblitération [J]. *Poétique*, 2007（149）：85-106.

Parfois il restait comme invisible,
Vitesse en route vers une cible
Si lointaine, elle-même invisible...

Invisible de même aujourd'hui.
Que sera-t-il advenu de lui?
Que sera-t-il advenu de lui?

Verlaine, *Amour* (1887).

诗歌五个小节中字母 I/i 出现的次数分别为：9、8、6、11、8。第五小节中最后两句"Que sera-t-il advenu de lui? / Que sera-t-il advenu de lui?"更是利用 I 的联觉效应将"幽灵影像"的印象推向极致，将一个"孤单的""遗世独立的""身影时隐时现的"他（lui）赫然推向人的眼前。

马拉美在他的作品《你好》（*Salut*）① 中，通过字母 V 和 R 激发的文字幻想构建了一个充满悖论、倒错却又完美、节律十足的世界。热内特

---

① Rien, cette écume, VieRge VeRs
A ne désigneR que la coupe;
Telle loin se noie une tRoupe
De siRènes mainte à l'enVeRs.

Nous naViguons, ô mes diVeRs
Amis, moi déjà sur la poupe
vous l'aVant fastueux qui coupe
Le flot de foudRes et d'hiVeRs;

Une iVResse belle m'engage
Sans cRaindRe même son tangage
De poRteR debout ce salut

Solitude, Récif, étoile
A n'impoRte ce qui Valut
Le blanc souci de notRe toile.

（Genette，1969）在《日与夜》(Le jour, la nuit)一文中谈到"jour"与"nuit"的音义关系时（/u/音给人"沉闷、沉重"之感，/ɥi/音给人"轻盈、明快"之感），也曾描述过字母形式在增强音义关系上所具有的价值：不能无视(字母的)视觉效果对语音游戏造成的加强或改变。众所周知，诗歌，或者说语言想象不是只对听觉印象产生影响，诗人克洛代尔等就曾对书写形式可引发的词汇幻想做出过阐述。比如，locomotive一词如同为孩子们画的图画：长长的词身如同动物的躯干，字母l是烟囱，o是轮子和锅炉，m是活塞，t像火车上的连接杆，是速度的见证人，v是操纵杆，i是鸣笛声，e是环钩，而词下的划线就是铁轨。俨然一副西方表意文字的形象。诚如巴利所强调的："书写词汇，尤其是在书写形式任性且任意的语言中，像英语和法语，通常只显现为具有整体意象形式的'monogramme'。但这样的视觉意象有时多少也可与其意义相结合，如此，monogramme就变成了表意文字。"（Gérard Genette, Figure II，1969：112）这样看来，对书写的关注就并非是无关紧要的事情了。例如，在nuit与jour两个词中，字母u和i二者之间的书写差别同各自对应音素/音位间差别是有相似性的。书写带直划的首、尾字母n与t所唤起的视觉上的"轻薄、尖锐（剧烈）"效应恰好应和了声音层面nuit"轻盈、活力、尖锐"的品质。而另一方面，jour却因二合元音ou难免"窒息、沉重、厚重"的印象，环绕ou的两个辅音丝毫无助于减轻jour给人的这种印象。①

在以上言及的语言事例中，字母颇有诗、词"文本组元"（constituant du texte）的意味，那么，字母真的可以以此成为文学作品中的"特洛伊木马"吗？或许，使字母成为文学创造中潜在所指的，并不是针对字母可能具有的普遍意义（clef universelle）所做的带有神秘色彩的研究，不是枯燥无味且常给人误导的语文学研究，也不是业余或热衷创新的作家们钟爱借语言编码消遣等因素，而是作家的创作经历，紧张情绪之下的回忆，以及创作认识上的不断变换使得字母在文学中显现其作用成为可能。无论如何，我们无法，至少目前无法在语言学层面实现对拼音文字理据性的系统探索与明确，拼音文字的些许理据性通常只能在作家的"潜心"创作中加以发掘。

---

① Genette, Gérard. Figure II [M]. Paris：Seuil，1969：112-113.

我们不妨把字母在文学作品中展现理据性的现象称作是字母文字的诗性功能。或是"有心栽花",或是"无心插柳",作品中,特别是诗文中的字母多少总是可以解读出对于词汇与文本的意义。

2. 书写变体中的文字理据性

在语言学层面,从文字与语言的关系上看,法语文字无论从历时角度或共时角度,更多履行的都是记录语言的符号功能。但文字却在其书写的变化中,表现出了一定的形义理据性。根据 Jean-Pierre Jaffré（2010）,法语中的书写变体可根据其变化的形式类型分为三种：标准/规范变体（variantes normatives）；象似变体（variantes iconiques）；个性化书写变体（variantes idiographiques）。① 标准变体的出现在于创造语言使用者所共识的书写新形式,与书写不很规范的旧形式共存或直接替代旧形式；个性化书写变体事实上是高发循环性拼写错误所致的书写形式；象似变体具有书写稳定性,因此属于书写变体中的典型一类。象似变体依附于符号书写原则（principe sémiographique）：书写的目的在于使语言的意义显性化,进而建立符号与符号所代表事物之间的关联。经历了象似变体的符号书写由此可表现出文字与意义之间的理据关系。根据 Jean-Pierre Jaffré（2010）,我们总结了以下四种情况：

第一,同音词汇的直接替代,被称作异质书写变体（variantes hétérographiques）,报刊杂志常用此方法拟定标题,标题的语义效果获益于一定的句法背景。如：

表 3-1 异质书写变体

举例	出处
L'*Anvers* du décor	Présentation d'un spectacle flamand, *Le Nouvel Observateur*, n° 2278, juillet 2008, p. 114

上例用 Anvers（安特卫普,比利时第二大城市）代替 envers（反面,背面）。
第二,通过在词中添加字母或符号,或用特定字母或符号（@、$、£等）

---

① Jean-Pierre Jaffré. De la Variation en Orthographe [J]. *Etudes de linguistique appliquée*, 2010（159）：309-323.

替换原字母实现变体。其语义效果来自显性形式与隐形标准之间的暗含关系。如：

表 3-2　添加或替换式象似变体

举例	出处
Numb3rs	Titre d'une série policière, sur M6
Mi$e à prix	Titre du film de Joe Carnahan (2006)
Les 50 meilleurs *sites littér@ires*	*Le Nouvel Observateur*, n° 2211, mars 2007, p. 125

第三，通过重复字母达到加强所指强烈程度的效用。如：

表 3-3　字母重叠式象似变体

举例	出处
Nuage de cendres : le trafic reprend *trèèèèèèèèèèès* progressivement	Titre sur les effets collatéraux du volcan islandais, <LePost.fr>, avril 2010
Chine : de *grrrrrrrrrrros* bouchons sur l'autoroute	Titre sur un embouteillage de neuf jours, *Courrier International*, septembre 2010
La famille *RRRugby*	Slogan publicitaire diffusé lors des matches de rugby, à la TV, année 2009

第四，标志书写融合所产生的象似性，即通过插入表示书写符号的元素，通常是字母构造新形式。如：

图 3-4　融合式象似变体

举例	出处
Dessine-moi un *styl'eau*	Présentation du B2P de Pilot, un stylo en plastique recyclé à partir de bouteilles d'eau, *Télérama*, n° 3121, novembre 2009
Le grand *footoir*	Titre d'un dossier sur le championnat d'Europe de Football, *Courrier International*, n° 916, mai 2008, p. 51
Veautez. Vive le veau !	Slogan TV d'une campagne publicitaire pour la viande de veau, mars 2007

第一个例子中，用 -eau 代替 -o，意在表明 stylo（笔）的制造可通过回收的水瓶实现。

从以上对文字象似变体的具体说明中可以看出，书写变体确实在一定程度上实现了形与义的映照性关系，亦即实现了文字的理据性。但同时我们也看到，文字象似变体更多是在特定背景下对文字的特殊处理，带有一定修辞的意味。因此，法语中通过文字象似变体表现理据性的范围也是相对有限的。

第四节 汉法文字理据性差别的相关解释

上述两节对汉法文字理据性的分析清晰地表明：从语言学层面看，汉字具有较高的文字理据性，而法语文字则几乎不存在理据性；从文学层面看，汉字与法语文字均有理据性可考，然而该层面的理据性，尤其是法语文字，带有较强的主观性质，因此多"仁者见仁"。那么究竟是什么原因导致汉法文字理据性大相径庭？以下我们尝试从三个方面做出解释。

一、语言起源观：西方语言神授说与汉民族语言人造说

人的语言从哪里来是人类一直备感困惑的问题。在西方，语言神授说一直备受推崇，直到17、18世纪仍主导着大多数学者的思维。因为典型的语言神授说见于《圣经》①，而《圣经》不可动摇的地位又使该说法成为从宗教到学术各界的正统说法。虽然18世纪开始，有学者，其中最有名的有孔狄亚克（E. B. de Condillac, 1744—1803）、卢梭（J. J. Rousseau, 1712—1778）、赫尔德（J. G. Herder, 1744—1803），开始用世俗眼光看待语言的起源与发展，但不可否认语言神授说对西方学者持语言任意观的态度有着重要影响。除却对语言持有神造的观点外，在西方，文字也被认为是神赐的产物。周有光（1995）曾总结道："西方的文明古国都有掌管文字之神，如两河流域的楔形文字（钉头字）是命运之神那勃所创造；埃及的圣书字是知识之神托特所创造；希伯来文是摩西所创造；希腊文是何墨

---

① 《圣经》创世故事：上帝用言语创造世界，上帝为昼夜天地等取了名字以后，又把他所创造的动、植物等放在亚当面前，亚当用什么音称呼它们，这些事物就是什么名称。

斯所创造；婆罗米文是梵摩天帝所创造。"① 此外，《圣经》中另外一个有关语言的传说——巴别塔的故事② 还反映出西方人们对口头语言的重视。

　　以上有关西方语言文字神授、神造以及口语相对文字的重要性都是西方文字无理据性特征的诱因。与之相对，汉民族有关语言起源的神话颇为鲜见，而关于文字起源的论述却显丰富。这种现象在一定程度上反映了汉民族自古以来"重文字、轻语言"的传统（赵宏，2011）。① 另，有关汉文字起源的传说，无论是庖牺八卦、神农结绳，还是仓颉造字，均反映出汉字"人"造的观点，因为庖牺伏羲、神农炎帝、黄帝史官仓颉据考证，都是中国历史上真切出现过的人物。这些"人"在创造文字的过程中"近取诸身，远取诸物"，使汉文字充分体现出对现实世界的描摹性特征，汉文字理据性自然不言而喻。

二、文字发生学：自源文字与他源文字

　　世界上的文字从发生学上看，可以分为两大类，"一类是自源文字，一类是他源文字。自源文字是自创型的，是某个族群的人们在历史发展过程中独立自主地形成的文字。他源文字又称借用文字，是借用他民族的文字体系加以调整改造，从而为我所用。"（潘文国，2002）④ 汉字是典型的自源文字，汉民族通过模拟现实世界用"文"与"字"直接记录、组织本民族人们对世界的印象与认知，重在表意，文字创制理据性因此显著。法语是典型的他源文字，借由经埃及圣书字、两河流域楔形文字—闪米特文字—腓尼基文字—希腊文字—厄脱鲁斯根文字（Etruscan）转化演变而来的拉丁字母，最终成型为现在的法语字母。由于各民族文化有别，字母

---

① 周有光. 语文闲谈（上册）[M]. 北京：生活·读书·新知三联书店，1995：140.
② 根据《圣经旧约·创世记》记载，当时人类有共同的语言，并且居住在一起。人们准备联合起来建造一座通天的高塔。但是上帝降临视察，认为人类过于自信和团结，一旦建成高塔就会为所欲为，便决定变乱人们的口音和语言，使他们分散各地。于是高塔停工，而后被称为"巴别塔"。（"巴别"在希伯来语中意为"变乱"。）
① 赵宏. 英汉词汇理据对比研究 [D]. 上海：华东师范大学，2011：20.
④ 潘文国. 字本位与汉语研究 [M]. 上海：华东师范大学出版社，2002：90.

在借用过程中通常只被借音或用作记音的符号，且具体到各语言中，字母还会被根据各语言的需要进行调整，因此蕴含在原初文字中的理据性在转借中或被遗弃或被销蚀。如果说法语文字中尚有理据性可寻，那么可挖掘的理据更多是文学评论者或著者对作品带有主观色彩的解读或阐释。因此，将拼音文字，就本研究而言，将法语文字视作"符号之符号"的表音文字无疑是有一定道理的，其理据性较之汉语薄弱便也是情理之中的事情了。

有学者在对比了自源文字与他源文字的特点之后发现："表意文字与自源文字、表音文字与他源文字实际上是重合的。凡自源文字都是表意的（不论是形意文字、意音文字、表词文字），凡他源文字都是表音的"（潘文国，2002）。① 这个特点在汉法文字中也得到了印证。那么为什么文字的发生特点与性质之间会存有这样的对应关系？

通过图画和图形表达意义本是世界范围内文字起源的共同特征，如中国的汉字，两河流域的楔形文字，埃及的圣书字。"自源文字一开始最原初的造字法（便）是'象形'，即表达人们对客观指称对象形态特征的认知，而不是为了记录口语，其后随着文字的发展与增加，添加了表音成分，但并未改变其直接表意的本质功能。汉字是自源性表意文字的典型代表，突出体现了'以形表意'的特征。"（曹念明，2006）② 他源文字则不同，虽然他源文字最初的来源文字也是具有意义表示的图画或图形，但如前所述，由于文化差异，这些图画或图形并非连同它们的意义被一同借用在目的语中，而是常常被"去意义化"，只用作记音的符号、声音的外壳。法语字母便是他源文字的典型代表，突出体现了"以形记音、以音表义"的特征。中国有些认知科学家的研究也表明：运用拼音文字的民族在利用符号记录语言时，不知不觉地抛弃了很多形象信息，走向了表音文字方向，在形音义三信息中侧重音义两者的结合。而运用象形、表意文字的民族在利用符号去记录语言时，重视形象，信息成方块汉字，信息是储存于层次网络中"形义－形音"程序中（王寅，2007）。③ 那么，我们可以将汉法文字的音、形、义关系用下图加以表示：

---

① 潘文国. 字本位与汉语研究 [M]. 上海：华东师范大学出版社，2002：91.
② 曹念明. 文字哲学 [M]. 成都：巴蜀书社，2006：53.
③ 王寅. 认知语言学 [M]. 上海：上海外语教育出版社，2007：500.

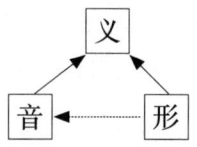

图 3-3　汉文字音、形、义关系

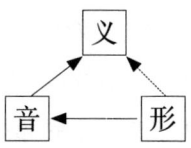

图 3-4　法语文字音、形、义关系

三、认知模式的影响

季羡林先生（2001）曾在自己主编的《20世纪现代汉语语法八大家选集》的序中指出：语言之所以不同，其根本原因在于思维模式（同于认知语言学中的认知模式）的不同。汉族的人文环境，使得汉族人在认知模式上侧重于"整体感知、意象思维、模拟推理"，而西方人的人文环境则使得西方人在认知上侧重于"细部感知、抽象思维、形式思维"。文字是人类在语言出现许多年后的发明，人类最早成系统的文字历史不过数千年。文字既是语言书意的手段之一，自然要与所属语言的结构特点保持一致，也应与指导该语言的认知方式保持一致。"汉语中构字、组词、成句到篇章都有很强的同构性"（杨自俭，2008）[1]，法语复合词结构与句法结构具有一致性（Louis Guilbert，1975），都是思维认知—语言—文字续继影响的一个证明，相对地，文字、语言也会反向影响并强化语言使用者的思维认知。

汉民族"整体感知、意象思维、模拟推理"的认知模式强调、凸显对事物整体性、临摹性、视觉感的把握，作用于文字创制，便形成了汉字注重视觉信息、二维型"以形表义"的特点；而西方民族"细部感知、抽象思维、形式思维"的认知模式强调、凸显人们对事物细节性征与内在逻辑的认识与思考，主观因素注入更多，作用于词汇符号创制，基于他源性记

---

[1] 杨自俭. 字本位理论与应用研究 [M]. 济南：山东教育出版社，2008：180.

音符号之上,便形成了西方词汇注重听觉信息、线性型"以形表音"的特点。由此看来,汉文字侧重于现实世界的客观反映,"着重对意义世界的直接呈现,而非表征"(李二占,2008)①;西方文字(法语文字)则侧重对现实世界能动性的认知思考,着重对意义世界的概念推理。汉文字因此更多表现客观理据性,而西方文字则更多表现主观任意性。

小　结

具有不同文字发生性质的自源性汉文字与他源性法语文字,借以中西截然不同的文字起源观以及中西认知思维方式的影响,在文字理据性上表现出了强与弱的显著差别。但法语文字却在文字诗性功能这一文字运用层面表现出了同汉文字相似的高理据性。于是,我们似乎必须承认这样一个事实:无论是视觉文字还是听觉文字,都最终以书写的形式展现出来,而"任何书写都与视觉经验有着双重的关联"。以文字文本为例,"一方面,页面上的标记如同绘画一样呈现在眼前,是真实事物的可见展开。另一方面,以其厚重的物质性,这些标记遮蔽了被视为纯粹精神世界之透明窗口的语言的直接性,从而导向那两者之间不可见的断裂。"(耿幼壮,2014)②面对这样的事实,我们似乎就可以对理据性凸显的汉文字中隐约有着任意,任意性凸显的法语文字中闪烁着理据欣然释怀了。

---

① 李二占. 理据论语"字"本位论关系初探[J]. 同济大学学报:社会科学版,2008(4):80.
② 耿幼壮. 姿势与书写:当代西方艺术哲学思想中的中国"内容"[M]// 方维规. 思想与方法. 北京:北京大学出版社,2014:230.

第四章 汉法词汇理据对比之形态层面

词的形态理据是指可以通过对一个词的形态构成进行分析而获得词义（许余龙，2010），[①] 属词汇内部理据研究。

第一节 形态理据研究中的"形态"界定

提到"形态"，印象总不外乎以印欧语为主要描述对象的形态学（la morphologie）研究。传统语法中的"形态学"主要以相对于功能或句法的词汇的形式变化（屈折与派生）为研究对象。现代语言学中，该术语有两类要义：第一是指对支配词汇内部结构的规则的描写，即对词根语素通过派生组合成词的规则描写，以及对词汇由性、数、时、人称、格范畴所引起的不同形式的描写；第二同时指向词汇内部结构规则与语段组合成句的规则描写（Jean Dubois et al., 1994/2007）。[②] 可以看出，有关"形态"的研究总是关于词形屈折变化和以派生方式造词的学问。

一、形态界定

法语隶属屈折语，形态研究一直是法语本体研究的一个分支。汉语隶属孤立语，各种词类的形式很少随着句法地位而变化，也就是基本上没有

[①] 许余龙. 对比语言学 [M]. 2版. 上海：上海外语教育出版社，2010：90.
[②] Jean Dubois et al. *Grand Dictionnaire Linguistique & Sciences du Langage* [M]. Paris：Larousse, 1994/2007：311.

形态的屈折变化。与之对应，汉语中真正称得上词缀的成分也很少，自然通过添加词缀而派生成词的词汇数量也非常有限。所以，若严格按照印欧语中对形态的定义，可展开的涉及汉语"形态"变化的研究实是有限。而"另一方面，汉语的语素虽然也有自由和黏着之分，但汉语的绝大多数黏着语素和印欧语中的不同，并非只能参与派生过程的语缀，而是一种具有独特词法–句法功能的成分，可以像自由语素一样参与复合词的构成，而且能够出现的位置不受结构限制。正因为如此，汉语复合词的构成方式及其句法特征都有不少独特之处，[因此]，要研究汉语的'形态'，就必然以复合词的形成及结构为主要对象"（Jerome L. Packard，2001）①。又因此，如果以汉语在该层面的理据研究对象特点为术语参照，形态理据研究理应被称作构词理据研究。但为避免与惯常的术语使用冲突，我们仍留用"形态理据"一词。

此外，根据形态理据的定义，具备结构可分析性，即具备内部形式是词汇可进行形态理据分析的前提。内部形式是指复合体内部的语法结构和语义结构的总和（王艾录，2014）。② 派生词的词义可通过分析其构成成分，即根词与词缀的意义加以诠释；复合词的词义可通过分析具有词、句法以及语义独立性的构词成分加以阐释，尽管其构成元素常超过自身意义的简单并合继而形成复合词新的含义。派生词与复合词都是具有内部形式的词。本章的理据研究将主要围绕汉法语中派生词与复合词展开，文中我们将此二者合称为合成词。另外，鉴于语言词汇结构的递归性质，汉语中我们只讨论有关双音复合词的理据情况。

二、形态理据研究价值

形态理据无论在语言教学还是语言研究中都具有积极的作用，拥有很高的使用价值。汉语中复合词的能产性大，理解它的理据特点，可以帮助我们了解"造词的社会基础、认识基础和语言基础以及在这些基础上揭示

---

① Jerome L. Packard. *The Morphology of Chinese: A Linguistic and Cognitive Approach* [M]. Cambridge University Press and Foreign Language Teaching and Research Press，2001：F31.
② 王艾录. 汉语内部形式研究 [M]. 成都：电子科技大学出版社，2014：150.

出来的着眼于事物特征的造词的视角"（张志毅，1990）①。此外，汉语复合词（合成词）字义（语素义）与词义的关系一直是词汇语义学关系的理论问题，进入信息时代，其实际价值尤为重要。"搞清楚字义经过整合转化为词义的规则，不仅对人（尤其是留学生）望文（字）生（词）义识读新词语具有重要的指导作用，而且是计算机语言信息处理当中未登录词语的识别以及语义理解的重要依据。"（杨自俭，2008）②最后，复合词的理据化方式还深刻制约着汉语的句法、形态等。复合词是汉语语法重心"从字的构造方法的研究转化为字跟字之间的结构关系的研究，或者说，从字法转向句法"的载体，从这个意义上讲，语法是从词汇中抽象出来的规则（徐通锵，2005）③。而复合词理据位于词语和句法的接口，对语言研究的重大影响显而易见。

法语中，派生法是常见的构词方法之一，派生法构成的词在词汇中所占的比例最大。根据法国词汇学家 H. 密特朗的研究，在《小拉鲁斯词典》中，每一个简单词周围，就有三个派生词。"法国词典学家迪布瓦（Jean Dubois）对这个问题也进行了研究，他说，在词典中，简单词约占 25%，而派生词（大部分是后缀派生词）约占 70%，余下的 5% 主要是复合词。"（程依荣，2007）④那么发现并熟悉形态理据对于快速并有体系地记忆单词，掌握词汇系统，其重要性是不言而喻的。因此，形态理据无论在构词研究还是在教学中地位都尤为重要。

第二节　派生词形态理据对比

派生是指在基础词上加一个或者数个词缀构成新词的方法（程依荣，2007）。⑤根据词缀与词根的位置关系，派生法主要表现为前缀式构词

---

① 张志毅. 词的理据 [J]. 语言教学与研究，1990（3）：120.
② 杨自俭. 字本位理论与应用研究 [M]. 济南：山东教育出版社，2008：244.
③ 徐通锵. 汉语结构的基本原理：字本位和语言研究 [M]. 青岛：中国海洋大学出版社，2005：292.
④ 程依荣. 法语词汇学概论 [M]. 上海：上海外语教育出版社，2007：37.
⑤ 程依荣. 法语词汇学概论 [M]. 上海：上海外语教育出版社，2007：36.

（la préfixation）、后缀式构词（la suffixation）以及前后缀式构词（la formation parasynthétique）三种方式。此外，还有少部分派生词可通过转换词类（la conversion）与逆向派生（la dérivation régressive/inverse）获得。这几种派生方式在汉法中是共有的，我们的对比只围绕前、后缀这两种最为常见的构词方式展开。

一、派生词形态理据之词缀能指

1. 汉语派生构词词缀

根据词缀与词根的位置关系，汉语词缀有前、后缀之分。顾名思义，前缀是指位于词根语素前的词缀，后缀是位于词根语素后面的词缀（刘月华等，2001/2013）。[①] 汉语中前缀的数目不多，常见的前缀有"阿""老""第""初""小""可"等，如阿姨、老师、第一、初三、小孩、可爱。后缀数量较前缀更多，有"子""头""儿""者""巴""然""性""化"等，如盘子、木头、鸟儿、学者、偶然、弹性、绿化。对于汉语的词缀总量，学者们因对其认识与界定不同并不能达成共识。"潘文国等（2004）考察了20世纪50到80年代论述词缀的专著论文，发现提到的340个词缀中，只有16个（4.7%）是八部（篇）以上著作或论文中共同提到，并得到赵元任、吕叔湘、王力等学者一致认可的：-巴、-了、-然、-们、着-、-反、-度、老-、-儿、-化、-头、-员、-性、-子、-家、-者；7个（2.7%）是一半著作（论文）提到的：阿-、-的、第-、非-、可-、-人、-士。"（蔡基刚，2008）[②] 事实上，词缀本是国外语言学以印欧语为研究本体的产物，将其引入汉语这种与印欧语类型截然不同的语言，其可行的程度范围必然有所争议。但这些争议并不影响我们对汉语词缀的普遍性征进行说明。

另外，汉语中的派生词词缀是从古老的词根虚化而来的。发展到现代汉语，有的词缀已彻底虚化，不再具有实词意义，如"老虎""阿姨""桌子"中的"老""阿""子"作为词缀已完全虚化，因此从意义上讲，"老虎＝虎，阿姨＝姨，桌子＝桌"。然而还有一些词缀虚化并不彻底，在与其他语素

[①] 刘月华,潘文娱,故韡.实用现代汉语语法（增订本）[M].北京：商务印书馆,2001/2013：12-13.

[②] 蔡基刚.英汉词汇对比研究[M].上海：复旦大学出版社,2008：6-7.

结合成词时仍保留或隐含着一些原义，不能独立使用，如"导师、厨师"，"花匠、铁匠"中的"师"与"匠"具有定位性，即在字组中只能在固定位置上出现，不可独立成词，且均指向从事某一方面工作的人。以此为据，汉语词缀被分作标准词缀和准词缀或类词缀两种（王艾录，2014）。① 常见的准词缀有"准-、亚-、超-、无-、代-、单-、反-、前-、半-、-员、-品、-法、-度、-气、-性、-化、-种、-类、-学"等，占据汉语词缀的绝大部分（吕叔湘，1979）。②

2. 法语派生构词词缀

法语词缀与汉语词缀一样，根据它与词根的位置关系分为前缀与后缀。如前所述，派生是法语词汇的主要构成手段，因此词缀数量也较为可观。路易·吉尔贝尔（Louis Guilbert）认为法语常用的前缀有 92 个，其中民间来源的有 33 个，来自拉丁语的有 33 个，来自希腊语的有 26 个。还有人认为，法语现在"有再生能力的前缀"有 60 余个。法语后缀约有 160 个，虽然数字看起来比较庞大，但也仅有一部分是经常使用并具有再生能力的。

二、汉法派生词形态理据之能指性征

鉴于汉法派生词缀在词中的分布一致性，我们可将前、后缀分立对其语法功能与语义功能分别进行比对。

1. 前缀性征对比

1.1 语法功能

根据表义差别而做标准与类区分的汉语前缀在语法功能上表现是有所不同的。标准前缀常是无所指意义的能指，因此，借它构成的派生词本质上实与单纯词无异。可以说标准前缀只起到辅助发音、促进合成词汇构成的作用，正所谓"于义为缀，于音则所以足词"（郭绍虞语，1938）。换言之，标准前缀的出现多是源自复合构词韵律结构的需要。而事实上，虽

---

① 王艾录.汉语内部形式研究 [M].成都：电子科技大学出版社，2014：59.
② 吕叔湘.汉语语法分析问题 [M].北京：商务印书馆，1979：48.

然这些前缀无实词意义，却可以表达一定的情感色彩。如"老汉、老板"中的"老"带有随便的意味；"老张、老乡、老兄"中的"老"用于对长辈或同辈人的称呼，带有亲近的感情色彩（刘月华等，2001/2013）。[1] 与标准前缀相对，类前缀除却可满足复合成词的韵律需要外，因其所指意义部分尚存，对中心词或根词有修饰作用，常与根词构成偏正（向心）结构，但并不影响到根词在派生词中的中心性质。如"反作用、反科学，伪君子、伪军，超音速、超低频"中的"反、伪、超"均有实际意义表示，但不影响中心词的语法性质。

法语派生词前缀并无如同汉语前缀的标准与类区分。法语前缀不改变原词的语法类别，只引起词义的改变。因此，从语法功能上看，只起到附加在词或词根上参与构词的作用。另外，法语中几乎每个派生前缀都有明显的词形特征，因此除了少数前缀如 contre、avant、en、entre、sur、sous 等可以当作介词或副词独立使用外，大部分前缀都只能黏着出现。而汉语前缀，特别是具有所指意义的类前缀，常处于一个连续体当中，一头是词根，一头是词缀，因此有时需要区分它们究竟是作为具有实体意义的不定位成词语素，还是作为定位不成词语素。如"老师"与"老人""老朋友"中的"老"就是不同的语素：前者为前缀，后者则为成词语素。究其原因，还在于汉语词缀（定位不成词语素）、不定位成词语素与词在形态上无根本区分。而该类情况在法语中是不存在的。

1.2 语义功能

汉语词缀鉴于标准与类的区分，在语义功能上表现不尽相同。如前所述，标准前缀通常多只有辅助构词的语法功能，并无实在语义所指，故语义功能相对缺失，对于派生词的整体意义无多少影响。而类词缀因其尚未完全虚化，在语义上对根词有修饰说明的作用。如"超现实、超负荷"中的"超"表示"在某个范围以外；不受限制"。因此类词缀派生词的整体意义需结合词根与词缀各自的意义析出。另，汉语类前缀的语义多为单义，且一个意义多只有一个表现形式（表否定的前缀"非-、无-、不-"除外）。

---

[1] 刘月华，潘文娱，故韡. 实用现代汉语语法（增订本）[M]. 北京：商务印书馆，2001/2013：36.

与汉语前缀相对简单的意义形式一一对应关系相反，法语前缀的形态与意义多数表现为一对多、多对一的情况。具体而言，法语前缀有的形式与意义一一对应，如 pré-（前，预先），sur-（超过），co-（共同）。有的前缀一个形式可表示多种意义，如 re- 至少有四种意义表达：表重复，如 refaire 重做；表倒回，如 refouler 击退；表反应，如 rebondir 弹回；与原词同义，如 remplir-emplir, rapprocher-approcher，再如 télé- 至少也有四种意义：电视 télécaméra，电话 télécarte，远距离 télécommande，高架索道 télésiège、télécabine。有的前缀可以不同形式出现，即同一前缀可有多种变体来表示同一个意义，例如 dés-、de(s)- 是 dé- 这个前缀的不同形式，都表示"相反"或否定：如 déranger, désabuser, desceller，同样，re- 这个前缀也有几种变体：r-、ra-、ré-、res-，表示"又、再"重复意义，in- 这个前缀有如下几个变体：im-、ir-、il-，表示"相反"意义。还有些前缀的意义相近或相同，但形式完全不同，如 dis-、in-、a-、mal- 均可表"否定"意义，hyper-、super-、sur-、ultra- 均可表"极度，极大，最高级"等最高程度意义，a-、en- 都可以表示"使进入某种状态"：如 affoler 使惊慌，enneiger 用雪盖住。

综上所述，汉语前缀形态稳定，所对应意义也相对单一，而法语前缀的形态相比之下变化多样，意义也更显丰富。因此，若从派生词基于内部形式析出所指意义的难易程度看，汉语派生词的理据性应要高于法语。

2. 后缀性征对比

2.1 语法功能

汉语后缀亦有标准后缀与类后缀之分。标准后缀同标准前缀一样常无语义所指，主要起补足音步、构成双音复合结构的作用，如石头 = 石，桌子 = 桌。而准后缀多有语义表示，且同标准后缀一样，常会对词的语法性质[1]产生影响，即王洪君、富丽（2005）所提到的词缀的类化作用，指词缀、类词缀有决定整个组合的语法功能的类范畴。[2] 如由后缀"- 子"构成的字

---

[1] 汉语词类问题一直是语言学界争论、研究的热点，但非我们的研究所讨论的范围。文中，我们取汉语词汇可进行词类划分的立场，并认为在派生词中，后缀在一定程度上可反映词汇的语法性质。

[2] 王洪君，富丽. 试论现代汉语的类词缀 [J]. 语言科学，2005（5）：6.

组都是名词性的：儿子、孙子；由"-然"构成的字组都是形容词性的：偶然、嫣然；以类词缀"-家""-员"等构成的字组都是名词性的。另外，标准后缀与类后缀或词根语素在发音上还有所区别：标准词缀因意义几乎完全泛化，常作轻声，如"木头、石头、舌头"中的"头"均读"tou"；而类词缀与词根语素则否，如"子"作为标准词缀在"骗子、刀子"里读作"zi"，而在"鱼子、电子、孔子"中则读作"zǐ"，是词根语素。因此词缀是否轻读可作为区分标准词缀与类词缀、词根语素的一个标准。

法语后缀不具备独立的词汇形式，因此不会出现像汉语后缀作为词根语素（黏着或不黏着）单独使用的情况。其语法功能主要体现在对原词语法属性的影响，即后缀常可改变原词的词性，主要有以下几种转变方式：

A. [[-]V+Suf] N：该结构反映由动词派生名词的情形，即名词化的过程。根据所使用的词缀，转化而来的名词可指向逻辑上的主语，表示主体的过程，如 les cours s'effondrent-l'effondrement des cours；也可指向逻辑上的宾语，如 Luc analyse le problème-l'analyse du problème；还可指向行为动作的施动者，如 protéger-protecteur, analyser-analyste；指向行为过程中的使用工具，如 arroser-arrosoire；指向行为过程发生的地点，如 se baigner-baignatoire 等。

B. [[-]adj+Suf] N：该结构表示由一个形容词性基础词派生与之特征相关的名词，最常见的后缀是 -(i)té，如 pauvre-pauvreté, avide-avidité，以及 -isme，如 paternel-paternalisme。

C. [[-]N+Suf] V：该结构可实现由名词向活动动词的转变。其中，原名词作为派生而来的动词论元之一，有时为施动者，如 vampire-vampiriser；有时为宾语，如 momie-momifier；有时为工具，如 marteler 或指向自身，如 fête-festoyer。

D. [[-]adj+Suf] V：该结构表示由形容词性基础词加词缀转化而来的动词，如 rouge-rougeoyer。

E. [[-]n, v, adj+suf] adj：该结构表示由名词、动词、形容词转化为形容词，如 mensonge-mensonger, lire-lisable, haut-hautain。

F. [[-]adj+suf] adv：该结构表示由形容词转化为副词，如 lent-lentement, absolut-absolument。

然而，并不是所有的后缀都能引起原词的词性改变，那些表示"指小""集体""职业"和含有贬义的后缀构成的派生词总是保持着原词的属性。这类派生词通常带有较为明显的感情色彩，词缀可引起词的价值的改变。程依荣（2007）将其具体分作以下几类[①]：

A. 表示"小"或亲切感情的后缀（-ette、-on 等）：

fillette 小女孩 barbiche 山羊胡子 ruelle 小巷 moucheron 小飞虫，小蝇

B. 大多数"指小"的后缀派生词属于通俗语体，有些含有贬义（如 -et、-ot、-chon、-âtre、-aud、-eau、-asse 等）

pauvre-pauvret 可怜兮兮的，怪可怜 pâle-pâlot 有些苍白的，血色不足的

blanc-blanchâtre 微白的 rouge-rougeâtre 略带红色的

lourd-lourdaud 笨拙的，呆头呆脑的 lion-lionceau 幼狮

C. -ard 带有明显的贬义

mouchard 暗探 grognard 爱发牢骚的人 chauffard 粗心大意的司机

bavard 饶舌者 clochard 流浪汉 richard 阔佬 majoritard 随大流的议员

D. 标志集体或整体的后缀（如 -ade、-aille、-age、-aie、-ier 等）

colonnade 列柱 ferraille 废铁 feuillage 叶丛 branchage 树枝堆

roseraie 玫瑰园 chevelure 头发 poulailler 一个鸡棚中的鸡

E. 表示最高程度的后缀（-issime）

richissime 巨富 grandissime 极大 généralissime 大元帅

F. 表示职业名称的后缀（-iste、-ien、-ier、-aire）

dentiste 牙科医生 physicien 物理学家 chapelier 帽商 disquaire 唱片商

此外，后缀还有语法分类功能，即后缀可表明派生词的语法属性。例如以 -ance（surveillance）、-ise（bêtise、sottise、débrouillardise）、-tion（finition、adoration）为后缀的词常为阴性，而以 -age（nettoyage、ramassage）或 -isme（journalisme、socialisme、libéralisme）为后缀的词常为阳性。

[①] 程依荣. 法语词汇学概论 [M]. 上海：上海外语教育出版社，2007：47-48.

2.2 语义功能

汉语后缀的语义功能多附着于类词缀。因为类词缀没有完全虚化,均保留了与其作为实词相关的一些意义。如"家"作为类词缀其意义为"掌握某种专门学识或从事某种专门活动的人":科学家、艺术家(王洪君,富丽,2005)[①];"员"有时表示"某一组织或集体的成员",有时指"从事某一方面工作的人":运动员、学员(刘月华等,2001/2013)[②]。因此,在对后缀派生词进行意义分析时,需兼顾词根与词缀两个元素。此外,汉语中还有一类独特的后缀,即叠音后缀,这些后缀对根词的语法性质无影响,却有着类似法语中不改变原词属性的词缀的作用:即表现事物性状、人的情感喜好或感触印象等,如:

——乎乎:圆乎乎、胖乎乎、脏乎乎、烂乎乎

——溜溜:细溜溜、灰溜溜、顺溜溜、瘦溜溜

——滋滋:甜滋滋、凉滋滋

——茸茸:毛茸茸、绿茸茸

法语后缀如同前缀,均有意义表示。程依荣(2007)曾对名词、动词、形容词、副词四种性质的常用后缀所表意义列表详解,此不赘述。但同汉语后缀一样,法语后缀也具有多义性的特点,即同一能指可有不同所指。另,后缀中也存在同义和近义的情形,即不同能指可具有相同所指,因此后缀意义并不总是明确的。例如 eur 可以作为名词后缀,指某类人,如 chanteur、vendeur、facteur 等;也可是形容词后缀,表事物的品质、性征、状态等,如 rondeur、lourdeur。同义后缀,如 -ation 和 -age 这两个后缀都可以表示动作,但究竟在派生时选用哪个取决于习惯,因此 nettoyage、fabrication 不可说成 nettoyation 和 fabricage。

综上所述,汉语词缀从语法功能上所表现出的影响与法语词缀具有一致性:前缀(汉语中主要指类词缀)通常只有语义影响,不改变原词语法性质;后缀多数可引起原词属性的变化,不改变原词性质的后缀体现的是词汇所指的情态陪义,即表示"主体对基本意义的感情、态度和评价"(张

---

① 王洪君,富丽. 试论现代汉语的类词缀[J]. 语言科学,2005(5):12.
② 刘月华,潘文娱,故韡. 实用现代汉语语法(增订本)[M]. 北京:商务印书馆,2001/2013:42.

志毅，张庆云，2001/2012）[①]。从表义功能上看，法语词缀无论从表现形式还是所表意义上看均比汉语丰富很多。法语常用词缀多是多义词，而汉语词缀，经蔡基刚（2008）对魏志成（2000）所列出的 164 个汉语词缀统计发现，平均义项只有 1.29 个。但也正由于法语词缀的多义性与汉语词缀的单义性，使得汉语派生词的整体意义更易识别析出，其理据性也相应较高。

第三节　复合词形态理据对比

汉语复合词此处指向由两个词根，即两个自由语素构成的双音合成词。汉语词汇复合双音化的倾向由多种因素共同作用而生："汉语音节结构的简化造成同音字大量增加，不利于口头交际；汉语双音音节音步取得汉语韵律的基本韵步地位；汉语社团喜欢骈偶、对称、成双成对的审美心理；以及外来语的影响，等等。"[②]（赵宏，2011）法语复合词[③]此处指向由两个词汇组合而成的以名词为主，也可是形容词或动词性质的词汇统一体，如 bébé-éprouvette、aigre doux，以及由三个词汇组成的名词性统一体，如 chemin de fer、pomme de terre (Aïno Niklas-Salminen, 1997)。[④] 法语复合词可以是书翰来源的，即用拉丁词或古希腊词构成的复合词[⑤]，如 insecticide、bibliophile；可以是混合型的，即拉丁词、古希腊词或法语词混杂构成的，如 polyvalence、radiographie、ultrachic、minijupe；也可以是纯法语词汇构成，如 porte-parole、garde-robe。普通复合词，同书翰来源

[①] 张志毅，张庆云. 词汇语义学 [M]. 3 版. 北京：商务印书馆，2001/2012：39.
[②] 赵宏. 英汉词汇理据对比研究 [D]. 上海：华东师范大学，2011：167.
[③] 文中法语复合词语料的主要来源为：http://www.logilangue.com/public/Site/clicGrammaire/ListNomsAdjCompos.php。
[④] Aïno Niklas-Salminen. La Lexicologie [M]. Paris: Armand Colin, 1997: 73-74.
[⑤] 书翰来源成分构成的词，考虑其来源，应视它们为复合词，但若考虑这些词在现代法语中不独立存在，且一般人不能意识到它们的独立性质，它们在很多人眼中，甚至在词典中，已经被视作前缀或后缀。鉴于书翰来源词对法语复合词的构成影响，文中，我们仍将其视作复合词。

词一样,均是为满足社会发展过程中出现的新生事物或新型现象的命名需要。其中,具有希腊词源的复合词汇主要用于科技领域。对与本族语关系密切或文明程度较高的外族词汇加以吸收改造,或直接在本族语原有词汇基础上衍生新词,一则可避免创造全新词汇增加记忆负担,二则便于语言社团的理解和掌握。因此,无论对汉语还是法语,复合词都是语言发展的必然产物。然而,复合词常常并非两个词根语素的简单并置,意义也并非构成语素的简单相加。除却构成语素自身的意义对复合词意义的影响外,两个构成语素之间存有的一定的语义关系,对整个复合词的意义考察也具有一定的启示作用。因此,针对复合词形态理据的分析,本书将从构成词素的语义间关系,即通常意义上的复合词构词方式说起。

一、汉法复合词理据载体之构词方式

汉语复合词从语义关系上划分,主要可分为并列、偏正、动补、主谓、动宾五大类。

并列:人民　道路　正负　帮助　始终
偏正:学校　家长　京剧　笔直　游击
动补[①]:改善　看见　推翻　展开　进来
主谓:月亮　夏至　年轻　地震　自觉
动宾[②]:司机　主席　理事　动员　放飞

王洪君(2002)在对《现代汉语词典》中的32000个双音复合词进行统计后得出结论:96.57%的语料词条可归入以上五类结构(张薇,2010)。[③]因此,文中对汉语复合词的分析说明只围绕此五类进行。而这些关系也表明,汉语词已从"形"的结构转向"序"的结构。

法语中的复合构词也并非是构词元素的简单并置。复合词构词元素之间的语义关系也是变化的,但法语复合构词元素的语义关系与构词元素的语法性质密切相关:两个名词性成分之间(可有介词连接),可以是系表

---

① 动补结构主要为动结式与动趋式。
② 动宾结构中的宾语可以是名素、形素与动素。
③ 张薇.文化视角下的英汉词语理据性对比研究[D].郑州:解放军信息工程大学,2010:32.

关系（rapports attributifs），如 député-maire (Le député est maire.), canapé-lit (Le canapé est un lit.)，也可是限定关系（rapports de détermination），如 timbre-post, pomme de terre；当构词成分为"动词＋名词"时，名词常为动词的宾语，如 porte-bagages, essuie-glace, garde-robe, 也有少数构成"动词＋主语"的关系，但在普通词汇中非常罕见，如 croque-monsieur（n.m. 烤面包片夹奶酪火腿三明治），pense-bête（n.m. 备忘记号），saute-mouton（n.m. 跳背游戏），然而此类关系的构成复合词在表示地名的专有名词中倒比较常见，如 Chantemerle, Hurlevent, Pissevache（Maurice Grevisse, 1986）[①]；当构词成分均为动词时，它们有时为从属关系（rapport de subordination），如 savoir-faire, laissez-passer, 有时为并列关系（rapport de coordination），如 pousse-pousse, va-et-vient；当构词成分为两个形容词时，可以是并列关系，如 sourd-muet, chinois-français，也可以是修饰关系，如 nouveau-né, court-vêtu；当构词成分为"形容词＋名词"或"名词＋形容词"或"副词＋过去分词或现在分词"时，为修饰关系，如 basse-cour, amour-propre, mal logé；当构词成分为"动词＋形容词或副词"时，为动补关系，如 gagne-petit, passe-partout, va-tout, va-nu-pieds。（Aïno Niklas-Salminen, 1997；程依荣, 2007）[②] 从以上描述可以看出，法语复合词构成语素间关系与语素语法性质密切相关。而基于构词语素的属性，法语复合词可构成的语义关系主要有：系表、限定（修饰）、动宾、动补与并列五种关系。同时还可以看出，法语复合词构成语素之间的结构关系与法语句法是具有一致性的。只有"形容词＋名词"的构词顺序似与法语形容词后置的语法习惯有悖，而这个词序的存在实为"有形容词前置习惯的拉丁语段被引入古法语后延续至今的影响"（Louis Guilbert, 1975）[③]。

[①] Maurice Grevisse. *Le Bon Usage* [M]. par André Goosse. 12e éd. Paris: Louvain-la-Neuve, Duculot, 1986：257.

[②] Aïno Niklas-Salminen. *La Lexicologie* [M]. Paris: Armand Colin, 1997：75.
程依荣. 法语词汇学概论 [M]. 上海：上海外语教育出版社，2007：70-72.

[③] Louis Guilbert. *La créativité lexicale* [M]. Paris: Larousse, 1975：239.

二、汉法复合词形态理据的一致性与特殊性

根据上述对汉法构词方式的描述总结,可以看出汉法复合词在构词方式上是具有一致性的:并列结构与动宾结构同存;汉语主谓结构与法语系表结构相似;汉语偏正结构与法语表限定或修饰的结构基本对应。只有动补结构在法语中相对少见,而在汉语中则是司空见惯的。这是因为:汉语的动词一般只表示动作或行为本身,而不表述行为结果或方向,因此,若要表示因动作或行为导致或已导致某种具体结果的产生或方向的变化时,就要使用结果补语或趋向补语来构成,否则语义会不甚明了,如:"医生们紧张地工作,他们一定会救活他",若去掉结果补语"活",意思表达就不到位。根据贾秀英(2012)与贾秀英、孟晓琦(2008)对汉语结果补语与趋向补语在法语中相应表述的分析:汉语中无论是"动词+趋向补语",还是"动词+结果补语(形容词、动词)",构成的动补结构在法语中多由一个词表示。因为法语动词本身常常可同时涵盖动作与结果,如看见=voir, 改善=améliorer, 进来=entrer 等。对于其他没有单一术语可对应的动补词汇,法语凭借其发达的形态在表述上常选择以副词、副词短语、名词或结果性句式等形式加以对应。[1]

布龙菲尔德(1980/2014)在分析印欧语(包括法语复合词)时,引入了他用于句法分析的"向心"与"离心"两个概念。[2] 这一分类着眼于作为一个整体的复合词跟它的成员的关系。"前者指 IC(直接组成成分)结构体的功能、分布与其中的中心成分相同,后者指结构体的功能和分布不同于其中的任何一个结构成分。"(徐通锵,2014)[3] 换言之,"向心结构是指整个结构的功能和结构内某一个成分或两个成分的功能相同。离心

---

[1] 贾秀英. 汉法语言句法结构对比研究 [M]. 北京:科学出版社,2012:119-124.
贾秀英,孟晓琦. 汉语趋向补语与法语相应结构的对比 [J]. 山西大学学报:哲学社会科学版,2008(5):136-140.
[2] 布龙菲尔德. 语言论 [M]. 袁家骅,赵世开,甘世福,译. 北京:商务印书馆,1980/2014:329.
[3] 徐通锵. 语言论——语义型语言的结构原理和研究方法 [M]. 北京:商务印书馆,2014:151-152.

结构是指结构内没有一个成分的功能和整个结构的功能相同"（蔡基刚，2008）①。徐通锵先生将此分类引进汉语的复合词分析，并结合汉语复合词的特点，增加了"同心"这一概念。徐先生（2008）指出："（汉语中）'义象+义类'的深层概念性语义结构投射于语汇，（可）生成向心、离心和同心的字组结构模式。核心字居后，构成向心性字组，居前构成离心性字组，如果核心字和所组配的字相同，即一般所说的重叠，或两个字的地位在字组中并列，那就生成同心字组。"②以上表述似乎表现出布龙菲尔德与徐通锵先生做此划分的基点并不相同：前者以中心语素与词汇的语法、功能性质是否一致为出发点区分向心与离心，而后者则以核心语义为出发点。然而，形式与意义多是相辅相成的：形式具有自主性，却源于意义之需，对形式的把握绕不开对意义的识解；意义依附于形式，却不囿于形式，对意义的识解始于形式。因此，形式同意义之间，实是具有一致性的。认知语言学中理据（象似性）问题的提出与讨论正是缘于形式与意义之间的这种对照性关系。因此，文中对于构词语素与复合词整体关系的认识虽考虑到汉语的形态缺乏，将以徐先生的语义划分为基准，却也不十分冲突于布龙菲尔德的形式划分。那么，对于汉法复合词形态理据特点的对比便将在向心、离心和同心三种结构关系中进行。

1. 同心结构

根据上述对同心结构的描述，该类复合词指向汉法中语素关系并列的词汇。并列复合词曾被布龙菲尔德归入向心词，因该类复合词整体功能、分布与各语素的结构体功能、分布相同。而从语义上看，并列复合词的构成语素在整个复合词意义析出时，根据语素的语义特点，常为可二选一地或同时性地起到核心的作用，如此，此处将之归于同心结构。另外还考虑到并列复合词中的特殊一类，即"印欧语法学家们从并列复合词中（又）分出（的）一个带有成员相同的特殊次类——重叠式复合词"（布龙菲尔德，

---

① 蔡基刚. 英汉词汇对比研究[M]. 上海：复旦大学出版社，2008：163.
② 徐通锵. 汉语字本位语法导论[M]. 济南：山东教育出版社，2008：151，163.

1980/2014）[①]。重叠式是汉语中极具造词力且颇具特色的复合词（也即合成词）构造方式，所成词汇被称为重叠词，部分名词、动词、形容词、副词、量词均可通过重复自身构成重叠式复合词。法语重叠式复合词较为复杂，不仅包括相同语素的完全重叠，还包括不同语素的部分重叠。以下，我们先对非重叠式并列复合词理据特点进行分析，继而再考察重叠式复合词的情况。

1.1 非重叠式并列复合词

汉语中非重叠式并列复合词构成语素的语义比较有特点，两个语素的意义可以相同、相近或相反、相对。如：

A. 途径　价值　治理　汇集　善良　美好
B1. 授受　好坏　祸福　异同　死活　褒贬
B2. 骨肉　尺寸　领袖　买卖　始终　反正
B3. 国家　质量　忘记　干净　好歹　动静

A组复合词中两个词根语素意义并列相同或相近，可以互为说明，整个词汇的意义知晓其中一个语素的含义便可做出推断，理据性强，可用字母表示为：A+B=A=B。B1、B2、B3组复合词中两词根语素意义相对或相反，情况相对复杂：其中，B1组中构词语素通过连接将两个相关的下位概念实现了结构同型的并列关系字组的加合式扩展，构建了它们的上位概念，因此复合词的意义即是由这两个语素的意义叠加而来，理据性强，用字母可表示为 A+B=A+B；B2组复合词由构词语素组合起来后通过转、隐喻等方式产生了新的意义，但语素的基义可辅助推断新义，理据性较弱，字母表示为 A+B=C；B3组复合词中的构词语素，只有一个语素的意义在起作用，另一个语素，或在造词之初便只为双音词音步、韵律的完整存在而并无实在意义，或在词汇发展过程中发生偏义（总是后语素发生偏义），至今意义已完全丧失，如此，该类复合词理据性也是比较高的，因为只需明确其中的意义语素，整个词汇的意义便亦明了，字母表示为 A+B=A。

法语中非重叠式并列复合词情况相对汉语要更简单。构成复合词的每

[①] 布龙菲尔德. 语言论[M]. 袁家骅, 赵世开, 甘世福, 译. 北京：商务印书馆, 1980/2014：329.

个语素（词语素）在复合词的意义生成中均起作用，无论其语素义是相关，还是相对或相反。如：clair-obscur, aller-retour, allée et venue；ouï-dire, va-et-vient；sourd-muet, aigre-doux。该类复合词中，以形容词性语素并列构词最多，所成词汇延续形容词词性，其意义也多是两个语素的上位概念，理据性强，即 A+B=A+B。但也有少部分形容词语素之间构成偏正关系，隶属向心结构，但理据性仍然显著，词汇义根据语素义容易推导，如 clairsemé（adj. 稀疏的），mort-né（adj. 死产的）。名词性语素与动词性词语素各自并列构成的复合名词的基本意义常是构成语素基本义项的叠加，有时也会被注入些新的内涵，即 A+B=A+B(+C)，如 allée et venue（n.f. 来来往往），ouï-dire (n.m. 传闻，道听途说)。同汉语般，此时未被注入新意义内涵的复合词可作为构成语素词的上位概念。但法语中通过意义相近、相同或相反、相对的名词或动词性语素并置而构成的并列复合词数量相当有限。事实上，我们在所据语料中只找到七个：tournevirer, virevolter, clair-obscur, aller-retour, allée et venue, ouï-dire, va-et-vient。这便涉及到了并列复合词在汉语中的能产性与法语中的有限性的理据问题。这一问题我们将在 1.3 中做专门阐释。

1.2 重叠式并列复合词

汉语中名词、动词、形容词、量词、副词均可以通过重叠构成复合词。名词重叠的情况较少，朱德熙（1983），黄伯荣、廖序东（2007）等都曾指出：重叠式名词大多是表示亲属称呼的词，如：爷爷、奶奶、爸爸、妈妈等。除此之外，重叠式名词就只有"娃娃、星星、宝宝"少数几个词，以及由"人、年、家、月"等具有量词性质的名词构成的复合词。表亲属称呼，以及娃娃、星星等重叠式名词概念义与其构成语素保持一致，只感情色彩有所增加，即色彩义有所变化；而具有量词性质的名词重叠后，强调个体意义上的普遍性、一致性，常理解为"每……"，如"家家"指"每一家"。重叠式形容词同表亲属称呼的词一样，复合词语义与语素义基本一致，只是增加了或细腻或强烈的情感色彩，如大大、慢慢、悄悄等。重叠式动词，如"想想、看看"，词性与基义均与构成语素相同，但它的语法意义较之基式有相应的变化，即朱德熙先生（1983）讲到的"表示动作的量"的变化[①]，时量或动量的变化（时量指动作延续的时间长短；动量指动作反复次数的多少）。汉语中的量词，据统计"能重叠的单音节量词占 82.62%"（郭锐，2002）[②]，如：个个、张张、句句。量词重叠包含着"每"的意思，"个个"即"每一个"，"张张"即"每一张"。重叠式副词的语义与其构成语素的语义差别比较复杂，具体表现在四个方面：缺略、增添、偏重和分化（张谊生，1997）。[③] 但无论是哪种变化，重叠式副词的意义始终以其构成语素的义项为参照。综上所述，汉语各类重叠式并列复合词的理据都是比较清晰的，理据性程度高。

法语重叠式并列复合词在形式上较汉语丰富些。根据重叠词的定义，指"通过词素或音节的完全或大致重叠而构成的词或词语"（邢路威，2014）[④]，法语重叠词应包括语素全部重复与部分重叠的复合词。法语重叠词本身数量非常有限，据邢路威（2014）对 2011 年版的《拉鲁斯法汉双解词典》所做统计："（词典中）共收录法语重叠词 86 个，其中名词 65 个（约占 76%），且绝大部分为阳性名词，副词 14 个（约占 16%），其他词性的重叠词所占比例较少。"[⑤] 而其中的复合词就更是少之又少，我们根据复合词语素应具有自身句法语义独立性的特征，将满足条件的词汇整理如下：

A. 名词

agar-agar 琼脂　boui-boui 低级咖啡馆　boogie-woogie 布基伍基爵士舞曲

　bric à brac 破烂　cache-cache 捉迷藏　chouchou 宠儿，宝贝

　chow-chow 乔乔狗　coupe-coupe 短刀　fil-fil 深浅双色细条呢

　fric-frac 入室盗窃　goutte-goutte 滴注法　grigri 护身符

　ilang-liang (ylang-liang) 依兰　passe-passe 花招　pique-nique 野餐

---

① 朱德熙.语法讲义[M].北京：商务印书馆，1983：25.
② 郭锐.现代汉语词类研究[M].北京：商务印书馆，2002：203.
③ 张谊生.副词的重叠形式与基础形式[J].世界汉语教学，1997（4）：42-54.
④ 邢路威.法语重叠词浅析[M].法语学习，2014（3）：19.
⑤ 同上：21.

pousse-pousse 黄包车　prêchi-prêcha 冗长的说教　quatre-quatre 四轮驱动越野车　roulé-boulé 打滚　tic-tac 钟表嘀嗒声　train-train 常规　tohu-bohu 混沌

B. 副词

bouche-bouche 嘴对嘴人工呼吸　cahin-caha 困难地　clopin-clopant 蹒跚地　corps-corps 肉搏地　couci-couça 马马虎虎　dare-dare 匆忙地　face-face 面对面　fifty-fifty 对半地　pêle-mêle 混杂地　porte-porte 逐门、逐家地　tête-tête 两人单独地　urbi et orbi 到处　vis-vis 面对面地　ric-rac 勉强地

C. 其他词性

bye-bye interj. 再见　kif-kif adj. 完全一样的　tchin-tchin interj. 干杯！

以上复合词中，多数词的词义可基于构成语素的义项进行推理，且部分复合词理据清晰，如 agar-agar, cache-cache, chouchou, ilang-liang, 词义与语素义基本一致。但相对汉语，法语重叠复合词理据性程度还是较低，这是因为：首先，部分复合词构成语素的义项较多，如 fil-fil 与 train-train 中的 fil 与 train 分别有 9 个、11 个义项；其次，有些词词义转、隐喻性质过强，同语素义关系过于宽松，如 quatre-quatre；再次，一些复合词的词性与构成语素语法性质无必然联系，如副词重叠词的构成语素多为名词性质，词性的不一致会对词义的推理确定有一定影响；最后，不少复合词的构成语素意义不能被识别，如 boui-boui, grigri, tohu-bohu, cahin-caha, clopin-clopant, pêle-mêle, dare-dare, ric-rac, kif-kif，使复合词呈现出完全任意性。

1.3　并列复合词在汉语中的能产性与法语中的有限性理据

并列复合构词，主要指将两个意义相同、相近或相反的语素（字）联合起来生成表达一个概念的词（字组）的方式，是"不见于印欧语"的汉语独特构词模式："在古汉语，一个字表达一个概念，但随着单字编码格局的解体，二字组的编码方式在语言中的比重越来越大，原来表达不同概念的字组逐步语汇化而成为表达一个概念的结构单位。并列关系的二字组是这种语汇化的领头羊，'化'得最快，因为两个字的字义原本就是从不同侧面表达同一个概念，自然容易结合在一起，生成表达一个概念的字组。"

（徐通锵，2008）[①]而对于意义相对或相反的字的结合，除了受汉语编码格局的变化影响之外，更多是汉语传统阴阳观辩证思想影响下的产物。对此问题，本书将在第七章有关汉语反义复合词与法语反义复合词组的对比中做专门论述。在此，要强调的是，汉语并列关系二字组的语汇化，并不是一蹴而就的，而是有一个发展的过程，其中包括了重叠词的形成。徐通锵先生（2014）指出汉字的格局原为"1个字·1个音节·1个概念"，但之后出现了双声、叠韵的联绵词，以及单音不表义的重言词，它们是"2个字·2个音节·1个概念"的结构框架，由重言到重叠，从联绵到并列便是汉语受该框架影响"合二而一"的表现。并列复合词因其相对简单的语义、构词属性因而在编码格局双音化初期时很是多产。可以说，并列复合词的出现是汉语理据性编码从非线性向线性转移的一个过程。

与汉语编码格局由单音节向双音节的转变不同，法语一直是以音素作为编码基础的语言，音素编码的机制与格局从来没有发生过根本性的变化。因此我们说法语复合词的出现与法语编码机制格局并无关系。也因此，法语并列复合词不会似汉语，为满足双音节词音步完整的需要，将无意义的语素附着于词中。所以，法语并列复合词中不会出现偏义复词，而只有语素义或直接相加，或得以综合引申、隐喻的复合词。意义相同或相近的语素，除去 tournevirer、virevolter 两词外，在法语中通常也不可复合构词，这是因为"法语一开始就是一种有着极高水准的思辨传统的组成部分……人们对抽象定义和精确性（有）偏好"（丹尼斯·于思曼，2015）[②]，若以同义词或近义词并列构词表义则会造成同义反复，使意义冗余，如此将有害词汇意义的准确性，这有悖于法语讲究精准的宗旨。对于意义相对或相反的语素，它们的组合在法语中也是屈指可数，这与西方传统形而上逻辑中的排中律思想不无关系，具体原因也将在第七章有关"汉语反义复合词与法语反义复合词组对比"的主题章节里阐明。

综上所述，汉语并列复合词的多产是因为它满足了汉语编码格局变化的需要，也与汉民族注重阴阳对立、崇尚对称和谐的传统思想具有一致性；

[①] 徐通锵. 汉语字本位语法导论[M]. 济南：山东教育出版社，2008：184.
[②] 丹尼斯·于思曼. 法国哲学史[M]. 北京：商务印书馆，2015：7.

法语并列复合词的有限性,一则受其形而上传统思想的影响,二则为语言本体性征所牵制。

2. 向心结构

向心结构主要包括汉语中具有偏正关系的复合词与法语中具有限定或修饰关系的复合词。该类结构的复合词理据程度都比较高,因为该类复合词,语义上始终以核心语素词的意义为词义之基础,而结构上则总体现为"特性-实体"的构造。简言之,向心结构复合词的内部形式可相对透明地呈现词义。

2.1 汉法向心结构复合词理据性

"特性-实体"的这一词汇生成方式,很早就已引起了语言学者的注意,但这一明确说法却是到布龙菲尔德(1933)才提出的。该结构是布氏以英语为研究对象的说法,在其他语言中,此处主要指法语,难免在具体呈现形式上有所变化,但并不影响"特性-实体"结构的普遍适用性实质。

"特性-实体"结构式在汉语中被徐通锵先生(2005)称为"义象+义类"的构成方式:其中,义象指在语义上起修饰限制作用的成分;而义类则表示抽象的核心概念。[1] 如:

酒:白酒 稠酒 喜酒 苦酒 美酒
石:巨石 顽石 陨石 化石 卵石
笔:蜡笔 画笔 铅笔 粉笔 钢笔
管:水管 试管 铁管 血管 导管
人:男人 女人 好人 坏人 穷人

该结构式复合词在汉语双音节复合词中占据比例很高:据周荐(2004)对《现代汉语词典》中的32346个双音节复合词统计,定中格复合词(即特性-实体构词)有13915个,占到总数的43%。[2]

此外,"特性-实体"结构式在汉语中还有一类比较特殊的构成,即"属+种差",如:

---

[1] 徐通锵. 汉语结构的基本原理——字本位和语言研究 [M]. 青岛:中国海洋大学出版社,2005:120.
[2] 周荐. 汉语词汇结构论 [M]. 上海:上海辞书出版社,2004:158.

树：松树　柏树　柳树　杨树　梨树

鱼：鲤鱼　鲫鱼　鲨鱼　鳟鱼　鲟鱼

该类词中往往首语素便可承载全部词义，尾语素常常只起到补充音步构成双音韵律的作用。但尾语素标示种差的类作用，也提高了词义的透明度，因此该类词的理据程度也属显著。

通常，该模式合成的复合词与复合词中的核心词语素，同部分并列关系复合词与其构成语素一样，可构成上下位概念的层级体系，区别只在于"限定字组关系（即'义象+义类'或'特性+实体'结构式复合词）通过'后管前'的前加式限定，使字组的意义向下位概念的方向发展；而并列关系的字组则……将相关的下位概念连接起来……借此追溯它们的上位概念"。（徐通锵，2008）[①]

在法语中，形容词性修饰词有后置的习惯，特别是对于以限定关系出现的名词成分或介词引导的限定成分常只能置于表"实体"的中心词之后。因此，"特性–实体"结构模式，在法语向心结构复合词中，除部分构词依照该模式外，其余均呈现为"实体–特性"模式。如：

特性–实体		实体–特性	
bas-côté	grands-parents	amour-propre	timbre-poste
bas-fond	grand-chose	fait divers	pause-café
basse-cour	belle-fille	bande dessinée	pomme de terre
basse-lisse	beau-frère	coffre-fort	eau-de-vie
basse-taille	beau-fils	cerf-volant	moulin à vent

事实上，在法语复合词中，也不乏有补语名词被前置的情形：一为仿英语造词，如 le Nord-Vietnam，二为复合词中的第一个词语素属于尾音节省略词，如 auto 是 automobile 的尾音节省略词，因此在构成复合词时，它作为补语仍然前置，如 auto-école, auto-route，类似的还有 radio-reporter, ciné-roman, photocopie, télédistribution。法语尾音节省略词在复合构词中前置的情形与它们的同形（音）异义元素在拉丁或希腊复合构词中被前置的情形是一样的。

无论是依照"实体–特性"模式，还是"特性–实体"模式，所构成

[①] 徐通锵. 汉语字本位语法导论[M]. 济南：山东教育出版社，2008：190.

的法语复合词均具有较高的理据性，但不似汉语，该类法语复合词，除去补语名词前置构成的复合词外，复合词均不与其核心语素构成上下位关系。

2.2 "特性+实体"结构合成理据

"特性+实体"这一结构模式是汉、法、英等多种语言构成复合词汇时通用的理据模式。当代认知语言学对这一结构式的形成曾做出如下解释："这一结构式的典型形式由前位的特性 A 和后位的实体 N 两个结构成分构成；其中结构成分 A 指向/描述（profile）一个关系，结构成分 N 指向一个实体；结构成分名词性 N 的指向 X 和结构成分关系 A 中的投射体（trajector，关系中的核心参与者 focal participant）相对应，构成结构式 AN。"（Langacker，2007）[①] 如图 4-1 所示。

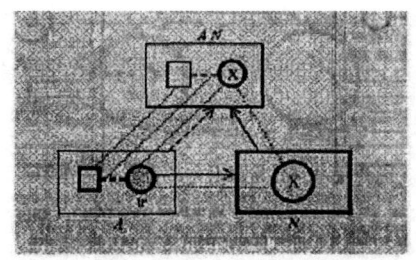

图 4-1 汉法合成符号典型结构之一："特性+实体"

Langacker(2007)还指出："尽管并不是所有的 AN 结构都是典型结构，但结构式始终有两点是相同的：第一它们都是象征性结构；第二它们之间都通过对应来进行组合。"[②] 汉法向心结构复合词的构成正是这两个结构成分之间的对应和组合。

3. 离心结构

离心结构包括汉语中的主谓关系复合词与动宾、动补关系复合词，以及法语中的主表关系复合词与动宾、动补关系复合词。此类结构的复合词，

---

① Langacker, Ronald W. *Ten Lectures on Cognitive Grammar by Ronald Langacker* [M]. Beijing: Foreign Language Teaching and Research Press, 2007：91-137.

② Langacker, Ronald W. *Ten Lectures on Cognitive Grammar by Ronald Langacker* [M]. Beijing: Foreign Language Teaching and Research Press, 2007：xiv.

语法上，不与任一构成语素一致，语义上，不以某一语素为侧重，而主要指向两个不同概念之间最终形成的逻辑关系语义。就这类复合词而言，总体来看，汉语离心结构理据性略高于法语，这主要体现在汉法动宾复合词与汉语动补复合词的词义透明程度上。法语动宾关系构成的复合词总为名词，且总为表示具体事物的名词①，如 tire-bouchon 开塞钻，brise-glace 破冰船，cache-nez 围巾，这就意味着两语素之间形成的逻辑语义所指，总需要对应一个相对确定的指称对象。而这个指称对象的最终确定，除了基于相关语素的所指提示，还需要其他诸如生活习惯、文化常识等百科知识的辅助推理，因此会使词义的透明度有所降低。汉语动宾复合词所表示的意义也并非两个词素的简单相加，而常是转隐喻作用下的引申意义，词义透明度也偏低，理据性自然也不高。但汉语动补复合词与法语相比，词义与语素义对等关系明显，理据性较高。如前所述，动补结构包括动结式复合词与动趋式复合词两类，如：

动趋式复合词：进来 出去 出来 上来 下去

动结式复合词：提高 说服 推翻 压缩 推广

动词强调动作或行为，补语表明动作引发的结果或行为产生的位移方向，内部形式清晰明了，词义透明度高，理据明显。然而这类复合词在法语中却是缺失的。根据贾秀英、孟晓琦（2008）与贾秀英（2012）对汉语趋向补语与结果补语在法语中对应表达的研究，这两类动补复合词在法语中总对应为一个简单词。如：

（1）我们的队击败了敌队。　Notre équipe a ratatiné l'équipe adverse.

（2）小孩因打碎了一个碗而受到责罚。　L'enfant est puni pour avoir cassé un bol.

（3）工人们从卡车上卸下家具。　Les ouvriers descendent des meubles d'un camion.

（4）当我遇见他的时候，他刚从老师家出来。　Il vient de sortir de chez le professeur quand je le rencontre.

汉法语言的这一对应特点与汉法语言类型不无关系。"Talmy（1985）

---

① 语料中尚未发现动宾结构指向抽象名词的复合词。

根据谓语结构把人类语言分为两大类型：（1）附属框架语（satellite-framed language），像英语、德语和汉语那样，动作是用一个谓语动词，路径、方式和结果等概念成分用一个状语或补语性质的词说明或修饰谓语动词，其抽象结构为'谓语动词+附加成分'；（2）动词框架语（verb-framed language），像法语、西班牙语和日语那样，把动作、路径、方式、结果等成分都融入一个谓语动词中表达。"（蔡基刚，2008）[①]显然，汉语"谓语动词+附加成分"这一分析型表达的理据程度远远超过了高度词化、将关联语义凝结于一个综合型表达的单纯词的理据。

4. 汉法复合结构语素序列理据

复合词因有内部形式存在，必涉及语素的序列问题，即语素的顺序并非任意的安置，而是有一定的依据可考。

汉语是意合型语言，词序、语序对于语义有着决定性的影响。汉语中存有许多语素相同、序列相反的语言形式在意义上有着截然差别的事实就是最好的佐证，例如："明天"与"天明"，前者是一个表示"时间"的名词复合词，而后者却已是一个动词，表示"天亮"。因此，汉语复合词在语素序列上遵循严格的理据。按照潘文国（2010）的说法，汉语复合词内部语素的顺序通常是根据逻辑律和音韵律来安排的。逻辑律主要是指"（复合词）语素的顺序一般符合时序上的先后律、空间上的大小律、心理上的轻重律、事理上的因果律等"。音韵律主要指"联合式（并列式）复合词成分的声调，符合阴平、阳平、阴上、阳上、阴去、阳去、阴入、阳入的顺序"。[②]汉语没有严格意义上的形态，所有的语法形式都是语义结构的某种外在体现。因此，汉语向心与离心结构中的偏正、主谓、动宾、动补结构关系所反映的归根到底是词根语素之间的语义关系，这些结构关系中的语素序列均符合逻辑律的安排。至于并列复合词，因其构成语素在语法性质及语义性质上的同等性，逻辑律作用不甚明显，而音韵律作用显著。但反义并列复合词情况略有不同。关于这一点，本书将在最后一章详

[①] 蔡基刚. 英汉词汇对比研究 [M]. 上海：复旦大学出版社，2008：124.
[②] 潘文国. 汉英语言对比纲要 [M]. 北京：商务印书馆，2010：168-169.

加论证。

法语是形态变化语言，复合词内部语素序列总是按照形态规则的要求安置的。具体而言，构成语素的顺序与语素的词性密切相关：动词语素总在名词语素前；形容词语素按照惯例多在名词语素后，但句法中习惯置前的仍在名词前，如 chaise longue, belle-fille, grand-père；副词语素总在形容词语素前，动词语素后，如 bien-pensant, passe-partout；介词语素始终位于其他各词性的语素前。当两个语素词性相同时，则需根据逻辑上的主次加以排列，如表主表关系的名词，总是依据名词在句法中的先后顺序，主语在前，表语在后，例如 porte-fenêtre（落地窗），homme-grenouille（蛙人）；如表限定关系，总是中心词在前，限定词在后，如 poids-plume（次轻量级）；当两个形容词素相遇，具有副词的功用的形容词素总是前置，如 court-vêtu（穿短衣的）。

三、汉法合成词理据性程度

综合上述有关汉法派生词与复合词的分析，可知汉语合成词的理据性要高于法语。就派生词而言，汉语词缀，无论前缀还是后缀，形式与意义基本保持着一一对应的关系，比例为 1∶1.29。法语词缀常多义，我们对 *Le Bon Usage*（《法语语法的正确用法》，1986）中列出的、在法语构词中相对多产且重要的 50 个词缀的形义对应关系进行统计，得出比例为 1∶2.3。且从形式上看，法语指向同一所指的词缀能指常有变体，而同一所指还可对应完全不同的词缀能指。该特征使法语派生词词义透明度低于汉语，故理据性也随之降低。

就复合词而言，一般来说，"向心结构复合词（包括文中的同心结构复合词）的理解要比离心结构复合词的理解容易"（蔡基刚，2008）[①]。因为同心结构与向心结构复合词的构成语素在语义与语法上与复合词总保持一致，因此无论从认知理解还是解码过程，同心与向心复合词总会更省力，词义透明度也相应较高，理据程度自然也更高。在汉语复合词中，向心结构占很大比例，根据周荐（2004）对《现代汉语词典》中双音节复

---

① 蔡基刚.英汉词汇对比研究[M].上海：复旦大学出版社，2008：164.

支点词中的意义支点却与原形式意义不同，如："春晚"一词中，春≠春天，晚≠晚上。因此，使用意义支点的复合词的理据性可谓被大大降低。

二、法语形态理据的影响元素

现代法语有一个显著的倾向，即对具有任意性、孤立性与不可分解性三性征于一体的词汇有特别的喜好。这一共时性语言特点的形成可从三个历史性的因素得以解释：语音变化，派生与复合构词能力的衰退，书翰词的大量引入。

1. 语音演变

语音演变的影响是法语合成词变得不可分析的原因之一。语音分歧可"瓦解"（relâcher）词与词之间的联系，比如 charcutier 与 chair、cuite 之间的联系已随着发音的变化不再被识别。同样，语音演变还会切断同根派生词之间的联系，比如 roi 与 reine 二者已不似它们的拉丁词源 rex、regem 与 regina 之间可以互为解释。

2. 法语派生与复合构词的相对贫乏

法语中派生与复合构词的贫乏可通过与其他语言的比较知晓。比如在德语中，很多用复合词来表示的词在法语中只对应为简单词，汉语与法语的对应情况也一样，如 Erdteil–continent, Handschuh–gant；打碎 –casser, 餐巾 –serviette。法语不似德语，有很多前缀可以表明动词的"体"（动作的内在进程），法语是通过简单的动词，或介词或同义词来表示的。至于后缀，与意大利语相比，法语需借助独立的形容词以使意义完整的情形，在意大利语中往往只需附加表义的词缀即可完成，如 donnetta–petite femme, donnina 或 donnettina–petite femme gracieuse。因此，尽管派生与复合在法语中造词能力并不弱，但与其他印欧语相比却显得相对薄弱（Ullmann，1952/1975）。[1]

---

[1] Ullmann, S. *Précis de Sémantique française* [M]. 5ᵉ éd. Berne: A. Francke AG. Verlag, 1952/1975：128.

3. 书翰词的输入

书翰来源的词，来源包括拉丁语、希腊语，在此主要指直接借自拉丁语的词，曾是中世纪法语词汇的重要来源之一。这些词在被引进后，经过了上千年的演变，几乎全部被去词源化，去理据化。对于不认识拉丁语、希腊语的语言使用者而言，它们完全失去了可分析性，这些词汇因此被赋予了抽象或任意的性质。比如当古老的名词 mûrison 被 maturité 所排挤取代时，后者与 mûr、mûrir 之间的关系已变得完全任意。此外，书翰来源词的"入侵"使得法语词汇呈现出混杂的一面。我们可以找到不少法语自生的名词与其语义相关的形容词形式相距甚远，如：dimanche-dominical，lettre-épistolaire，eau-aqueux，loi-légal。同样，还有一些法语形容词，其名词形式为书翰来源，如 muet-mutisme，aveugle-cécité。这样的情况都强化了法语的任意性特征。

以上所述语言趋势不仅降低了法语词汇的理据性，而且引发了法语对于简单词的强烈爱好，而这些爱好同时也伴随着词汇对于法语周身结构的依附。具体而言，法语词越过了形式之间的联想，变得更加抽象与理性，自身不再带有可显现意义的外显性标记，意义表示更多依附于围绕它的相关词汇或相关域来界定。

小　结

本章首先对形态理据中的"形态"进行了界定，指出在文中它主要指向汉语同法语中的合成词构词法。其次通过对汉法合成词构成语素性征、语素间语义关系以及语素义对词义的影响等元素进行分析，对汉法合成词的形态理据性做出了对比与阐释，并得出了汉语合成词理据性高于法语的结论。就派生词而言，汉语词缀，无论前缀还是后缀，形式与意义基本保持着一一对应的关系，比例为 1∶1.29。而法语词缀常多义，我们对 *Le Bon Usage*（《法语语法的正确用法》，1986）中列出的、在法语构词中相对多产且重要的 50 个词缀的形义对应关系进行统计，得出比例为 1∶2.3。且从形式上看，法语表同一所指的词缀形式常有变体，而同一所指还可对应不同的词缀形式。该特征使法语派生词词义透明度低于汉语，故理据性也随之降低。就复合词而言，同心结构复合词与向心结构复合词词义透明度通常要高于离心结构复合词。在汉语复合词中，向心结构占 78.92%。而在法语复合词中，虽然向心结构占比重较大，但其同心结构复合词比例要小于汉语，且离心复合词词义透明度也不及汉语，因此，汉语复合词理据性整体要高于法语复合词。最后，本章对影响汉法语合成词理据性的元素做出了说明。汉语合成词理据性被削减的威胁主要来自词汇结构的繁杂，而法语的则主要源自自身对单纯词的钟爱。通过形态理据对比，我们对汉法合成词特点有了更加深入及相对全面的认识。如此，无论对于识解新词汇语义，还是预测、评估词汇形态发展趋势均可作为一有效借鉴。

第五章 汉法词汇理据对比之语义层面

　　语义是语言的核心内容，词汇是语言的建筑材料，语义因此也是词汇的核心内容。一词多义是词汇中极为普遍的语言现象：人类对世界的认识，是一个持续且出新的过程，语言符号也被要求做出相应的反应，而人类的记忆能力有限，且通过已知事物认识新事物或表示新事物是人类的本能，这就导致了符号意义的拓展或衍生，即多义词的产生与普遍性存在。本章关于词汇理据语义层面的研究，正是有关多义词理据问题的研究。

　　前期研究中，词汇语义理据被给出的定义不尽相同：Ullmann（1952/1975）认为"语言形态与语义层面的理据总是由词源提供的"[1]，因此将二者归置于词源理据之下；蔡基刚（2008）认为"语义理据是一种心理联想。通过事物的相似性，由一事物激发对另一事物的联想，是思维和认知过程在语言中的体现，因而这样的语义有较强的理据。语义理据主要有隐喻性、转喻性和词源性"[2]；程依荣（2007）将词义理据定义为"通过隐喻、转喻等修辞手段实现的理据"[3]，并将其与词源理据并置；许余龙（2010）将词的语义理据称作是"借助词的基本语义的引申和比喻取得的"[4]；章宜华（2009）从认知语义的角度，将语义理据定义为"用范畴化、比喻和

---

[1] Ullmann, S. *Précis de Sémantique française* [M]. 5e éd. Berne: A. Francke AG. Verlag, 1952/1975：115.
[2] 蔡基刚. 英汉词汇对比研究 [M]. 上海：复旦大学出版社，2008：176.
[3] 程依荣. 法语词汇学概论 [M]. 上海：上海外语教育出版社，2007：198-199.
[4] 许余龙. 对比语言学 [M]. 2版. 上海：上海外语教育出版社，2010：90.

语法化等语言认知手段将语词基本意义进行引申，扩展多义词的语义网络"①。可以看到，人们对词汇语义理据的认识存有较大的一致性，均指向词汇语义为满足基义的引申或扩展所借助的各方式手段，而分歧则只在于对与词源理据关系的处理。文中我们取与程依荣（2007）、许余龙（2010）等人相同的立场，将词的语义理据与词源理据加以区分，认为词源理据指向通过追溯历史原因对词义加以解释的过程，而语义理据则主要指向词汇在基义基础上形成一词多义过程中所依据的原型机制、转隐喻机制等主要认知手段。

此外还要明确指出的是，本章语义理据所涉及的词汇主要指向汉法中的单纯词，即汉语中的单字与法语中的单纯词。因为，对汉语而言，现代汉语词汇虽多双音化，字却仍是汉语的基本结构单位。且汉语双音词的意义多是单义的，它的出现除却是为减少因语音磨损导致同音字过多造成的干扰、并为满足汉语词汇韵律求双的倾向外，本身还是与单字分担语义以减少语义歧解的一种手段。对法语而言，单纯词，如在其他语言中一样，是其原生词汇、基础词汇。Ullmann（1952/1975）曾表示，法语较之其他印欧语之所以表现出更多的任意性，主要就是因为单纯词构成了法语表义的主体资源。因此，我们对于汉法词汇语义理据的对比分析选择以汉语单字与法语单纯词为对象载体。

第一节 汉法多义词语义网络形成的认知理据

一、一词多义现象

一词多义是指一个词汇单位对应两个或以上的意义（Aïno Niklas-Salmnen，1997）。② 它是词汇的基本特征，是语言生命存续正常且不可避免的结果，是人类认知经济性和语言经济性双重作用的产物。

多义词的词义根据历史演变常被分为本义和扩展义（或引申义）两

---

① 章宜华. 语义认知释义 [M]. 上海：上海外语教育出版社，2009：162.
② Aïno Niklas-Salmnen. *La Lexicologie* [M]. Paris: Armand Colin, 1997：122.

大类。其中，本义是指词的几个义项①中基本的、常用的那个义项，即词汇的中心意义，"一般来说本义是具体的、人类最初认识事物的意义"，因此本义也常是词汇的原义。"扩展义或引申义是从原义派生出来的词义，和原义之间的关系不是任意的，而是系统的、自然的、有理据的。"（Saeed, 2000）② 法国人类学家 Levi Strauss（1972）也曾说过："从先于经验的角度看，语言符号是任意性的，从后于经验的角度看，它不再是任意的了。"③ 因此，我们说词的原义和扩展义构成的语义网络系统应是理据作用的结果与呈现。以下我们便对多义词语义网络形成的相关理据做一详尽阐释。

二、原型理据

"在认知语义学中，多义性被视为范畴化现象，即语词的相关意义形成以原型为核心的概念范畴。"（章宜华，2009）④ 原型理据实际上就是多义词义项形成语义网络的依据，亦即多义词义项间何以有理据可循的元理据问题。

"原型"源自认知语言学中的原型范畴理论。在认知语言学兴起之前，语词的多义性在以亚里士多德经典范畴理论为指导思想的结构语义学中并未得到圆满解释，因为"结构语义学中的语义场理论并不能解释多义词的语义变化为什么会跨越语义场"这个问题（王寅，2007）⑤。而以原型范畴理论为指导思想的认知机制却对此做出了解答。因此，在了解原型认知机制使多义词语义网络的形成有据可依之前，我们首先对经典范畴理论与原型范畴理论做一个简要概述比对。

---

① 词典学中"义项"这一术语在语义学中被称作"义位"。
② Saeed, J. *Semantics* [M]. Beijing: Foreign Language Teaching and Research Press, 2000: 313.
③ Levi Strauss, C. *Structural Anthropology* [M]. Translated by Jacobson and Brooke Grundfest Scheoepf. Harmondsworth: Penguin, 1972: 91.
④ 章宜华. 语义认知释义 [M]. 上海：上海外语教育出版社，2009: 144.
⑤ 王寅. 认知语言学 [M]. 上海：上海外语教育出版社，2007: 117.

1. 经典范畴理论与原型范畴理论

经典范畴理论与原型范畴理论皆是关于"范畴"的学说。"范畴"在认知语言学中被认为是"认知主体对外界事物属性所做的主观概括,是以主客观互动为基础对事物所做的归类"(王寅,2007)①。亚里士多德(2011)是最早使用"范畴"一词的学者,他在《范畴篇》中对范畴进行了系统论述,将范畴视为对客观事体的不同方面进行分析而得出的基本概念,并提出与论述了著名的十大范畴:实体、数量、关系、性质、空间、时间、姿态、状况、活动、遭受。② 自此,两千多年来,对中西方哲学、逻辑学和其他人文科学的研究产生了并继续产生着重要影响的"范畴"学说成为西方学术界研究的重要课题之一。到目前为止,有关范畴理论最具影响力和代表性的就是基于亚里士多德范畴论基础之上的传统经典范畴理论与基于维特根斯坦家族相似理论之上、以罗切(Rosch,1975)为代表的原型范畴理论。有关两个理论的描述对比在认知语言学著作中不胜枚举,因此,此处我们只以王寅(2007)③有关二者主要差异的列表为基础,在加以适当改动之后,对两个理论的内容特点做一简明扼要的对比说明。

表 5-1　原型范畴理论与经典范畴理论的主要特征差异

	经典范畴理论	原型范畴理论
1	特征(事体的客观标志、固有本质)	属性④(事体特征在人们心理中的体现)
2	特征具有客观性,范畴由客观的充分必要条件来定义	属性具有互动性,是认知与事体之间互相作用的结果。无充分必要条件的要求
3	特征具有"非此即彼"的二分性	属性具有渐变性、多值性
4	范畴具有闭合性,其边界是明确的	范畴具有开放性,其边界不明确

---

① 王寅.认知语言学[M].上海:上海外语教育出版社,2007:91.
② 亚里士多德.范畴篇 解释篇[M].方书春,译.上海:上海三联书店,2011:12-42.
③ 王寅.认知语言学[M].上海:上海外语教育出版社,2007:118.
④ Taylor(1989)主张用"属性"这一术语代替"特征",以示区别。

(续表)

	经典范畴理论	原型范畴理论
5[①]	范畴内所有成员地位相等	范畴内成员地位不等，家族相似性[②]、原型样本、隶属度
6	特征是最基本元素，不可分解	非最基本元素，部分特征还可再分解
7	特征具有普遍性	属性具有差异性，因人而异，因语言而异
8	特征具有抽象性	属性与物质世界有直接关系，可以是实体，没有抽象性要求
9	特征具有先天性，天赋论	属性是后天习得的，构建论

从以上分析可以看出，两个有关范畴的理论存在着本质上的差异。事实上，以亚氏为代表的经典范畴理论在维特根斯坦《哲学研究》（1953）发表之前一直被奉为范畴学说的"圣经"。而维氏"家族相似理论"的提出似乎成为了一道分水岭，自此便出现了对经典范畴理论质疑的声音，直至认知语言学原型范畴理论的提出，达到与经典范畴理论争锋的至高点。不能否认二者之间的相斥性，但基于众理论以呈现并服务于人类认识世界为目的的同一性，我们更愿意以此为契合点，各取其长：以亚氏为代表的经典范畴理论强调事物的本质属性，主张事物特征二分，使客观世界最大程度实现了本质、明晰的切分，使看似凌乱的世界以范畴为媒介得到了秩序的排列，而经典理论也成为了哲学中客观主义的基础；家族相似理论则以对概念范畴"游戏"的分析作为切入点，强化了客观世界在进入认知世界后，被认识到的客体间的相似性特征，使多被经典理论排除或遗留在外

[①] "一个范畴内的全部成员是否具有同等地位"是经典范畴理论与原型范畴理论的分界线。（王寅，2007：103）

[②] 家族相似性（Family Resemblances）原理是维特根斯坦（1953）在《哲学研究》中提出的语言游戏说的一个组成部分，其本义是指：一个家族成员的容貌都有一些相似之处，但彼此的相似情况和程度不很一样。维氏将范畴比作家族，范畴中的成员与家族中的成员一样，彼此之间只是相似，而不是相同或一致……这样，一个范畴中的众多成员之间或众多成员与原型样本成员之间就具有较多的相似性，正是这些共同的属性，才使得该范畴能与其他范畴区别开来，人类就是根据事体间的属性是否具有"相似联系"进行概括的，这种相似联系就是维氏所说的"家族相似性"。（王寅，2007：101）

的客体进入范畴成为了可能,减少了范畴外诸多不明就里之物所造成的混乱;而原型理论在维氏理论的基础上,愈加侧重强调受传统、经验、语言等因素影响与限制的人类对客体认知的主观能动性,提出了"原型"与"基本层次"(niveau de base)概念作为人类认知的"有效性线索",以便更快、更完整、更有效地完成对新事物的认知。事实上,前期研究中就曾有学者企图将这两种范畴理论结合起来。1976年乔治·米勒(George Miller)与菲利普·约翰逊-莱德(Phillip Johnson-Laird)在《语言与感知》(*Language and Perception*)一书中曾提出了一种混合理论(Hybrid Theory),"认为每个概念都有一个核心部分(Core)和一个识别程序(Identification Procedure),核心部分是依据经典理论运作的,而识别程序可解释原型效应"。(王寅,2007)[①] 奥瑟逊与史密斯(Osherson & Smith,1981)也对这一理论表示赞成。[②]

2. 原型认知机制于多义词语义网络形成的理据作用

莱考夫(Lakoff,1987)认为:"语言结构就像非语言的结构一样,也有原型效应……语言是世界的一部分,我们可以像对自然物体一样对语言进行范畴化。而我们所讲的一词多义现象实际上就是词汇范畴化形成多义词的过程。"[③] 如 Langacker(2000)所指出的:"……一个典型的词项总代表着一个复杂的范畴,它不是仅有一种含义,而是有多个相关的意义……这些意义通过范畴化关系连接起来,从而构成了一个网络……"[④]

众所周知,一个普通语词,特别是各语言中表生活基本概念的单纯词往往有许多意义,所表现的概念特征也很微妙。若为所有义项寻找到可共享的充分必要语义特征使其都能统一于一个能指形式之下几乎是不可能的,因此可以说经典范畴理论在处理多义现象时常常显得苍白无力。例如,

---

[①] 王寅. 认知语言学 [M]. 上海:上海外语教育出版社,2007:117.
[②] Osherson & Smith. On the Adequacy of Prototype Theory as a Theory of Concepts [J]. *Cognition*, 1981(1):35-58.
[③] Lakoff, G. *Women, Fire, and Dangerous Things: What Categories Reveal about the Mind* [M]. Chicago: The University of Chicago Press, 1987:57.
[④] Langacker, R.W. *Grammar and Conceptualization* [M]. Berlin: Mouton de Gruyter, 2000:4.

格雷马斯（Greimas，1966）曾对"tête"（头）一词的义素核心进行分析后指出："端部（extrémité）+首部（supérativité）"是该词的共同义素核心。①但我们看到，它们并未能被涵盖于该词中表"性情"或"（动物）数量"等义项中；再如，"有靠背、带脚、供一人坐与硬材料制"是"椅子"的构成义素，但它们却不能对该词表"两轮或四轮马车""（钟楼等建筑物的）支架"等义项做出解释。此外，对于在现实中没有具体指称的词汇，为其建立相关义素清单更是难上加难。

  与经典范畴理论不同，原型范畴理论不要求范畴内部成员必须具有某些属性（对词汇而言为义素特征），而只是以某具体原型成员或某属性为中心辐射点或参照点，通过家族相似等方式将其他成员吸纳到原型所在范畴内。结构语义学的创始人兼倡导者格雷马斯（Greimas，1966）也曾表达过类似的想法。他将词位（lexème），即词称作"风格学意义丛"（une constellation stylistique），在对"tête"（头）一词进行义素特征分析时指出："tête"一词在《理特雷词典》（*Dictionnaire de Littré*）中的第一个定义，也是基本的定义，为"（身体的）一部分……通过颈项与身体相连……"，而所有其他的定义及意义都是从这一原义当中衍生出来的……这一基本"形象"（image），即："头"的基本定义，可作为或多或少引申化或比喻化了的意义丛的辐射源。②多义词的词义形成正是如此，它的各个义项并非是满足了某些充要义素特征、并处于同等地位的并列因子，而是以中心意义或基本意义为基础不断扩展形成的一个意义链，继而构成的一个语义网络。链上相邻节点之间因语义扩展的关系（往往通过隐喻或转喻的映射）而共有某些属性，但不相邻的节点却不一定有共同的属性（Taylor，1989）。③多义词义项于是像原型范畴中的范畴成员一样，可有典型义项（或中心义项）和边缘义项之分。其典型义项就相当于原型义项，它往往是人们首先获得的，也是语符最原始、最基本的义项，而边缘义项则属于人们最后获得的、语符中最抽象的义项。此外，多义词义项也像原型范畴成员

---

① Greimas, A.-J. *Sémantique structurale* [M]. Paris: Larousse, 1966：48.
② 同上：43.
③ Taylor, John. *Linguistic Categorization—Prototypes in Linguistic Theory* [M]. Oxford: OUP, 1989：99.

一样，可以有一个中心，也可有多个中心。换言之，若多义词各义项均是由初始的基本意义衍生而来，那么多义词语义网络只有一个中心；若某些义项并非衍生自基本义，而是基于其他衍生义项衍生而来，那么多义词网络可构成多个中心。

事实上，关于多义词语义网络的逻辑构成，法国学者A.达姆斯特泰尔（A. Darmesteter）早在1887年所著《词在意义中的生命》（*La vie des mots étudiée dans leurs significations*）一书中便有见解。他构建的"辐射"与"连锁"两种基本模型，对词义变化与扩展过程做出了清晰说明（Christian Baylon, Paul Fabre, 1978）。① 此两种模型对多义词语义网络形成具有结构语义分析性质的解释，与原型范畴理论这一属于典型认知性质的分析机制对于一词多义的形成解释在作用原理上是一致的。

（1）辐射型（un rayonnement）。该模式指一个词可用以表示多个客体：名词N原只指称客体A，但由于客体B与A具有共同的性质a，因此也可用名词N加以指称，以此类推，拥有性质a的客体C、D等同样也可用名词N来指称。R. Ledent（1974）曾对此加以图示②：

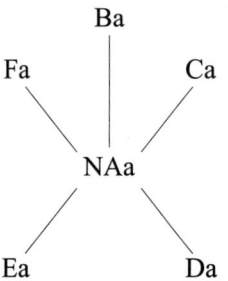

图5-1　词义衍生的辐射型图示

如racine（根）一词，其中心属性a为"使植物扎根于/固定于土壤"，可用于指称器官中起固定作用（使器官得以固定）的部分，如la racine des dents (B)，la racine des cheveux (C)，des ongles (D)。

（2）连锁型（un enchaînement）。名词N指向拥有两个属性a与b

---

① Christian Baylon, Paul Fabre. *La Sémantique avec des travaux pratiques d'application et leurs corrigés* [M]. Paris: Nathan, 1978: 205-206.
② R. Ledent. *Comprendre la Sémantique* [M]. Verviers: Marabout, 1974：140-141.

的客体 A，客体 B 因具有与客体 A 相同的属性 b，因此也可用名词 N 来表示。而客体 B 具有的属性 c 又为客体 C 所共有，因此表示 B 的名词 N 又可用来指称客体 C，以此类推。图示为：

$$aNAb \quad bNBc \quad cNCd$$

图 5-2　词义衍生的连锁型图示

如 mouchoir 手绢（A）一词，原指用于"擤鼻涕的棉麻块"（a），它呈现出方块状（b）；方块状（b）这一性质使名词 mouchoir 还可指向"女人围在脖颈上的方块织物或称方巾"（B）；因方巾在使用时在人体背部常呈现三角形状（c）这一特征，因此 mouchoir 一词在航海用语中还可指"用于修缮船底包板的三角形木块"。

以上两种模型，辐射型强调的是中心义项与各辐射义项均具有共性义素这一特征，连锁型强调的是各义项两两之间具有共性义素这一特征，属维特根斯坦所言的家族相似性特征。"俄国学者拉耶夫斯卡娅在 1957 年又补充了一种交叉模型，即辐射型中有连锁，连锁型中有辐射。"（张志毅，张庆云，2012）[①] 词的各个义项之间或两两义素共享，或多数义项共享一个义素。多义词的语义网络多数是在这种模型作用下形成的。认知语言学领域表达过类似看法的还有莱考夫（Lakoff，1987），泰勒（Talyor，2001），林正军、杨忠（2005）等人。

三、转隐喻理据

"一个词多种意义之间的相互关系不是任意的，而是通过特定的语义延伸机制形成的。"（王寅，2007）[②] 如果说原型理据是多义词可形成非任意性语义网络的依据，那么转隐喻理据则是原型理据认知机制作用下实现多义词汇语义网络构成的具体运作手段。

[①] 张志毅，张庆云. 词汇语义学 [M]. 3 版. 北京：商务印书馆，2012：237.
[②] 王寅. 认知语言学 [M]. 上海：上海外语教育出版社，2007：117.

1. 对转隐喻的认知转向

转隐喻，无论在东方还是西方，都一度只注重将其置于语言层面的研究，二者被视作修辞手段，隶属传统修辞学范畴。然而，转隐喻，有时统称为隐喻[①]事实上从来都不止是一种修辞。国内外对转隐喻的认识，除却在修辞层面的主流考察外，一直都有将其作为人类思维认知手段的思考。

"国内有关隐喻对于类比联系思维作用的论述始于2500年前的孔子（公元前551—公元前479）。"（王寅，2007）[②]孔子在《论语·阳货》中有言："诗，可以兴，可以观，可以群，可以怨。"叶舒宪（1994）对此分析到："'诗可以兴'的命题绝不是什么文学批评的命题，它表明了孔子作为中国的诗性智慧的理论奠基者，对于"诗·语言·思想"这一本体论关系的深刻洞见，对于类比联想的思维方式特别推崇。"[③]此后，中国史上各个时期均有关于隐喻关涉思维的言论，如汉代刘安等人在《淮南子》中说："言天地四时而不引譬援类，则不知精微，……从大略而不知譬喻，则无以推明事"；宋末元初戴侗（1225—1313）在探求词义由具体到抽象的引申[④]规律时提到："圣人因器以著象，立象以尽意，引而申之，触类而长之，而天下之精义糜有遗焉"；现代张明冈（1985）指出：比喻的基本作用有二：一是认识作用；一是修辞作用。[⑤]道出了隐喻的思维作用。吴泓渺(2008)则在对"隐喻"与"借喻(转喻)"这两个被雅各布森（Jakobson）根据语言学研究成果定义为"相似"与"相近"的概念进行分析之后指出：人类联想的途径不外乎相似与相近。[⑥]

"国外从认知角度解释隐喻最早的学者当推算至洛克（Locke），他于1689年在'Essay Concerning Humain Understanding'（《关于人类的理解力》）一文中就提出了类似于概念隐喻的观点……他认识到我们基本的

---

① 此时的隐喻被当作广义理解，转喻被视为隐喻的一种形式。
② 王寅.认知语言学[M].上海：上海外语教育出版社，2007：484.
③ 叶舒宪.诗经的文化阐释[M].武汉：湖北人民出版社，1994：413.
④ 我国古代学者所论述的"引申"大致相当于西方学者所说的"隐喻"。
⑤ 张明冈.比喻常识[M].北京：北京出版社，1985：8.
⑥ 吴泓渺."相似"和"相近"：Jakobson的隐喻与借喻[J].长江学术，2008(2)：93.

心智概念是隐喻性的。"（王寅，2007）[①]维科（1725/2008）[②]在《新科学》一书中讲到"诗性的逻辑"时，也明确表达了替换（换喻或提喻，la synecdoque）[③]、转喻（la métonymie）、隐喻（la métaphore）、暗讽（l'ironie）这些"一切原始的诗性民族所必用的表现方式"，也是人类思维发展方式这一观点。这一思维特点反映在语言上，可以是能指形式的出现或更迭缘由，亦可是词汇的词源与在其基础上衍生出的意义之间的联系呈现。例如拉丁语中用Tertia messis erat（那是第三次收获）这一"最具体的感性意象"表示时间概念属于"替换"（提喻），之后人类花了一千多年，开始用"岁"或"年"这个星象方面的名词替代上述表达，这种"把个别事例提升成共相"的用法又属语言中的"隐喻"；再如"木段"（log）和"顶"（top）在用于茅草屋时指柱和茅屋顶，后来城市装饰盛行，它们就指一切建筑器材和装饰。此外，"Kant（1790），Shelley（1792—1822），Cassirer（1923），Richards（1936），Benveniste（1966），Jakobson（1963），Jacques Derrida（1971），Lakoff & Johnson（1980）等哲学家、诗人、语言学家都曾将隐喻（广义上的隐喻）视作人类体验世界、思维生活以及一切符号系统[④]的运作方式。其中Lakoff和Johnson被视作从认知角度研究隐喻的代表人物。而今盛行的认知科学"将隐喻视作人类一切认知活动的工具，由认知而起，又是认知的结果"（王寅，2007）[⑤]，赋予了隐喻在人类所有活动中近乎中心的确切地位。而近35年，"隐喻研究一跃成为哲学、语言学、逻辑学、心理学、认知科学、人工智能、教育学等领域研究的中心议题"[⑥]则是对隐喻地位的最好证明。

[①] 王寅.认知语言学[M].上海：上海外语教育出版社，2007：402.
[②] 维科.新科学[M].朱光潜，译.北京：人民文学出版社，1725/2008：174-178.
[③] 赵衡毅（2012：194）在《符号学》一书中讲到：在符号学中，转喻与提喻在符号表中经常混合。但从心理学角度看，二者属同一关系类型：均以邻近性为所关涉的两个概念意义的连接基础。乌尔曼（Ullmann，1952/1975：286）认为二者的不同纯属于逻辑范围：转喻中，两概念意义是并列关系，而提喻中二者之间为从属关系。
[④] 雅各布森认为，任何符号系统（语言与非语言，如绘画、电影等）的运作都可被包含在隐喻与转喻这两个术语当中（Ernesto Laclau，2007）。
[⑤] 王寅.认知语言学[M].上海：上海外语教育出版社，2007：407，471.
[⑥] 同①。

语言学层面，此处主要指向词汇语义拓展这一方面，如上面所提及的，无论在中国还是西方，隐喻均被认为可作为词义发展引申的手段。西方早期的语义学家，如达姆斯特泰尔（Darmesteter）、布雷阿尔（Bréal）等人曾明确表示：提喻、借喻和隐喻可作为词汇意义变化的基础类型，并根据它们之于词义缩小、扩展或意义转移的影响将这些修辞格置于逻辑范畴内（Christian Baylon, Paul Fabre, 1978）。[1] 英国语言学家乌尔曼"将隐喻看作是语言词汇意义变化的一种重要方式，并从心理学角度用相似性联想的理论来解释隐喻产生的基础"（束定芳，2008）[2]。现代语言学，尤其是认知语言学则明确表示"隐喻和转喻是多义生成的两种主要方式，是语言发展中语义'演变'的重要途径"（章宜华，2009）[3]。那么，转隐喻作为人类认知世界的基本方式，作为语言词汇词义的拓展手段，它们在多义词的语义网络构建中究竟是如何作用的？即是我们以下要讲到的转隐喻作用机制问题。

2. 隐喻作用机制

认知语言学[4]认为，隐喻是发生在两个概念域或ICM[5]之间的映射（mapping），具体而言是指一个概念域，即源域（source domain）向另一个概念域，即目标域（target domain）的映射。比如，莱考夫和约翰逊（Johnson）发现，人们在辩论时往往会使用用于描写战争的词汇，如用描写战争的"attack（进攻），defend（防御），retreat（撤退）"等词可分别对应表示辩论中的"抨击，辩护与辩论结束后离去"等活动，就是

---

[1] Christian Baylon, Paul Fabre. *La Sémantique avec des travaux pratiques d'application et leurs corrigés* [M]. Paris: Nathan, 1978: 205.
[2] 束定芳. 认知语义学 [M]. 上海：上海外语教育出版社，2008：155.
[3] 章宜华. 语义认知释义 [M]. 上海：上海外语教育出版社，2009：151.
[4] 此处我们主要采用的是隐喻认知系统理论的主要创建者Lakoff（1980，1987）及其合作者有关转隐喻的定义。
[5] ICM（Idealized Cognitive Model）即理想化认知模型，是莱考夫于1987年提出的。它指的是特定的文化背景中说话人对某领域中的经验和知识所做出的抽象的、统一的、理想化的理解，这是建立在许多认知模型之上的一种复杂的、整合的完形结构，是一种具有格式塔性质的复杂认知模型（a complex structured whole, a gestalt）。（1987：68）

因为源域（战争）中的行动特点被映射到了目的域（辩论）当中。束定芳（2000）曾总结了莱考夫与特纳（Lakoff & Turner，1989）在 *More than Cool Reason—A Field Guide to Poetic Metaphor*（《超越理性：诗性隐喻领域指南》）一书中有关隐喻映射的四种方式："（1）源域图式中的空缺被映射到了目标域的空缺上；（2）源域的关系被映射到目标域的关系上；（3）源域中的特征被映射到目标域的特征上；（4）源域中的知识被映射到目标域中的知识上。可见，映射是隐喻运作的基本方式。"[①]然而，"Lakoff等人所强调的隐喻得以运作的映射机制呈现出了'单向性'的特点，即只强调源域对于目标域的映射与制约影响，因此，在面对'隐喻意义可能既不存在于源域，也不存在于目标域之中'的隐喻情形时，映射机制便显得有些无能为力"（束定芳，2008；王寅，2007）[②]。由此，又出现了对莱考夫映射理论构成补充的，由福康涅（Fauconnier，1997）提出、格雷迪（Grady）等人（1999）修正发展了的合成空间与概念整合理论（Blended Space and Conceptual Integration Theory）来阐明隐喻机制。

根据合成空间与概念整合理论，隐喻运作过程中需涉及四个心理空间：源空间、目标空间、类属空间（Generic Space）与合成空间。其中，"源空间与目标空间，即源域与目标域，被视作输入空间（Input Spaces），认知主体有选择地从两个输入空间提取部分信息进行匹配并映射入融合空间；类属空间是两个输入空间的上位概念，包括两个输入空间中所有的轮廓结构，以保证映射能正确而顺利地进行；以上三个空间通过互动，从自身中提取出部分结构和信息，投射到融合空间（Blended Space），融合空间会利用并发展两输入空间中对应部分的连接，将相关事件整合成一个更为复杂的事件，形成一个新创结构（Emergent Structure，或称浮现结构），此时就可能生成源域或目标域中所没有的新创意义"（束定芳，2008；王寅，2007）[③]。四个空间构成了一个概念整合网络（CIN：Conceptual

---

[①] 束定芳.隐喻学研究[M].上海：上海外语教育出版社，2000：170-171.
[②] 束定芳.认知语义学[M].上海：上海外语教育出版社，2008：163-165.
　王寅.认知语言学[M].上海：上海外语教育出版社，2007：474.
[③] 束定芳.认知语义学[M].上海：上海外语教育出版社，2008：165-166.
　王寅.认知语言学[M].上海：上海外语教育出版社，2007：215，473-474.

Integration Network），具体作用机制表现为：

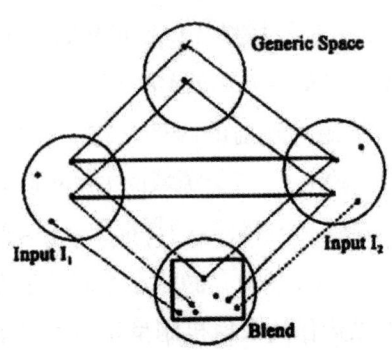

图 5-3 概念整合网络机制

此外还需明确，作为隐喻的具体运作方式，无论是映射还是合成空间与概念整合的发生，都必须以相似性为根据。"相似可分为物理的相似性和心理的相似性：物理的相似性可以是在形状或外表上、功能上的一种相似，心理相似性是指由于文化、传说或其他心理因素使得说话者或听话者认为某些事物之间存在某些地方的相似。"（束定芳，2008）[①] 另外，相似还可分为普通相似与创造性相似。我们将普通相似定义为事物间存在的人们普遍能感受到并常可达成一致的相似性，创造相似性则是指由说话者想象出来或刻意挖掘出的事物间的相似性，原先事物间并不被认为有此相似性存在。这种通过创造相似性提供看待事物新视角的做法也使得隐喻由一种语言现象上升为一种认知方式。

3. 转喻作用机制

转喻是指同处于一个概念域或 ICM 内的两个实体，由于二者之间具有逻辑上的相邻或相关性，于是可互相替代的认知现象。Panther 与 Radden（1999）表示：转喻或许是一种比隐喻更加基本的认知现象。它可被理解为一种概念过程，在此过程中，一个概念实体，即"目标体"，在心智上可通过与其同处一个 ICM 中（也即一个"域"内）的另一个概念实体，即

[①] 束定芳. 认知语义学 [M]. 上海：上海外语教育出版社，2008：168.

"转喻体"得以理解。① "Lakoff（1980）和 Kövecses（1986）等人归纳了十多类三十多种转喻关系来表明转喻的具体运作机制，常见的有：部分喻整体、材料喻成品、生产者喻产品、整体范畴喻范畴成员、原因喻结果、所有者喻所有物、地点喻事件、内容喻容器等等。且在上述比喻对中，有些还可互为喻体，如所有物可以喻所有者，范畴成员可以喻整体范畴等。"（章宜华，2009）② 这些具体的转喻运作形式是多义词形成的重要来源，如：pied（脚）表"鞋底"，vent（风）表"气流"，velours（天鹅绒、丝绒）表"天鹅绒般柔软的东西"均是转喻作用的结果。

此外，"转喻扩展意义还可以通过强调或凸显同一认知域或同一框架结构中的一个成分③ 而得以实现"（章宜华，2009）④。克鲁斯（Cruse，1986）把这种现象叫作语义调节（modulation）⑤，泰勒（Talyor，1995）称它为视角化（perspectivization）⑥，即通过对同一概念结构中不同成分的视觉化来完成。简言之，语义调节或视觉化转喻就是语义凭借语用得以形成的过程。比如，la verre（玻璃）是一个整体系统，当人们选择从不同视角或不同语境凸显这一系统或这一认知域中的不同部分时，这一名词便产生了多义性：在 verre à pied（高脚杯）、boire un verre（喝一杯）和 verres de myope（近视眼镜片）三个词组中，"玻璃"分别被凸显了可塑性、容器性以及多功能性。

4. 转喻与隐喻的对立统一关系

转喻与隐喻作为人类思维认知的不同方式，作为多义词语义网络构建的具体手段，虽在运作机制上差异迥然：隐喻基于事物之间的相似性发生

---

① Panther Klaus-Uwe & G. Radden. *Metonymy in Language and Thought* [M]. Amsterdam: John Benjamin, 1999: 1-2.
② 章宜华. 语义认知释义 [M]. 上海：上海外语教育出版社，2009：69.
③ 我们认为此处将"一个成分"换作"不同成分"更恰当。
④ 章宜华. 语义认知释义 [M]. 上海：上海外语教育出版社，2009：151.
⑤ Cruse Alan. *Lexical Semantics* [M]. Cambridge: Cambridge University Press, 1986：52.
⑥ Talyor, J. R. *Linguistic Categorization: Prototypes in Linguistic Theory* [M]. Oxford: Clarendon Press, 1995：90.

在处于两个域的概念实体之间；转喻基于事物之间的相关性或邻近性发生在一个域内的两个概念实体之间，但二者却恰在此对立之上又生出统一的性质，具体体现在以下两个方面：

（1）转喻是隐喻的基础

不少学者（Genette, 1972; Barcelona, 2000; Radden, 2000; Ernesto Laclau, 2007; 张辉、卢卫中, 2010, 等）认为，转喻是比隐喻更为基础的人类认知方式。著名符号学家艾柯（Eco, 1983）曾表示，"每一个隐喻都可以追溯到一串邻近的转喻关系……隐喻表达之所以成为可能，是因为语言以其无限的符号过程，构成了一个多维度的转喻网络，其中每一个转喻都通过某一文化习俗而不是一种原始的相似性得到解释。她用以下图形来说明二者之间的密切关系：

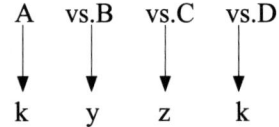

图 5-4　隐喻和转喻的关系

图中，横向代表了不同词素的聚合关系，上下关系代表了从词素到义素或者 A 的语义符号。用 k 来命名 A 是一种提喻。由于义素 k 甚至可以是描述词素 [国王] 的 [王冠]，用 k 来命名 A 也可能是一种转喻。但是，k 恰巧也是另一个词素 D 的义素。因此，通过 k 的撮合，人们也可以用 D 来代替 A。这就是一个隐喻。"白皙的、长长的头颈"可以是一个美女和天鹅的特征，天鹅可以作为隐喻来替代美女。显然，以实物代替了另一事物是因为两者之间的一种共有的相似之处。但这一相似是因为在语码中存在着已经固定了的替换关系，它们以不同的方式将替换事物和被替换事物连接了起来。"（转引自束定芳，2008）[①] 热奈特在对普鲁斯特的作品进行分析之后也曾表示：相似性总是建立在原有的邻近性上（Ernesto Laclau,

---

① 转引自：束定芳. 认知语义学 [M]. 上海：上海外语教育出版社，2008：198-199.

2007）。① 这一点与维科在讲"诗性的逻辑"时所提到的转喻到隐喻间可发生的转化也是一致的。

（2）转隐喻构成连续统

转喻既是隐喻的基础，隐喻基于转喻而生，二者因此构成了一个连续统，之间并不总是可以划出清晰的界限。热奈特（1972）在对普鲁斯特作品中的转隐喻使用情况进行分析时说过："隐喻与转喻并非相互对抗或互不兼容，而是相互支撑，互相渗透……隐喻有赖于并起因于借喻……后者仿佛是前者的保证……普鲁斯特笔下相似性都生自思维或感官上的相近性，是时间和空间上过渡衔接、各种感觉相通转换的产物。即所谓'相似者相聚'，或反之，'相聚者相似'。"② Radden（2000）也认为，隐喻和转喻组成一个连续统，两者之间没有明显界限。吴泓缈（2008）通过追踪比喻在文化与诗歌中的演变历程阐明了隐喻与转喻间的相互转化关系："隐喻在逐渐地拉大本体和喻体的距离，最终走向借喻（即转喻）的革命；借喻似乎比隐喻更'客观'、更'科学'，但其终点一定会向隐喻回归，并在心理上向隐喻提供启动机制。"③ 我们认为，转喻与隐喻之间的这种界限模糊，说到底是缘于二者所关涉"概念域"间的模糊性。这种"域"间的模糊性即原型理论中所说的两个范畴之间，其边缘成员所具有的连续性或非离散性特征。厄尼斯特·拉克劳（Ernesto Laclau，2007）对此的解释是：隐喻与转喻，无论作为辞格，还是语言结构的组织方式，还是思维认知的方式手段，所赖以为基础的"相似性"与"邻近性"的性质并非完全不同，相反，二者之间总是趋近融合。他还表示：若没有转喻性质的活动对规则构成违反或背弃，隐喻性质的新实体是不可能浮现的……因此，邻近性与相似性本质上并非相异，而是构成了一个统一体的两端。④

鉴于转隐喻之间的对立统一关系，二者在作用于词汇意义的延伸时也

---

① Ernesto Laclau. Articulation du Sens et les Limites de la Métaphore [J]. Centre Sèvres: *Archives de Philosophie*, 2007 (70)：608.
② Gérard Genette. *Figures III* [M]. Paris: Seuil, 1972：41-63.
③ 吴泓缈. "相似"和"相近"：Jakobson 的隐喻和借喻 [J]. 长江学术，2008（2）：93.
④ Ernesto Laclau. Articulation du Sens et les Limites de la Métaphore [J]. Centre Sèvres: *Archives de Philosophie*, 2007 (70)：607-608.

表现出了不可阻断的联系，具体而言，一个多义词网络的形成，除却转喻与隐喻的各自作用，很多时候还有二者"你中有我，我中有你"的共同作用。在接下来一节，我们将通过实例，认识转隐喻在汉法多义词形成中的具体作用。

第二节　汉法一词多义现象转隐喻理据对比

认知语言学是一门"以人为本"的语言理论，它始终强调人的身体体验与认知能力在语言形成与发展中的核心作用。古希腊哲学家普罗塔哥拉（Protagoras，约公元前485—约公元前410）有著名格言：人是万物的尺度。维科（2008）也曾讲过：由于人类心灵的不确定性，每逢堕在无知的场合，人就把他自己当作权衡一切事物的标准（维科，1986/2008）。[①]因此，世界上一切事物，包括与之对应形成的概念事实上均是通过人的认知理解而变成或获得的。人类将自我置于宇宙的中心，而后以此为参照形成视角，在对时空的感知和语言的构建过程中发挥中心作用的这一现象被称作人类中心论或自我中心主义（L'égo-centrisme）。由此我们可以推断，各语种中最初的基本词汇总应与人自身有关，而且，据维科（1986/2008）称：一切语种里大部分涉及无生命的事物的表达方式（也）都是用人体及其各部分以及用人的感觉和情欲的隐喻[②]来形成的。[③]鉴于此，并着"名词认知域明确、句法语义关系简洁明晰"的特点（赵宏，2011）[④]，我们选择以"头"与tête这两个名词为考察对象，对汉法中一词多义现象转隐喻理据的作用情况加以阐释对比。

一、"头"的语义网络构成

根据《现代汉语词典》（第6版）（2014），"头"作为普通名词一

[①] 维科. 新科学 [M]. 朱光潜，译. 北京：人民文学出版社，1986/2008：81.
[②] 此处隐喻指广义上的隐喻，包括转喻在内。
[③] 维科. 新科学 [M]. 朱光潜，译. 北京：人民文学出版社，1986/2008：175.
[④] 赵宏. 英汉词汇理据对比研究 [D]. 上海：华东师范大学，2011：224.

共有 7 个义项，[①] 分别为：

（1）人身最上部或动物最前部长着口、鼻、眼等器官的部分。（本义）

（2）指头发或所留头发的样式：分头；平头。（转喻）

（3）物体的顶端或末梢：山头；笔头儿。（转隐喻）

（4）事情的起点或终点：话头；这种日子到什么时候才是个头儿啊！（转隐喻）

（5）物品的残余部分：布头儿；线头儿。（转喻）

（6）头领；为首的人：工头；他是这帮人的头儿。（转喻）

（7）方面：心挂两头。（转喻）

在以上各义项中，（1）是"头"的本义，它描述了"头"这一概念所包含的典型性特征：处于最上端或最前端。其余六项均可被视作在此本义基础上的扩展。其中，义项（2）以"整体喻部分"，即以"头"喻附生其上的"头发"，属转喻性质。义项（3）、（4）属转隐喻共同作用的产物。两义项首先基于"头"最典型的"顶端"或"最上端"这一特征，以"部分喻整体"这一转喻机制提取出"端点"（对义项 [3] 而言包含顶端与末梢；对于义项 [4] 而言包括起点与终点）这一特征，其次分别实现了从有生命体"人与动物"向无生命体"物体"，从具体概念域（客观物理世界域）向抽象概念域（可能世界域之事件域）的跨越，因此属转隐喻连续统作用产物。至于义项（5）与（7），我们认为，义项（5）可视作由义项（3）引申而来，由"表具体事物的端点"映射"具体事物的零星部分"；义项（7）由义项（4）引申而来，由"表抽象事物的特定的点"映射"抽象事物的面"。在（3）~（5）、（4）~（7）的引申中，起作用的自然是转喻机制。义项（6）是转喻认知的产物，以"头"之于人体的重要性代指"个人"在群体中的重要性。以图表示为：

---

① 中国社会科学院语言研究所词典编辑室. 现代汉语词典 [M]. 6 版. 北京：商务印书馆，2014：1311.

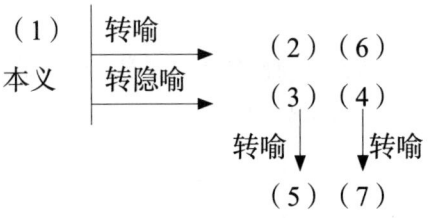

图 5-5 "头"的一词多义现象

需要特别指明的是，此处指向义项（3）、（4）的转隐喻主要是指义项的形成理据。若从修辞角度来讲，使用此义项的"头"在词组或句中的用法仍应归入隐喻。

二、tête 的语义网络构成

根据《新法汉词典》（2001）[1]，tête 共有 17 个主要义项。

（1）头，头部，脑袋；动物身体的前部：lever la tête（抬头）；une tête de poisson（鱼头）

（2）头发：se faire couper la tête（剪发）（转喻）

（3）生命，性命：risquer sa tête（冒生命危险）（转隐喻）

（4）面容，脸：tête intelligente（聪明相）（转喻）

（5）人头像；动物头像：tête sculptée（雕塑的人头像）（转喻）

（6）一头的长度：Il a une tête de plus qu'elle.（他比她高出一个头。）（转喻）

（7）化过妆的脸；<引>化过妆的人：se faire une tête（化妆）；bal de tête（化妆舞会）（转喻）

（8）（足球中的）顶球：joueur qui fait une tête（用头顶球的球员）（隐喻）

（9）头脑，脑子；才智，能力：avoir un projet dans la tête（脑子里有个打算）；avoir de la tête（有头脑，有见识）；calculer de tête（心算）；avoir la tête à ce qu'on fait（专心于所做的事）avoir la tête ailleurs（心不在焉）chercher dans sa tête（搜肠刮肚）（转隐喻）

---

[1] 张寅德.新法汉词典[M].上海：上海译文出版社，2001：998.

（10）性格，脾气: avoir la tête chaude（容易发火）; une mauvaise tête（脾气坏的人；固执的人）（转隐喻）

（11）理智，冷静: perdre la tête（失去冷静，失去理智）; être tombé sur la tête（神志混乱）（转隐喻）

（12）人；人头: mettre un nom sur une tête（把名字和人对上号）（转喻）

（13）（计算动物的）头数: posséder trois cents têtes de bétail（有300头牲口）（转喻）

（14）（某物的）顶端，上部: la tête d'un arbre（树冠）; la tête du lit（床头）（隐喻）

（15）球形末端: une tête d'ail, de chou, d'artichaut（大蒜头，白菜头，朝鲜蓟头）（隐喻）

（16）开头部分；开始部分: la tête du train（火车头）（隐喻）

（17）首脑，领头人，首领，长: la tête de l'état（政府首脑）（转喻）

　　法语中 tête 一词原本就是隐喻作用的产物: tête 源自拉丁语词 testa，意为"小陶罐"，后引申为"头"，想来是基于二者在形象上的相似性，以"罐"及"头"。如今，tête 一词的基本义与汉语相同，均指称人与动物的前端部位。其余16个义项均是在此基义之上通过转隐喻理据引申而来。其中，（2）、（4）、（5）、（6）、（7）、（12）、（13）、（17）主要基于"整体代部分或部分代整体"（2、4、7、12、13）、"以事物代与事物相关的物件"（5）、"事物代事物特征"（6、17）等转喻认知机制引申而来。（3）、（9）、（10）、（11）是转隐喻机制共同作用的产物，因为它们既可被视为 tête 作为人体器官对自身所关涉的（生理或精神方面的）功能性特征的转喻性表示，又可被视作从具体物理域到抽象心理思维域，即从物理实体到心理实体的跨域性映射。（8）、（14）、（15）与（16）跨域特征很是明显，是较为典型的隐喻产物：义项（14）、（16）表示的是事物基于与 tête 位置特征的相似，通过有生命体向无生命体的跨域映射；（8）与（15）是基于事物与 tête 球体形状特点的外形相似，实现的由动物生命体向非动物生命体或无生命体的映射。以图示为:

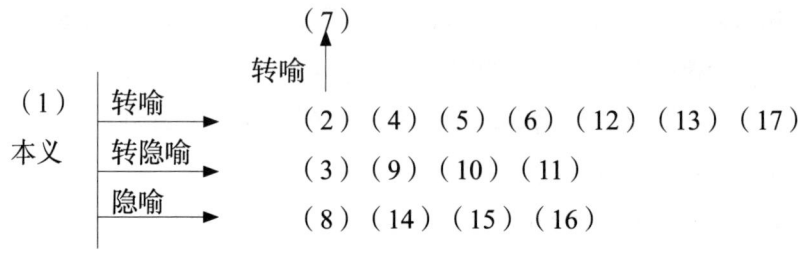

图 5-6　tête 的一词多义现象

三、"头"与 tête 语义网络形成转隐喻理据作用共性与差异

1. 共性

根据以上我们对"头"与"tête"的义项列举，以及对两词汇语义网络形成具体作用机制的分析，我们看到，转隐喻的确是具有跨语言文化性质的人类基本认知方式。两种机制在具体作用于"头"与 tête 的词义衍生时表现出了具化的认知共性，因此两个多义词的引申义项具有相同的部分，例如转喻机制下"头"的义项（2）、（3）、（6）与"tête"的义项（2）、（14）、（17）可视为完全等同；"头"表"物体的顶端或末梢"的义项（3）可被视作与 tête 的义项（15）、（16）表义一致；另外，tête 中表"（计算动物的）头数"的义项（13），虽在做名词的"头"的义项中空缺，却是"头"作为量词的义项。其次，我们还看到，在两词词义衍生的基础阶段，总是转喻机制作用更为明晰，且有义项需以转喻为前提才能完成隐喻映射，说明无论在汉语还是法语中，转喻思维确是比隐喻更为基础的认知方式。再则，转隐喻在这两个人体名词中的具体作用途径也有相似之处。转喻途径主要包括以人体词语转指人，如"头"的第（7）义项与 tête 的义项（17）；以人体词语转指该人体部位的附生物，例如，"头"与 tête 均可指代与之有依附关系的"头发"；以人体词语转指该人体部位所具的功能，如 tête 可表示它所具有的"才智，能力""理智"等思维功能，"头"之所以不具备类似义项，与中国文化中对思维器官的传统认识有关：在中国，是"心"而非"头"或居于头中的"脑"被认作思维的工具。"思想的器官和思想、感情"作为"心"的义项之一被明确列入词典中（《现代汉语

词典》，2014）①；以人体词语转指长度单位，tête 中此一用法被明确列出，为义项（6），汉语中虽尚未被纳入义项，却在语用中司空见惯，只常需与数词搭配出现，如：他高/低我一个头/两个头。隐喻的途径主要包括：形状类比和位置类比，例如"头"与 tête 基于作为人体部位的典型性特征"顶端"与"圆形"，在汉法中分别可表示义项（3）与（8）、（14）、（15）、（16）。

2. 差异

转隐喻机制在汉法多义词"头"与 tête 语义构建中的不同，首先体现在两机制的作用能力大小。作为名词，汉语字（词）"头"只有 7 个义项，而法语词 tête 有 17 个。这说明转隐喻机制在法语单纯词 tête 的语义构建中作用远远超过汉语字（词）"头"。我们还曾对汉法中其他一些常用的人体名词的义项数量做过比较，基本都是法语多义词义项更多。如脚与 pied，手与 main，眼与 oeil，鼻与 nez，耳与 oreille，腿与 jambe，胳膊与 bras 的义项比例分别为：4∶15，7∶23，7∶14，2∶8，3∶8，3∶4，1∶9。只有口与 bouche 的比例为 11∶4，这或许与中国传统文化中对"吃"的高度关注有关。

关于汉法多义词义项数量近乎"一边倒"的现象，我们认为与汉法语言在处理新的概念或新的所指意义出现时所采用的不同策略有关。众所周知，现代汉语是以双音节词汇为主体词汇的语言，当新的事物或概念出现时，汉语多会采取以构造双音词或多音节词的方式来作为新概念或新意义的能指。这一现象与汉语在西周时期便已出现的词汇双音节化转变的原因不无关系。事实上，汉语词汇的双音节化除却与汉语语音结构的简化②直

---

① 中国社会科学院语言研究所词典编辑室. 现代汉语词典 [M]. 6 版. 北京：商务印书馆，2014：1444.
② 高名凯（语言的内部发展规律与外来词 [M]// 高名凯. 高名凯语言学论文集. 北京：商务印书馆，1963/1990：523）指出："中古汉语到现代汉语之间所以大量产生双音复合词的现象，因为声母和韵母的单位减少了，语音形式和语义内容之间发生了尖锐的矛盾。"冯胜利（2000）、董秀芳（2002）对此也持相同看法，认为汉语出现双音化的趋势，是上古汉语的复杂音节结构显著简化的结果。

接相关外，与古代汉语中存在较为普遍的一词多义现象也有较大的关系。皮鸿鸣（1992）曾明确表示：汉语双音化趋势的出现主要是为了降低古代汉语的词化程度，减少一词多义现象。① 因为"一词多义现象，影响了语言的使用和发展"（梁光华，1995）②。由此可以说明，凭借增加单字的义项以使新生概念所新生所指有载体可附的手段，在汉语中早已不取。此外，现代汉语词汇中的"字"（词）部分所承载的语义较之古汉语时更少，也是汉语词汇大量双音化后，字（词）义项被分担的结果。与汉语相对，法语的词汇主体是单纯词或言简单词：现代法语对具有任意性、孤立性与不可分解性的词汇情有独钟。语音变化、复合与派生手段的"萎靡"、大量书翰词的引入，这三个因素共同促成了法语词汇的这一共时性特点（Ullmann, 1952/1975）。③ 鉴于此，通过在原有能指形式上增加义项，以满足新概念或新所指的负载需要，便成了法语的常用手段。而转隐喻则成为法语非常喜欢采用的"潜在"派生方法，比如我们可以讲 les gloires de la France, les grâces d'un chien, les piqûres sur la peau 等，这些词汇精巧的转用也是对法语相较其他印欧语如德语，词汇派生与复合能力相对薄弱的一种弥补（Ullmann, 1952/1975）。④

此外，从汉法语言文字特点上看，法语是拼音语言，其符号的抽象程度本身大于使用表意文字的汉语。法语字母词的任意性特征为词义的演变和发展创造了相对宽松的条件。这一点似乎也可从法语单纯词引申义项数量总是相对可观这一事实看出。与法语不同，"汉语作为表意文字，其词汇意义的引申和发展都不同程度地受到方块字本身意义的限制。字形和词义背离的情况与整个词汇比例相比是少数，而且多数是假借和音译造成的。汉字本身的意义限制了词义的变化"（蔡基刚，2008）⑤。因此，汉语单

---

① 皮鸿鸣. 汉语词汇双音化演变的性质和意义 [J]. 古汉语研究，1992（1）：56-59.

② 梁光华. 试论汉语词汇双音化的形成原因 [J]. 贵州文史丛刊，1995（5）：50-55.

③ Ullmann, S. *Précis de Sémantique française* [M]. 5e éd. Berne: A. Francke AG. Verlag, 1952/1975：126-127.

④ 同上：286.

⑤ 蔡基刚. 英汉词汇对比研究 [M]. 上海：复旦大学出版社，2008：195.

字词的多义词义项相较法语更少些。

最后，"头"与 tête 除去基本意义相同，以及几个引申义具有一致性外，还各自具有一些不同的义项。这是因为，首先转隐喻是以人的认知体验为基础的认知活动，认知主体所生存的自然、社会和人文条件必然会对其认知有所影响；其次，语言社团在长期的生活实践中所形成的历史、文化、风俗、价值观等因素，以及认知主体的主观认知、联想能力也会为转隐喻机制的作用打上烙印。如此，"头"与 tête 中存在不同义项便是汉法认知主体、语言、文化和认知方式有所不同的必然结果。例如 tête 中表示与思维或精神活动相关的义项（9）、（10）、（11）在"头"的义项中是或缺的。这正是中法文化、习惯认知不同的结果：如前所述，中国人在传统文化里一直认为"心"是思维与精神的控制中心，而西方则认为"脑"才是作用中枢。这一点在一些汉法对应词组表达中也可看出（钱培鑫，2005）[①]：

avoir la **tête** ailleurs/avoir la **tête** en l'air：**心**不在焉

avoir la **tête** à son ouvrage：专**心**工作

avoir une **tête** sans cervelle：缺**心**眼

calculer qqch de **tête**：**心**算

creuser/se casser la **tête**：绞尽**脑**汁，挖空**心思**

se mettre martel en **tête**：忧**心**忡忡

小　结

一词多义是语言中的普遍现象，是人类语言、社会、认知发展与人类语言、认知经济性相互平衡制约的结果。原型范畴机制是多义词语义网络形成的认知基础，转隐喻是多义词语义网络形成的具化保障。"头"与 tête 是汉法中基义相等的人体核心词汇。通过对转隐喻理据在二者语义网络形成中具体作用机制的分析比对，我们明确了，转隐喻机制在汉法多义（名）词语义网络形成中的作用方式总是一致的：隐喻是以词汇本义所指称的事物特征或本义所形成的概念域为核心、通过寻找并建立相似点继而

---

① 钱培鑫. 法语常用词组 [M]. 上海：上海译文出版社，2005：734-735.

以辐射状方式构成新的义项；转喻则是以与词汇本义指称事物特征或本义形成的概念域相关或邻近为基准，以辐射状或链接状的方式构成新的义项。由于人类所处自然环境与基本认知具有相似之处，本义所引申出的多义项中总有可对应义项。然而，由于语言团体生存的自然、社会、历史、文化、语言、文字、认知能力等主客观因素的差异性才是根本，因此，转隐喻机制在汉法中的作用范围，以及二者作用下所形成的语义网络表现出的特殊性总是更为显著。

第六章　汉法外来词的相关理据

外来词，顾名思义，是指从其他语言吸收过来的词，又称借词。"语言，像文化一样，很少是自给自足的，交际的需要使说一种语言的人和所邻近语言或文化上占优势的语言的人发生直接或间接的接触。"（萨丕尔，2009）[①] 借词因此成为任何一个有生命力的语言和文化与外界接触交流的必然产物。借词理据是指借词在借入语对其引入与同化过程中所依据的原则。通过对不同语言吸收借词这一异质成分的过程分析，可揭示相关语言的内部运作机制。如萨丕尔（2009）所言："研究一种语言在面对外国词时起怎样的反应——拒绝它们，翻译它们，或是随便接受它们——很能帮助我们了解这种语言内在的形式趋势。"[②] 本章拟首先对汉、法语引入与同化外来语的方式机制做阐述对比，继而明确两种语言吸收外来语机制所依据的理据原则。

第一节　汉法外来词概况

一、汉语外来词

汉语吸收外来词的历史由来已久，"最早可追溯到汉语发展的远

[①] 萨丕尔.语言论[M].陆卓元,译.北京：商务印书馆，2009：178.
[②] 同上：177.

古时期，但远古时期关于汉语词源的可靠证据比较少见"（钟吉娅，2003）。① 之后，汉语吸收外来词先后出现过三次高潮：一为汉唐时期，二为明末清初到"五四"前后，三为改革开放至今（辛红娟，宋子燕，2012）。② 汉代，汉民族与匈奴、西域交往频繁，"丝绸之路"给汉民族带来了如胡、单于、骆驼、狮子、菠菜、珊瑚等外来词汇。之后佛教又在大约两汉之际由西域传入中原，经魏晋南北朝的广泛传播，隋唐时达到巅峰。随着佛教的兴盛与佛经翻译时期的到来，大量佛教词汇进入汉语，其中很多已经完全进入汉语词汇库，成为中国人的日常用语，如佛、浮屠、罗汉、菩提、世界、慈悲等。汉语吸收外来语的第二个高潮，所涉及词汇多关涉科技、军事、政治、经济、历史、文学、哲学等领域，如希卜梯西（hypothesis）——假设，德谟克拉西（democracy）——民主，赛恩斯（science）——科学，罗曼蒂克（romantic）——浪漫等。改革开放时期，全球化浪潮催生了汉语吸收外来语的第三次高潮。这次的引入外来语无论从数量还是范围上看，均远远丰富于前两次，如丁克、桑拿、迷你裙等。另外，从语言形式上看，还出现了不少字母外来词，如T恤、X光、IC卡等，成为汉语吸收外来语的一大特色。

虽然汉语在全球化的今天吸收外来词的速度在不断加快，但外来词在汉语词汇系统中的比例依然很小。黎昌抱（2001）称："目前汉语是世界上最发达、最丰富的语言之一，但外来词占汉语词汇总数的比例很低。《汉语外来词词典》（1984）收录的古今汉语外来词（只有）一万余条，其中（还）包括某些外来词的异体或略体。"③ 曹聪孙、柳瑛绪（1997）与高瑛（2001）也曾指出：汉语外来语数量约在一万个左右。④ 而在2015年8月商务印书馆新版的、由岑麒祥先生主编的《汉语外来语词典》中，外来

---

① 钟吉娅. 汉语外源词：基于语料的研究 [D]. 上海：华东师范大学，2003：11-14.
② 辛红娟，宋子燕. 汉语外来词音译回潮之文化剖析 [J]. 中南大学学报，2012（6）：220.
③ 黎昌抱. 英汉外来词对比研究 [J]. 外语教学，2001（5）：93.
④ 曹聪孙，柳瑛绪. 汉语外来词及其规范化进程 [J]. 天津师大学报，1997（1）：59.
高瑛. 英汉外来词的对比研究 [J]. 长春师范学院学报，2001（4）：60.

词收录仅 4300 余条。

　　汉语外来语数量虽然不多，但来源却很广泛。钟吉娅（2003）对《汉语外来词词典》收录的 7971 个词（异形词除外）的来源进行统计后表示："汉语外来语来自 83 种语言，其中向汉语输出最多的前十种语言是英语（3602）、梵语（915）、日语（850）、俄语（417）、蒙[古]语（399）、藏语（258）、法语（178）、鲜卑语（44）、彝语（39）、德语（35）。"[1]

　　面对来源如此丰富的外来语，汉语在吸收过程中采取了多样的处理机制，如纯音译、意译、仿译等。鉴于不同的吸收方式，汉语界对"外来词"对象与范围的界定也成为颇有争议的问题，焦点在于"意译词和日语借形词是否属于外来词"（陈燕，2011）[2]。王力先生（1980）认为："只有音译词才是外来词，意译词应被排除在外。"[3] 王铁昆（1993）也认为："外来语是指从外民族语言中借用过来的含有音译成分的词语，汉语中那些完全用汉语本身的语素材料来表达外来概念、外来事物，而不借用外来语音形式的意译词没有任何音译成分，是不能看作外来语的，原封不动地使用外民族文字写出来的词语也不属于外来语（如日语借形词）。"[4] 持相似观点的学者还有吕叔湘（1941），高名凯、刘正埮（1958），符淮青（1985），史有为（2000）等。然而，另有部分学者，如张志公（1984），许威汉（1992），陈原（2000）等却认为意译词与日语借形词都属于外来词。陈燕（2011）对截至目前国内出版的四本外来语词典所收录的词汇类别进行统计后，得出下表[5]：

表 6-1　外来语词典词类收录情况

词典	全音译词	半音半意词	音译加注词	全意译词	仿译词	日源汉字词	字母词
《外来语词典》	√	√	√	√	√	√	√

---

[1] 钟吉娅. 汉语外源词：基于语料的研究[D]. 上海：华东师范大学，2003：11-14.
[2] 陈燕. 汉语外来词词典收词论略[J]. 辞书研究，2011（6）：36.
[3] 王力. 汉语史稿[M]. 北京：中华书局，1980：112.
[4] 王铁昆. 汉语新外来语的文化心理透视[J]. 汉语学习，1993（1）：35.
[5] 陈燕. 汉语外来词词典收词论略[J]. 辞书研究，2011（6）：43.

词典	全音译词	半音半意词	音译加注词	全意译词	仿译词	日源汉字词	字母词
《汉语外来词词典》	√	√	√	×	×	√	×
《汉语外来语词典》	√	√	√	√	√	√	√
《近现代汉语新词词源词典》	√	√	√	√	√	√	√

（√表示收录，×表示未收录）

从词典的收录情况看，日源外来词与仿译词还是多被列为外来词属的。

鉴于上述争论，杨锡彭（2007）将汉语外来词区分为狭义外来语与广义外来语："前者专指音译词，也包括含有音译成分的语词；后者则包括两大类——（1）日源词汇的形译词，特点是借形借义不借音；（2）意译外语词而形成的词语，包括通过由仿译（如 honeymoon 称为"蜜月"）或重新命名（如 angel 称为"天使"）两种方式产生的新词。"[①] 我们无意纠缠于对汉语外来词的范围争论，此处要说明的是，文中对外来词的讨论将基于广义外来语的定义。

二、法语外来词

法语是在高卢语、通俗拉丁语、法兰克语的基础上发展演变而来的，大约9世纪时成为一种独立的语言，其标志是公元842年签署的《斯特拉斯堡誓言》。法语借词因此指的是在法语成为独立的语言之后，即在842年之后从其他国家和法国少数民族语言，如布列塔尼语、巴斯克语等语言中借用的词。

法语历史上也有三个借用外来语的高潮，据程依荣（2007）表示，分别为："（1）文艺复兴时期（15世纪和16世纪）。这个时期法语从拉丁语、希腊语和意大利语吸收了许多词，如 cuir（来自拉丁语 corium），polyglotte（来自希腊语 polus+glôtta）；（2）18世纪启蒙运动时期。法国的有识之士被英国君主立宪制度所吸引，对英国资产阶级政治改革和产业革命十分仰慕，于是从英语吸收了大量词语，如 wagon（车厢），meeting（公众集

[①] 杨锡彭. 汉语外来词研究 [M]. 上海：上海人民出版社，2007：32.

会），revolver（手枪）；（3）整个20世纪，尤其在第一次世界大战之后，法语向英语，特别是美国英语，借用了大量词语，如blue-jean（牛仔裤），drink（饮料），jogging（健身慢跑）。"①

到目前为止，法语词汇中大约有13%的外来词（Hélène Huot, 2006）。② 根据H. Walter（1997）的统计，4200个常用外来词中，英语以25%的比例占据首位③，其次是意大利语，占16%，古日耳曼语占13%，弗兰克语11%，另依次还有阿拉伯语，凯尔特语，西班牙语，荷兰语，现代德语，以及一些日耳曼方言等。④ 至于汉语词汇，它被法语借入的数量可谓微乎其微，本书以Henriette Walter与Gérard Walter（1991）编写的《外来词词典》(*Dictionnaire des mots d'origine étrangère*)⑤，《小罗贝尔词典》(*Le petit Robert*)⑥，程依荣《法语词汇学概论》，法语角网站，以及关于汉法借词的文章资料，如解华、朱昶发表在《法语学习》上的《简介法语中源于汉语的外来词》（2001：2）与陈定民的《法语中借词的发音》（1965）为语料来源，对法语中的汉语外来词加以搜集，统计有81个：badiane(n.f.八角茴香)，bonsaï（n.m.盆景），bonze（n.m.方丈），cangue（kang-kia, n.m.枷——中国古代的刑具），cantonais(n.m.广东话，粤语)，chine（n.m.或n.f.中国瓷器），chow-chow（n.m.中国种长毛狗，乔乔狗），Chop suey（源自汉语粤方言：炒杂碎），Confucius（n.m.孔子），confucianisme（n.m.儒家，儒学），dalaï-lama (n.m.达赖喇嘛，dalaï来自蒙古语，指océan de savoir知识的海洋；lama来自藏语，指maître主人)，dianxin/diamsum（n.m.pl.点心），dazibao（n.m.大字报），erfu chinois(n.m.二胡)，fengshui（n.m.风

---

① 程依荣. 法语词汇学概论 [M]. 上海：上海外语教育出版社，2007：98.
② Hélène Huot. *La morphologie, forme et sens des mots du français* [M]. 2ᵉ éd. Paris: Armand Colin, 2006: 14.
③ 根据法国词典专家让·杜布瓦（Jean Dubois）的估计，在现代法语词典收录的全部借词当中，英语词约占50%。（程依荣，2007：100）
④ H. Walter. *L'aventure des mots français venus d'ailleurs* [M]. Paris：Robert Laffont, 1997：17.
⑤ Henriette Walter, Gérard Walter. *Dictionnaire des mots d'origine étrangère* [M]. Paris: Larousse, 1991.
⑥ Alain Rey. *Le petit Robert* [M]. Paris: Robert, 2012.

水），go（n.m. 围棋），ginseng（n.m. 人参），gingembre（n.m. 生姜），gobi(n.m. 戈壁），ginkgo（n.m. 白果树），guzheng/Zheng（n.m. 古筝），hakka（n.m. 客家话），kaoliang（n.m. 高粱），kaolin（n.m. 高岭土，瓷土），ketchup（n.m. 番茄酱），kumquat（n.m. 金柑），kung-fu（n.m. 功夫），kong（杠，麻将用语），Kuomintang（n.m. 国民党），li（n.m. 里），litchi（n.m. 荔枝），longane（n.m. 龙眼），ma(h)-jong（n.m. 麻将），mandarine（n.f. 橘子），Mao 或 maoïsme（n.m. 毛泽东主义），manhua/manga（n.m. 漫画），nankin（n.m. 云锦），pacfung（n.m. 白铜），pékin（n.f. 中国华缎），pékinois（n.m. 来自北京话，哈巴狗），pipa（n.m. 琵琶），pinyin（n.m. 拼音），ping-pong（n.m. 乒乓球），pongé/pongéé(n.m. 茧绸，本机绸，pun-chi—pun-ki，源自汉语的"本机"），poussah（n.m. 不倒翁，从"菩萨"演变过来），putonghua/mandarin（n.m. 普通话），pung（碰，麻将用语），quyi（n.m. 曲艺），Qi（n.m. 气，气功用语），qigong（n.m. 气功），révolutionnarisation（n.f. 革命化），renminbi（人民币），shantung/shantoung/chantoung（n.m. 柞蚕丝的山东绸），sampan/sampang（n.m. 舢板，小船），satin（n.m. 纱），souchong（n.m. 小种红茶），soja（n.m. 黄豆），taiji/t'ai-ki/tai-chi-(chuan)（n.m. 太极），taël（n.m. 大洋 [钱币]），tao(n.m. 道)，taoïsme(n.m. 道家，道学)，typhon（n.m. 台风），thé（n.m. 茶），tchin-tchin（请请：你好，再见，或饮酒干杯时用），taikonaute(n.m. 太空人），tofu（n.m. 豆腐），yack/yak（n.m. 来自藏语，一种水牛），youyou（n.m. 小船＜方言＞），yoyo/yo-yo（n.m. 用线上下悠的一种玩具），yin（n.m. 阴），yang（n.m. 阳），Yuan（n.m. 元），yangge（n.m. 秧歌），yeti（n.m. 喜马拉雅野人），wushu（n.m. 武术），wu（n.m. 吴语），weibo（n.m. 微博），wok（n.m. 中国式的锅），xiang（n.m. 湘语），zébu（n.m. 可能来自藏语，瘤牛），zen（n.m. 禅）。

  法语在吸收外来词时也采用了不同的方式，"音译、意译、音译兼译"，但陈定民（1965）认为："严格地说，只有通过音译吸收来的外来词才是真正的借词。"[①] 文中对法语外来词的讨论范围则依然基于其广义的概念，

---

① 陈定民. 法语中借词的发音 [J]. 外语教学与研究：外国语文双月刊，1965（1）：36-37.

即以众方式引入的外来词。

第二节 汉法语言对外来词的吸收机制

语言对外来语的吸收通常有两个阶段：引入（importation）与同化（assimilation）。我们认为，引入主要是指外来词汇在被借入时，借入语以一定方式对其加以记录的过程；同化则是指外来词汇在进入借入语后，借入语基于本族语特点对外来词汇做进一步改造，使其与自身特征无限接近的过程。

一、汉法语言对外来词的引入

1. 汉语对外来词的引入

潘文国（2008）认为汉语吸收外来词的实质是用汉字对异质语言成分进行转写，他根据汉语针对不同特点外源词的引入方式，将汉语外来语分为写形外来词、写音外来词和写义外来词。[①]

1.1 写形外来词

以写形为手段引入的外来词主要指向源自日本语言文化的外来语，引入时借形借义而不借音。"在我们现今使用的人文科学名词中，约有70%的词汇，都是在本世纪初，在学习西方的浪潮中经由日本传入的"（李兆宗，1998）[②]，而"日本在译介西方文化时，（常）直接用汉字创造新词汇来表达西方概念……，如'文学''阶级''民主''艺术''文化''自由'等等，毫无一般外来语所应具有的异质特征而显得格外亲切……因此，日源语词和汉语自身词汇之间，在形式上难以画出一条清晰的界限"（赵宏，2011）[③]。也因此，汉语在引入日源外来语时常常直接借形借义。另外，除日源外来语外，近些年来兴起的字母词，如B超、WTO等也属通过借形引入的外来词。

---

① 潘文国. 外来语新论[M]//《中国语言学》工作委员会. 中国语言学：第一辑. 济南：山东教育出版社，2008：61-78.
② 李兆宗. 汉字的圈套[J]. 东方艺术，1998（1）：31.
③ 赵宏. 英汉词汇理据对比研究[D]. 上海：华东师范大学，2011：174.

1.2 写音外来词

以写音为手段引入的外来词是指汉语在引入外来词时,往往使用与借出语读音相近的汉字转写语音,如用"干部"转写 cadre,用"蒙太奇"转写 montage。这一方式的作用对象主要为印欧语源外来词。因印欧语表音文字与汉语表义文字编码构词的巨大机制差异,用来记录外来词的汉字组合,无论从构成还是音韵上往往具有比较浓厚的任意色彩。写音外来语因此被视作汉语外来词中的典型,具体可通过音译、音译兼意译、音译加意译、音译附意译四种方式来实现:音译是将外来语分解成若干音节或音素,继而从汉语中找出大致相同或相近的音节替代外来语音节的过程,构成音译词的汉字因此往往只有记音的作用,如:bourgeois—布尔乔亚,ballet—芭蕾,salon—沙龙,calorie—卡路里,chauvin—沙文主义分子,Ampère—安培,beige—哔叽,coffee—咖啡,sofa—沙发;音译兼意译是指选用语音与语义上均与外来语接近的汉字记录外来语的方式,换言之,此处的汉字除去表音的作用,还有提示外来词意义与借入语文化贴近的作用,如:UFO—幽浮,Revlon—露华浓,humour—幽默,TOEFL—托福,geo—几何,Benz—奔驰,hacker—黑客,Safeguard—舒肤佳,Yahoo—雅虎,(法)Élysée—爱丽舍,Carrefour—家乐福,Belle—百丽,soufflé—苏福利(一种蛋奶酥),modèle—模特,Foulard—富利雅,champagne—香槟;音译加意译是指汉字在对外来词音素或音节的对应记录中,既有记音的部分又有记义的部分,如:Internet—因特网,miniskirt—迷你裙,hulahoop—呼啦圈,New Zealand—新西兰,ice cream—冰激凌;音译附意译是指在对外来词进行音译后,再附以具有鲜明语义特征的、可表义类的语素的引入方式,如:bowling—保龄球,rally—拉力赛,beer—啤酒,bar—酒吧,type—车胎。

1.3 写义外来词

以写义方式引入的外来语是指汉语使用自身的材料表达外来概念的词类。"写义外来语在形式上并不具备异质性,'外来'是其所表达的概念,而不是语言形式本身"(赵宏,2011)①,因此,它与汉语词汇在形式上往往难以划出界限,如摩天大楼、细胞、法官等词的外来性质总难以被认

---

① 赵宏.英汉词汇理据对比研究[D].上海:华东师范大学,2011:173.

出或被承认。写义外来词的引入具体有两种表现方式：一为意译；二为仿译（le calque）。意译是使用本族语的构词材料与构词原则创造新词表达外来事物的过程，如 ange—天使，laser—激光，assurance—保险；仿译是指使用本族语中的表义文字对外来语中相应元素进行对译的过程，如 lune de miel—蜜月，téléphone—电话，supermarché—超级市场。

2. 法语对外来词的引入

法语与汉语不同的文字类型分属使得法语在吸收外来词的方式上与汉语有着本质上的区分。从前一小节对法语外来词的概述中我们知道，法语外来词多源自印欧语内部。"西方诸语言，虽然语音各异，但文字均为字母形式。即使是不同的字母系统，如拉丁字母、希腊字母和斯拉夫字母，相互转换也很容易。"（赵宏，2011）① 因此，与汉语吸收外来语"转写"的实质相对，法语吸收外来语的实质更多是"借贷"，虽然它在吸收与自己文字形式迥异的语言，特别是汉语时也采取了"转写"的方式。根据法语对外来语的引入手段，文中将其分为借音外来词、借形外来词与借义外来词。

2.1 借音外来词

借音是法语引入外来词的主要方式，也是典型方式。以该方式引入的外来词是指在发音与形式上依照法语的语音与形态规则具有不同程度变动，而意义上完全借入的词汇。如 choucroute（酸白菜）源自德语 Sauerkraut，发音与拼写均系法语；reichstag（国会）一词源自德语 Reichstag，词形没有变化，发音上保持着部分源词的特点。法语中的"日语外来词大多直接按照日语罗马字拼写方式传入法语，其发音大多按照日语原本的发音"（李俊凯，2014）② 。法语借音外来词除包括与其同属一系、均使用字母文字记录语言的印欧语外，还包括以表意文字记录语言的汉语。法语对印欧语源，特别是拉丁语源的外来语在形态上的改变总是相对较小，如：表"攻打"的 attaquer（法语）源自 attaccare（意大利语），表"休憩"

---

① 赵宏. 英汉词汇理据对比研究 [D]. 上海：华东师范大学，2011：175.
② 李俊凯. 浅议法语中的日语外来词 [J]. 法语学习，2014（2）：57.

的 sieste（法语）源自 siesta（西班牙语）。但在引入汉语词汇时，鉴于汉语表意文字与法语拼音文字的类型差异，法语只能通过直接引入汉语拼音或通过以自身语素模仿汉文字音节发音对汉字加以转写来完成。

2.2 借形外来词

以借形方式引入的外来语主要指向法语中借用英语词形构成的新词，语义上则常常表达原英语词所没有的词义。这种借词在法语中也被称作假借词（faux emprunts）（程依荣，2007）[1]，如 auto-stop，在法语中表示"搭便车"，而英语中表达该义的词则是 hitch-hike。

此外，法语中还有一类被称作"仿译词"的词汇也可被视作借形外来语。仿译词是指在构造上模仿英语，而构词单位却为相应法语元素的一类词。如 tracking radar—radar de poursuite（跟踪雷达），choke coil—bobine d'étouffement（抗流线圈），skycraper—un gratte-ciel（摩天大楼），free-thinker—un libre-penseur（自由思想家），loudspeaker—un haut-parleur（扬声器）。以"仿译"方式引入外来词的情形在法语中并不多见，该现象可用以下事实加以解释：法语中的借词多数来自英语，而英语同法语一样均以拉丁语与希腊语为语言的构建基础（Aïno Niklas-Salminen，1997）。[2] 虽然"仿译"这一构词方式不甚流行，但法语语言捍卫者们却建议以此方式代替直接借用外来语言的词，且当涉及到科技词汇时，借用拉丁或希腊元素仿英语结构构造法语词汇的情形更是常见，如 bull dozer—excavatrice（n.f. 挖掘机，挖土机；电铲）；pine-line—oléoduc ou gazoduc（n.m. 输油管，输油管线）。

2.3 借义外来词

以借义方式引入的外来词主要是指法语中通过借用与自身书写形式相似或具有一致性的外来词的义项以使自身义项增加的一类词（Aïno Niklas-Salminen，1997）。[3] 通常这类词只指向与英语借用词义的词（程依荣，2007）。[4] 如法语动词 réaliser 原意为"实现、完成、执行"（concrétiser，

---

[1] 程依荣. 法语词汇学概论 [M]. 上海：上海外语教育出版社，2007：111.
[2] Aïno Niklas-Salminen. *La Lexicologie* [M]. Paris: Armand Colin, 1997：85.
[3] Aïno Niklas-Salminen. *La Lexicologie* [M]. Paris: Armand Colin, 1997：85.
[4] 程依荣. 法语词汇学概论 [M]. 上海：上海外语教育出版社，2007：111.

accomplir, effectuer, exécuter）等，之后向英语 realize 借用了"认识、明白"（constater la réalité de quelque chose）等意。再如名词 approche（n.f. 接近，靠近）向英语对应词汇 approach 借用了"方法"一意。

此外，通过翻译其他语言中法语空缺的概念，即通过意译方式引入法语的词汇也可归入借义外来词。如 pomme de terre、plus-value 两词在法语中原本不存在，二者源自德语中的 Erdapfel（土豆）、Mehrwert（剩余价值）两词。

二、汉法语言对外来词的同化

1. 汉语对外来词的同化（la sinisation）

1.1 语音层面

汉语对外来词在语音层面的同化主要体现为音译词的双音节韵律倾向。"汉语词汇常规的韵律形式是单音节与双音节（最为典型），多音节的语词往往要能分解为 1+2（'小提琴''踩高跷'）、2+1（'词汇学''乒乓球'）和 2+2（'虎视眈眈''草木皆兵'）的音节模式才能满足韵律上的稳定性。"（赵宏，2011）[①] 汉语在最初通过音译方式引入外来语时，往往只是一些与字义脱节的，起不到任何听音知义、见字晓义作用的无意义音节的组合，如从法语中引入的 coup d'état、international、prolétariat、bourgeois 最初被分别音译为"苦迭打""英特那雄耐尔""普罗列塔利亚""布尔乔亚"。这些纯音译外来语因未兼顾汉语词汇的韵律模式，无论从发音还是识记上都对汉语团体造成了困难，因此，这些译法之后逐渐被其他满足了汉语词汇韵律的译法所取代，依次为：政变、国际、无产者、资产者。

1.2 语法层面

汉语对外来词语法层面的同化主要体现在两个方面：一为外来词音译成分的语素化；二为音译外来词以"音译成分＋汉语义类语素"的方式进行构词。

[①] 赵宏. 英汉词汇理据对比研究 [D]. 上海：华东师范大学，2011：185.

外来词音译成分的语素化，也被称作外来词写音成分的"字化"①，是指"外来词中的译音用字在汉语中取得了独立使用或构词的能力，取得了同原生汉字一样音义兼表的地位"（苏新春，2003）②。如"啤酒"中的"啤"是英语 beer 的译音，本是只在"啤酒"中使用的专用译音字，现今可作为语素使用构成"生啤、扎啤、果啤、黑啤"等合成词，类似的还有"的""吧""巴""模""咖""奥"等，分别源自英语中的 taxi、bar、bus、model、coffee、olympic，如：

的：的士　的哥　打的　面的　摩的
吧：酒吧　网吧　话吧　陶吧　吧台
巴：巴士　大巴　中巴　小巴
模：名模　车模　手模

另外，从"日语输入的外来词还有23个重要词缀和构词成分：化、式、炎、力、性、品、界、型、感、点、观、线、率、法、度、者、作用、主义、问题、时代、社会、阶级"（蔡基刚，2008）③。外来词语素化并进入汉语构词的过程充分显示了汉语对外来语的同化作用。

写音外来语"音译成分+汉语义类语素"的构词方式被史有为（2000）概括为"音译加义标"。他还将义标区分为"类标与饰标"，具体来说，类标是指置于音译成分这一中心义素之后的义标，"音译部分为多音节的，在使用过程中类标有时可以省略或脱落"④；饰标是指置于音译成分之前的义标。我们认为，"音译+类标"的构成实质上与汉语中"类+种差"的构成相通，音译部分表示中心事物，类标部分则表示事物类别或属性，如艾滋病、沙丁鱼、法兰绒；而"音译+饰标"则相通于"特性－实体"这一构成，饰标部分表示中心事物的可能性特征，音译部分则表示中心事

---

① 徐通锵先生（2005：146）对"字化"这样定义：汉语的基本结构单位是字，它的特点是"一个字·一个音节·一个概念"的一一对应关系，如果有一些与这种对应关系不一致的字或字组，因经历了特定方式的改造而实现了这种对应关系，这就产生了字化。

② 苏新春．当代汉语外来单音语素的形成与提取 [J]．中国语文，2003（6）：549-558.

③ 蔡基刚．英汉词汇对比研究 [M]．上海：复旦大学出版社，2008：305.

④ 史有为．汉语外来词 [M]．北京：商务印书馆，2000：129.

物，如酒吧、车胎。简言之，写音外来语"音译+义标"结构完全符合汉语偏正式合成词的构成，因此，我们也将其视作汉语对外来语的同化表现。

此外，该结构也可谓汉语词汇韵律结构的产物。如前所述，汉语构词的典型节律为双音节，为满足这种要求，一些单音节词常被添加某些并无实际意义的成分，如汉语派生词中的典型词缀，或被添加与中心意义相关的"羡余"语素，如汉语近义并列复合词与"类+种差"复合词，来构成双音节韵律。因此，当外来词被音译为单音节词时，汉语总是会尝试通过增加语素的办法使其构成双音结构。

1.3 语义层面

汉语对外来词语义层面的同化主要体现在汉语对纯写音外来词（字）的排斥倾向上。具体可分解为两个方面：一为音译字的形声化；二为音译词的意译化。

音译字的形声化是指一些音译词的最初记音形式，即书写形式与源词词义原本毫无联系，但由于这种记音不表义的汉字不符合汉字"形音义"三位一体的格局特点，因此人们通过添加形旁意符的办法将之形声化，使之成为既能表音又能提示词义的记录方式。如：师子—狮子，蒲陶—葡萄，虎魄—琥珀，空侯—箜篌，马脑—玛瑙。此外，还有一些化学外来词更是音译字形声化的典型，如氖（neon）、钙（calcium）、硼（boron）、镭（radium）、钛（titanium）、铀（uranium）、钠（natrium）。这些音译词既照应了借出语的语音，又兼顾了汉语文字以形表义的特点，实与汉语自身的形声字无甚区别，被同化程度极高。

音译词的意译化有两种情形：一是纯音译词被意译词取代；"一度是音译的单纯词，因不合汉语的造词习惯而改成可分析的复合词"（蔡基刚，2008）[1]。如 madame—马丹—夫人，telephone—德律风—电话，microphone—麦克风—话筒，grammar—格朗码—语法，stamp—士坦—邮票，kiss—开司—接吻。二是音译词中的部分纯表音元素发生变化，由纯表音转向兼表义，如 muslin—毛丝纶—洋纱—棉纱，bandage—扮带—绷带，cement—水门汀—水泥。此外，即便是纯音译词，也往往倾向选用那些与

---

[1] 蔡基刚. 英汉词汇对比研究 [M]. 上海：复旦大学出版社，2008：185.

词义有瓜葛的文字，如 Totole—太太乐，shampoo—香波，DDVP—敌敌畏，vitamin—维他命。诚如王力先生（1938/1984）所言："许多舶来的词，起初是音译的，后来都被改为意译了。"① 因为"它简单易懂，容易记忆，所以容易为群众所接受"（王力，2004）②。而汉语纯写音词与其他类写音词以及意译词竞争，"大多以音译词的失败而告终"（赵雄，魏家海，吴新华，2001）③。

2. 法语对外来词的同化（la francisation）

法语对外来词的同化主要体现在语音、书写形式、语法与语义四个层面。

2.1 语音层面

萨丕尔（2009）认为："借用外国词总要修改它们的语音。一定会有外国音或重音上的特点不能适合本地的语音习惯。[而]语音在交互影响上，有一件事非常有意思，那就是每一种语言都有强烈的趋势，要保全自己的语音格局。[所以，外来词]会改变得尽可能地不破坏这种习惯。时常会出现语音的妥协。"④ 因此，法语对外来词的同化，在语音层面是最为明显的，主要表现为"外来词发音常被法语中相应的发音所替代"（Maurice Grevisse，1986）⑤，如"意大利语的塞擦音 [tʃ] 法语中一般用 [s] 去代替，西班牙语中的 [θ]、[x] 法语借词一般用 [s]、[ʃ] 代替"（陈定民，1965）⑥；再如，借自英语的词 shampooing，书写虽然没有变化，但发音却完全法语化，读作 [ʃɑpwɛ̃]。另外，法语语音系统中的重音要求也是影响外来词语音的重要因素："外来词的重音按照法语发音习惯，总被强制性

---

① 王力. 王力文集：第一卷·中国语法理论 [M]. 济南：山东教育出版社，1938/1984：440.
② 王力. 汉语史稿 [M]. 2版. 北京：中华书局，2004：601.
③ 赵雄，魏家海，吴新华. 汉英词的互借及同化 [J]. 北京第二外国语学院学报，2001（6）：31-33.
④ 萨丕尔. 语言论 [M]. 陆卓元，译. 北京：商务印书馆，2009：178-186.
⑤ Maurice Grevisse. *Le Bon Usage* [M]. par André Goosse. 12ᵉ éd. Paris：Louvain-la-Neuve, Duculot, 1986：206.
⑥ 陈定民. 法语中借词的发音 [J]. 外语教学与研究：外国语文双月刊，1965（1）：39.

地置于最后一个音节"（Maurice Grevisse，1986）①，而"借词在法语中的语音形式，往往与该词原来的重音位置有关，随着原来重音位置的不同，吸收过来后有的保留末一音节，有的将它省略掉，有的将它的元音变为哑音 [ə]"（陈定民，1965）②。总之，据陈定民（1965）的研究：来自拉丁语古体、古希腊语、意大利语、西班牙语、德语以及英语的借词大多数已经法语化，无论从发音还是词形都不易分辨出借词的迹象。

2.2 书写层面

法语对外来词书写形式的同化，主要表现在对使用非拉丁字母的外来词，如希腊语、斯拉夫语、阿拉伯语等外来词的字母转换，以及对使用表意文字的汉语外来词的转写上。自然，对于使用拉丁字母的外来词，法语也会根据自身的书写规则有所调整，因此，如前所述，不少来自意大利语、德语与西班牙语的外来词也均已失去外来词的痕迹。尽管如此，法语中还是有不少外来词依然保留着源词的面貌，清晰展现着它们的外来性质，例如：出于省力原则保留借出语形式的外来词，为避免国际交流影响而保留源词特征的外来专有名词，由于借入年代不久尚不及法语化的外来词，因追求时尚或国际化而有意模仿源词发音与形式的外来词。

2.3 语法层面

法语对外来语语法层面的同化主要表现为外来词的词根化与词缀化特征上。众所周知，法语派生词中不少构词成分均源自拉丁语或希腊语。此外，法语中的英语借词也有不少可作为根词按照法语构词法，不仅可生成派生词汇，如 football—le football（足球）—le footballeur（足球运动员），surf—le surf（冲浪运动）—surfer（v.i. 做冲浪运动）/ le surfeur（n.m. 冲浪运动员），stock—le stock（贮存）—stocker（v.t. 贮存，囤积）/ le stockage（贮存），还可作为复合词的构词成分出现，如 express—l'express（快车）—l'auto-express（公共汽车快车）/la consultation-express（快诊）/le métro-express（地铁快车）/l'auberge-express（快餐小饭店）。

---

① Maurice Grevisse. *Le Bon Usage* [M]. par André Goosse. 12ᵉ éd. Paris: Louvain-la-Neuve, Duculot, 1986：206.
② 陈定民. 法语中借词的发音 [J]. 外语教学与研究：外国语文双月刊，1965（1）：38.

2.4 语义层面

法语对外来词在语义层面的同化主要表现在外来词义项的增加与词义的缩小两个方面。

从语义上看，法语对外来词意义的借入常常只取一意（Maurice Grevisse，1986）[①]，换言之，引入法语中的外来词一般是单义词。而"当这个单义词在法语中得到延伸或转换，变成多义词时，应视该词已被法语吸收。以 gang 为例，在英语中这个词不一定有贬义，但在现代法语中却用于为非作歹或者至少令人敬而远之的一帮人了"（程依荣，2007）[②]。另外，"若外来词在借出语中的意义具有普遍性质，在借入语中意义则常常被特别化"（Maurice Grevisse，1986）[③]，词义被缩小。如 building 在英语中指"各种建筑"（un bâtiment quelconque），而在法语中则只指"高层建筑"（un bâtiment à nombreux étages）。对外来词所表概念的借入是引入外来词的典型意义，而此处只将外来词所表概念作为借入语根据自身需要重新拟定意义的参照，因此该方式也可被视作法语对外来语的同化。

第三节 汉法语言吸收外来词机制理据

外来词是文化接触交流的必然产物，是填补本民族语言中概念缺项的有效手段，是丰富和发展本民族词汇的主要方式。但不同语言在吸收外来语时的作用机制是不尽相同的，如前面我们所阐述的汉法外来语的吸收情况，虽然二者均可通过音译、意译与音意兼译的方式来吸收外来语，但还是可以清晰地看到汉语的意译化倾向与法语的音译化倾向。那么造成汉法吸收外来语机制差异的理据是什么？作为人类的共同活动，汉法语言在吸收外来语这一具体活动中是否遵循了哪些共同的理据原则？对这两个问题的解答将是深刻明确汉法语言系统运作机制共性与个性的一个过程。

[①] Maurice Grevisse. *Le Bon Usage* [M]. par André Goosse. 12ᵉ éd. Paris: Louvain-la-Neuve, Duculot, 1986：206.

[②] 程依荣. 法语词汇学概论 [M]. 上海：上海外语教育出版社，2007：35.

[③] Maurice Grevisse. *Le Bon Usage* [M]. par André Goosse. 12ᵉ éd. Paris: Louvain-la-Neuve, Duculot, 1986：206.

一、汉法吸收外来词个性机制理据

在以上有关汉法语言引入与同化外来语过程的分析中我们发现，汉语总是侧重以意译化的方式实现该活动，而法语则侧重以音译化的方式完成。这一机制的差异与记录汉法语言的文字性质以及汉法语言所承载的不同文化形态有关。

1. 文字性质理据

众所周知，汉字是典型的表意文字，其本质特征是音形义三位一体。"汉语符号内部（因此）存在着音义关系和形义关系两对形式–意义关系。……而汉语词汇层面形义关系的重要性往往超过音义关系，成为汉语符号的核心机制。"（赵宏，2011）[1] 因此，汉语在吸收外来语时，总是力图使选择的汉字在承担注音符号角色的同时，也可从书写形式上展现与借入词所指概念内容相近、相关的意义。另外，"（吸收外来词使用）音译的目的是要避开意义，而汉字的本性就是顽强表义性，无论挑选哪个字，字的形符本身都已经具备了某固定的含义。这一对天然矛盾的存在，使得汉语使用音译就非常谨慎"（蔡基刚，2008）[2]。再则，汉语语词的音节本身比较简短，常为单音节成字或成词，因此，现代汉语中最常见的长词通常不会超过四个音节，亦即不超过四个汉字，如果超出便容易引起听者的理解困感。换言之，汉文字的单音节性质使汉语语词不宜容纳大量的音节过长的词，而汉语中的音译外来语却常常表现出这种特点。这个矛盾也使得汉语在吸收外来词时常弃用音译的手段。

法语是表音文字，同其他西方语言一样，文字在法语中常被视作是语音的记录手段，因此，对于法语符号而言，音义关系一直都是核心。也因此，法语在吸收外来语时，对外来词的语音改造始终是第一位的。此外，因字母文字自身常是无意义的，其形式不会使人产生意义联想，这种视觉形式与意义之间的断裂避免了类似汉语中音译与表义字之间的冲突，为音译提供了非常便利的条件，因此音译成为法语吸收无论任何性质的外来词的方

---

[1] 赵宏. 英汉词汇理据对比研究 [D]. 上海：华东师范大学，2011：186.
[2] 蔡基刚. 英汉词汇对比研究 [M]. 上海：复旦大学出版社，2008：312.

法首选。

2. 文化哲学理据

语言是文化的沉淀，也是文化的主要载体。民族文化心理对民族语言结构体系的形成与运作起着决定性的作用。本族语对外来语吸收的过程也不可避免受到本民族文化思维的影响与驱动。

"汉语的哲学文化心理是具体形象和联想顿悟"（蔡基刚，2008）[①]，在语言上表现为对"名实统一"的要求，所谓"名不正，则言不顺"（《论语·子路篇》）。音译外来词，尤其是纯表音外来词因注重维护与源词语音的照应性，而使得"名不符实"与"言不尽意"的情况时有发生，违背了"思维主体对于对象的直接把握"这一"中国古典直觉思维"模式（马文峰，单少杰，1990）[②]。为缓和或解决汉字在引入外来词时纯表音性质与其所承载的传统文化思维习惯之间的冲突，在音译外来词中，人们便会有意地通过使表音字形声化、音意兼顾或全部意译等方式来调整外来词的形义关系。

法语的哲学文化心理是抽象理性与演绎推理。法语字母本为他源文字，其理据几乎不再可考，因此以其为构成元素的法语词汇，其书面形式本身也不会引起意义联想。语言符号的这种任意性特征进一步强化了法语重理性、重演绎的思维方式，而使法语词汇向以形表义方向的发展几乎完全丧失可能。因此，法语在吸收外来语时，只限于寻到合适的语音记录新概念，而不必担心来自类似汉字形式上的干扰。

二、汉法吸收外来词共性机制理据

虽然汉法基于上述元素在吸收外来语时各拥其特点，但作为人类语言交流过程中同一性质的活动，二者仍具有某些共通之处，具体表现为对模因理据与经济原则的遵循。

[①] 蔡基刚. 英汉词汇对比研究[M]. 上海：复旦大学出版社，2008：314.
[②] 马文峰，单少杰. 中国古典直觉思维概论[J]. 中国社会科学，1990（2）：108.

1. 模因理据

模因论（memetics）是基于达尔文进化论的观点解释文化进化规律的一种新理论。其核心术语模因（meme）由新达尔文主义倡导者理查德·道金斯（Richard Dawkins）在其 1976 年所著 The Selfish Gene（《自私的基因》）一书中仿造基因（gene）一词而来。事实上，早在 1890 年，法国人加布里埃尔·塔尔德（Gabriel Tarde）在他的著作 The Law of Limitation（《时效法则》）中就曾指出"社会交际起源的所有相似物都是各种模仿形式的直接或间接的结果"。（Paul Marsden，2000）[1] 基于该思想，道金斯在描述基因作为复制因子的特征的基础上，构造了存在于人类社会文化传递的复制因子——模因。"模仿"因此也成为"模因"一词的核心意义之一，因为"模因是通过模仿才得以复制和传播的"（Dawkins，1976）[2]。此处的"模仿"概念"并非简单、机械的重复和复制，它还包含对被模仿对象本质的认识"（谢超群，林大津，2008）[3]。1999 年，苏珊·布莱克摩尔（Susan Blackmore）出版 The Meme Machine（《谜米机器》）一书，标志着模因论理念高潮的到来。根据 Dawkins（1976）和 Blackmore（1999）[4] 的观点，我们通过模仿获得并加以传播的任何东西都可以算作是模因。从这个意义上讲，汉法语言对外来词的吸收均可得到模因论的支撑。

语言模因是模因的语言表达形式，是人类语言和思想传播的基本模式。由于语言的存在，模因可以代代相传形成纵向传播，也可以在同一代人之间形成横向传递。而对于外来词吸收这一语言活动，我们可根据具体吸收过程中外来语对于源语及目标语的复制特点，将活动运作机制理据分为横向模因、纵向模因与纵横向模因。具体来说，横向模因是指外来词复制因子主要来自源语/借出语；纵向模因指外来词复制因子主要来自目标语/借入语；纵横向模因则指外来词复制因子与借出语和借入语的关系均密切。

---

[1] Marsden, P. Forefathers of Memetics: Gabriel Tarde and the Laws of Imitation [EB/OL]. https://www.researchgate.net/publication/242289980_Forefathers_of_Memetics_Gabriel_Tarde_and_the_Laws_of_lmitation.

[2] Dawkins, R. The Selfish Gene (2nd ed.)[M]. Oxford: OUP, 1989: 194.

[3] 谢超群，林大津. Meme 的翻译 [J]. 外语学刊，2008（1）：66.

[4] Blackmore, S. The Meme Machine [M]. Oxford: OUP, 1999.

根据前文对汉法吸收外来词的机制阐述，尽管两语言在外来词吸收方式上各有侧重，但无论是汉法均可采用的音译法、意译法、音意兼译法，还是汉语中以吸收日源词为主的借形法，还是法语中的借形不借义或借形借义，均不可避免关涉到对借出语或借入语语言特点的模仿。音译法，此处于汉语只指向纯音译，主要是以复制原词读音引入外来语，属横向模因。该方法以其省力、快速的特点常被视作吸收外来语的最佳方式，在法语中尤是如此。汉语中，近年来出现的音译词回潮现象，以及主要产生于近20年的零译法，即将外来词汇（主要是印欧语）保留其原有形式和读音原封不动转借于汉语中的现象，如CEO、GDP、WTO等，也表明了横向模因理据在汉语吸收外来语活动中作用范围的拓展。意译主要是借入语运用自身语言元素及特点对外来概念加以吸收的手段，鉴于外来词模仿因子多源于借入语这一事实，该方法应属纵向模因。音意兼译法在法语中极为少见（陈定民），主要指汉语中"音译兼意译、音译加意译、音译附意译"三种方式。在此三种吸收方式中，原词读音被部分复制，但借入语，即汉语的文字特点、构成方式更多地被遵循，因此我们将之视作纵横向模因。

总之，无论以哪种方式对外来语的吸收均是以相关语言特点为依托的活动，而非完全任意性的创造。因此，模因论可谓汉法吸收外来语活动的支撑理据。

2. 经济原则

关于语言的经济问题，最早由美国学者乔治·金斯利·齐夫（George Kingsley Zipf）于1936、1949年提出。齐夫认为，语言作为人类所有行为中的一种，必然遵循指导人类行为的基本原则——省力原则（the Principle of least effort），又称经济原则（the Economy Principle），该原则可以概括为：以最小的代价换取最大的收益。（姜望琪，2005）[1] 该原则强调的是：人们在争取某种效果的时候，往往会采取相对经济、相对省力的途径（姜望琪，2005）[2]。齐夫（Zipf，1936）指出：人类语言行为中所有的言语要素和语

---

[1] 姜望琪. Zipf与省力原则 [J]. 同济大学学报，2005（1）：87-95.
[2] 同上：91.

言结构都由语言的经济性这一根本法则驱动和主导。经济原则的最终目的是实现语言形式和语言行为的均衡。法国语言学家马丁内（Martinet，1980）也对语言的经济现象进行过深入的研究。他将经济原则视为"语言运转的基本原理"（principe de fonctionnement），并指出，人类的行为是遵守最小努力法则的。①

不同语言文化交流中出现的词汇借用现象，即借用外来词汇弥补本族语概念缺项的活动，本身就是语言经济原则的一个体现。因为该活动不仅可及时满足语言使用者的交际需要，还可避免相关语言中的完全造词活动。其次，如上节所述，以模因理论作为语言吸收外来词机制的理据，使该活动成为了具有理性的活动。而在此过程中所涉及的交流词汇也因具有复制了相关语言中的因子，或是基于横向模因使得引入省力，或是基于纵向模因使得被接收、被理解省力，或是基于纵横向模因使得被引入及被理解均省力，无一不是经济原则的表现。以汉语吸收外来语为例，以横向模因为吸收理据所得的音译词常有双音节化倾向，碰到三音节及以上，会略译音节，压缩为双音节，如 geometry—几何，romantisme—浪漫；一些原以音译方式引入的外来词因音节过长改用以纵向模因为理据的意译，如 inspiration—烟士披里纯—灵感；一些意译词因非双音节而发生二次意译，如 guitar—六弦琴—吉他（蔡基刚，2008）。② 此外，以纵横向模因为作用理据、以音译附意译方式吸收的、出现频率高的外来词，会出现表类别的语素逐渐脱落的现象，如吉普（车）、香槟（酒）、探戈（舞）等。以上各情形均是经济原则使然。

小　结

外来词是语言交流的必然产物，是各民族词汇不可或缺的组成部分。文中对汉法外来词相关理据的分析对比发现：汉法语言在吸收过程中对外来词所进行的语音、语法、语义层面的处理均依据了模因理据。而模因理

---

① André Martinet. *Elément de Linguistique Générale* [M]. Paris: Armand Colin, 1980：176.
② 蔡基刚. 英汉词汇对比研究 [M]. 上海：复旦大学出版社，2008：306.

据因其模仿、复制的性质本身就是对经济原则的遵循。具体而言，汉语文字是典型的表意文字，在吸收外来语时，总是力图使选择的汉字在承担注音符号角色的同时，也可从书写形式上展现与借入词所指概念相近或相关的意义。如此，可在最大程度上实现对借出语与借入语的双向模因，进而简化并利于外来词的被理解与被接纳。法语是表音文字，音义关系是其核心，因此，法语在吸收外来词时，无论借出语是拼音语言还是汉语，法语对外来词的语音改造始终是第一位的。如此，与法语使用者关注音义关系的心理取向一致，使外来词更易被认可并习得。而与此同时，我们也发现，为保障语言活动的经济性，汉法语言吸收外来词时的手段是各有侧重的：汉语侧重以意译化的方式实现该活动，而法语则侧重以音译化的方式来完成。这一差别与汉法文字性质密切相关，如上所述。另外，汉法哲学文化心理的不同也是造成该差别的因素之一：汉语推崇具体形象和联想顿悟，要求语言"名实统一"，因此，为缓和或弱化用来转写外来词的汉字的纯表音性质，人们总会利用表音字形声化、兼顾音意、全部意译等方式来调整被转写的外来词的形义关系；法语推崇抽象理性与演绎推理，法语字母他源性质造成的任意性又强化了这种文化思维，因此，法语在吸收外来语时，常常只限于寻到合适的语音记录新概念，而不必担心来自类似汉字形式上的干扰。对汉法语言外来语吸收机制以及作用机制支撑理据的分析比对，使我们对两种语言内部运行机制得以洞悉，同时也为之后外来语的吸收活动提供了有益的借鉴。

第七章　汉语反义复合词与法语反义复合词组的理据对比

汉语反义复合词是指由两个意义相反或相对的单音节词素组合而成的联合式或并列式复合词，如上下、矛盾、表里等。作为汉语重要且独特的构词方式之一，反义复合词引起了不少学者的关注，尤以对其词素序列（以下简称词序）理据和语义变化的关注为甚。然而前期关于反义复合词词序的理据分析多延用并列复合词的研究成果。本书中我们将在前期研究基础上，以《现代汉语词典》（第6版）与《现代汉语规范词典》（2004）中搜集的317个反义复合词为封闭式语料，对反义复合词的相关理据做一更为详尽、体系的考察。因汉语反义复合词大多数在中古时期形成，发展至现代汉语（以下简称现汉），虽然部分词汇的词序与成词理据与原初相比有所变化，但语言作为一个自组织①系统，具有相对稳定性。因此，现汉反义复合词词序特征及其成词理据与中古造词时基本保持了一致。另外，由于无法对语料中的每个词汇追根溯源，明确其产生的年代、出处，以及或有的演变过程，故，对反义复合词理据的相关分析，我们将在与历时性

---

① 王艾录（2002：1）在《语言理据研究》一书中指出："自组织"这一概念最早由比利时布鲁塞尔学派的领导人伊利亚·普利高金（Ilya Prigogine）在他创立的"耗散结构理论"中首次提出。该理论表明：一个远离平衡的开放系统，在外界条件达到一定阈值时，就会从原有的混乱无序的混沌状态，逐渐变为一种时间上、空间上或功能上的有序状态。耗散结构理论现已成为运用于物理、化学等自然科学领域与社会学、语言学等社会科学领域的一门交叉学科。

研究成果比对的基础上，主要从共时层面进行。

法语中，除却"aller-retour""allée et venue""va-et-vient""clair-obscur"四个词外，再无可与汉语反义复合词完全对应的词条。但法语中存在一类由两个意义相对或相反的词汇构成的固定短语，在此我们称之为反义复合词组（locution-antonyme），如 comme ci comme ça（马马虎虎），tôt ou tard（迟早），tant bien que mal（勉强），是与汉语反义复合词具有一定对应性与可比性的语言现象。然而，这些反义词组在构成短语时还需借助介词、连词或副词等加以连接，且数量也相对有限。在翻阅《新法汉词典》（2001）与《拉鲁斯法汉词典》（2014）中超过65000个词条后，我们查阅到31个符合要求的词组：bon gré mal gré, comme ci comme ça, ça et là, de-ci de-là, envers et contre tout/tous, deça (et) delà, à droite et à gauche, de droite et de gauche, de gré ou de force, de haut en bas, ici et là, par-ci par-là, jour et nuit=nuit et jour, ni jour ni nuit, nègre blanc, au long et au large, en long et en large=de long en large, ni peu ni prou, à la vie (et) à la mort, sans tête ni queue, peu ou prou, (en) noir et blanc, plus ou moins, ni plus ni moins, sens devant derrière, tant bien que mal, tant plus que moins, à tort ou à raison, tôt ou tard。通过对汉语反义复合词与法语反义复合词组理据特点的对比，我们可明确语言、认知、哲学各层面因素在语言词汇特点形成过程中的角色作用。

第一节　汉语反义复合词词序理据

构成复合词的词素（也称语素或字），是语言中最小的音义结合体单位。"音""义"作为词素的基本属性，当仁不让成为了反义复合词词序理据的首要考察层面。

一、语音层面

汉语音节由声母、韵母[①]和声调三部分组成。并列复合词的词序，包

[①] 汉语中声母主要由辅音构成，因为音节的声母可以是零声母；韵母由元音或元音加辅音，也称鼻韵母构成。（黄伯荣，廖序东，2007：21）

括反义复合词在内，在声调上基本遵循"阴阳上去"（中古为"平上去入"）的调值[①]序列，声母上遵循清音在前、浊音在后的清浊序列，韵母上遵循舌位高音在前、舌位低音在后的高低序列。（陈爱文，于民，1979；周荐，1986；李思明，1997；鄂巧玲，2001；马清华，2004，等）三个序列不被要求同时作用，对反义复合词的词序影响程度不一。

1. 声调序列

影响反义复合词词序的以上三个因子中，以声调序列（简称调序）的作用最为显著。无论从共时层面还是历时层面看，反义复合词大都以调序作为基准进行词素排列。调序的重要性与声调在汉语中的特殊地位密切相关。现代汉语普通话有21个辅音声母（再加一个零声母），39个韵母，只可以组成418个基本音节。而配合四个声调，则可有1332个音节（王希杰，2013）[②]。可见，声调对于汉字意义区分有重要作用。罗常培（1965）曾言，声调是汉语音节中最受注意的表义要素，是整个音节的"神"。我们对语料中313个反义复合词进行统计，依据"阴阳上去"调序序列，按顺序排列的有48%，同序的有33%，逆序的有19%。若以中古调序"平上去入"为基准，合调序词的比例要更高些。例如，违背"阴阳上去"序列的"得失、手足、寒暄、乾坤、死活，妍媸、输赢、贫富、毁誉"等词，均遵循了中古时"平上去入"的调序。

虽然调值序列由中古的"平上去入"转变为现汉的"阴阳上去"，致使符合调序的反义复合词比重有所下降（仍占多数），但这却是人类语音发展趋简化内在要求的必然结果。另外，现汉中平声字数所占份额下降，"汉语言受到了建筑在专家语言自省基础上，集体有意识的正负规范行为的约束"（马清华，2004）[③]，这些也是促使现汉中反义复合词合调序倾向减弱的因素。

[①] 调值指音节高低升降曲直长短的变化形式，也就是声调的实际音值和读法。（黄伯荣，廖序东，2007：64）
[②] 王希杰. 汉语修辞学（修订本）[M]. 北京：商务印书馆，2004/2013：159.
[③] 马清华. 并列结构的自组织原则 [D]. 上海：华东师范大学，2004：136-137.

2. 声母序列

声母先清后浊序列在中古汉语中被认为是仅次于声调序列的第二原则。该原则主要用于对同调的并列复合词词序做出解释。李思明（1997）曾按清浊的先后顺序对《朱子语类》中搜集的692个同声调词进行统计，发现依据声母"前清后浊"顺序排列的并列复合词占41.9%，同序的（同清或同浊）占52.2%，逆序的（前浊后清）占5.9%。[①] 现代汉语中，声母除了 /m、n、l、r/ 四个浊音外，其余已不分清浊。而据此统计，现汉中合声序的同调反义复合词只有10个，且其中8个与我们下文要讲到的韵序或义序的作用重合。因此，从共时层面看，声序对反义复合词的影响似乎是可以忽略不计的。但值得一提的是，现汉中的阴、阳调是按照声母的清浊来划分的，清声母字归阴调，浊声母字归阳调。普通话的阴平声字，大致跟古清声母的平声字相当；阳平声字也大致跟古浊声母的平声字相当（黄伯荣，廖序东，2007）[②]。因此我们认为，声序对现汉反义复合词的影响事实上是融合在了调序之中的。

3. 韵母序列

韵母序列是指反义复合词词素根据元音（韵母）舌位的高低进行前后排列。"在汉语一个词的发音中，起主要作用的是韵母，也即词中主要元音决定发音时的口型。"（鄂巧玲，2001）[③] 汉语中的元音，根据舌位高低和开口度大小从高到低为 i>u>>ü>e>o>ê>a（黄伯荣，廖序东，2007）[④]。鄂巧玲（2001）根据元音舌位高低的和谐搭配，对陈爱文、于平《并列式双音词的字序》一文中不合调序的135个词进行分析后发现，占总数87%的114个词符合韵母序列[⑤]。而这114个词多数是同调词（马

[①] 李思明. 中古汉语并列合成词中决定词素词序诸因素考察[J]. 安庆师院社会科学学报，1997（1）：66.
[②] 黄伯荣，廖序东. 现代汉语[M]. 4版. 北京：高等教育出版社，2007：66.
[③] 鄂巧玲. 再谈并列双音词的字序[J]. 甘肃教育学院学报：社会科学版，2001（1）：65.
[④] 黄伯荣，廖序东. 现代汉语[M]. 4版. 北京：高等教育出版社，2007：45.
[⑤] 鄂巧玲. 再谈并列双音词的字序[J]. 甘肃教育学院学报：社会科学版，2001（1）：64.

清华，2004）。在我们语料搜集的 101 个同调词中，以上述元音为韵腹的 54 个同调词，如利害、内外、睡觉、治乱等可依据韵母序列原则得到解释。

综合语音层面三个序列的理据作用，其中调序主要作用于异调词，声、韵序作用于同调词，语料 317 个反义复合词中有 211 个词的词序得到解释，约占总数比例 66.6%。尽管作为第一性逻辑原则，语音原则对语料近 2/3 的词汇词序做出了解释，但语料中仍有不少异调或同调反义复合词词序，如爱憎、捭阖、弛张、大小、旦夕、安危、高低等无法依据语音原则加以解释。这就要求我们继续为反义复合词词序寻找它所遵循的第二性逻辑原则。

二、语义层面

众所周知，构成汉语复合词的词素是汉语中最小的音义结合体单位。词素的组合序列除了受语音影响，在语义上也遵循了一定规则。语义，按认知语言学的说法，主要来源于人与客观世界互动的认知，是基于体验的心理现象。人类将自身与客观世界认知时表现出的特点记录在语言中，体现为语言的形式构成。换言之，语言形式与人类的认知特点具有一定的同构性。

反义复合词的构成词素及构词特点，是人类对事体或行为对立特征认知特点的语言记录。认知学学者在对人与客观世界的互动过程进行考察时发现：在认知过程中，人们将自我置于宇宙的中心，然后以此为参照形成视角，确定了"上下、前后、左右、高低、中心与边缘"等概念（Miller & Johnson-Laird，1976）[①]，继而，人类又将这种对空间概念的认识延伸到时间表达上，时间于是成为了空间的隐喻（Anderson，1971；Clark，1973；Givòn，1973；Traugott，1982）。可以说，人类在对时空概念的感知和建构中始终发挥着中心作用（H. Clark，1973），这一特点又不期然反映在语言中。另外，对于事体或行为的认识，人们总倾向于并易于接受具有正面或积极意义的一方，而不大喜欢并抗拒负面或消极的一方。当正负相对的事体、行为或事体、行为的正负性征需要被同时提及时，人们总

[①] Miller, G. A. & Johnson-Laird, P. N. *Language and Perception* [M]. Cambridge, Mass.: Harvard University Press, 1976.

会先提及正面,再提及负面。

上述两个认知特点反映在汉语反义复合词的词素序列上,可被分别称作是遵循了"自我中心原则"与"波丽安娜原则"。依此两项原则,可对多数不合音序的反义复合词,如中西、昼夜、正误、任免、日夕、荣枯做出合理解释。自我中心原则与波丽安娜原则[①]具体又可分为以下几个次原则。

1. 自我中心原则

(1)空间序列

人们在对周围空间进行认知时常以"我"为中心,遵循上下、前后、内外、方向(东西、南北)的基本序列。含有空间义素的词素无论是显性的还是隐性的,或言无论是本义还是隐喻义,在构成反义复合词时都遵循该序列,如:上下、东西、中西、中外、起伏、浮沉、乾坤、手脚、手足、首尾、进出等。

(2)时间序列

含有时间义素的词素,无论时间义素呈现为显性即表时间本身,还是隐性即表事体或动作的运动变化,通常都会按时间或逻辑上的先后顺序进行组合,如:捭阖、废置、购销、嫁娶、劳资、睡觉、授受、朝夕、昼夜、旦夕、日夕、始终、教(jiāo)学、问答、序跋、作息、往还、赠答等。

(3)时空序列

人类对客观世界的认知始于自身与周围空间,时间是人类为便捷自我,

[①] 波丽安娜为埃莉诺·H. 波特(Eleanor H. Porter)小说《波丽安娜》(*Pollyanna*, 1913)中的女主人公,因其乐观的性格而被心理学家用来解释相关的语言心理现象,如具有积极联想意义的词比具有消极意义的词更受人们欢迎,这一现象就被称为波丽安娜原则。(Leech, G. *Principles of Pragmatics*. 1983: 147)束定芳、黄洁(2008)将波丽安娜原则视作语义层面的总原则,之下包括"空间和时间准则""利弊准则""自我中心准则"和"等级准则"四个子项。但我们认为将二者并列立项更为合理。因为,自我中心原则主要作用于认知发生初期人类对自身以及时空的认知,以生理体验为主。波丽安娜原则则以心理体验为主,反映的是一种情感或心理倾向。从发生顺序上看,波丽安娜原则更似自我中心原则的隐喻或转喻型发展。

以空间域为源域投射在人类心理上的目的域概念。因此,当表示时、空意义的词素进行组合时,含有空间义素的词素常在前面,如:阡陌、宇宙。(此处例词亦符合语音原则。)

2. 波丽安娜原则
(1) 正负序列

正负序列是波丽安娜原则之下的典型序列。在反义复合词中,具有积极、肯定义的正面词素常排在前面,具有消极、否定义的反面词素则排在后面,反映了人们喜"好"厌"恶"的典型心理。如爱憎、弛张、缓急、好歹、喜丧、妍媸、盈亏、是否、是非、得失、奖罚、奖惩、吉凶、任免、荣枯、赏罚、盛衰等。

(2) 标记序列

"标记"一词借自布拉格学派做音素分析时创立的术语。构成反义复合词的部分对立词素,以具有层级或极性反义关系①的对立词素为主,根据频率分布、认知难易等标准,可被纳入无标记与有标记的对立。通常,在使用中分布较广、出现频率较高、认知上具有较高显著性、语义上倾向于肯定的词被视作无标记项,如高、深、厚、粗、大、远等。这类词作为词素用于构词时总被置于前面,而与无标记词相对的有标记项作为词素使用时则常被置于后面,如大小、厚薄等。

(3) 等级序列

等级序列包含了人们对事体、行为特征认识与评价的人文性次序,常带有一定的民族色彩,具体呈现为先后、上下、主次等层次性特征。如:老小、母子、母女、婆媳、师生、爷娘、子女、官兵、父女、凤凰、干群、士女、主从、祖孙等。

综上所述,自我中心原则与波丽安娜原则可对语料中不合语音原则的87个异调词与同调词做出完满诠释。至此,综合语音原则与语义原则的理

---

① 层级反义关系是指处于这种反义义场中的两个词,肯定A就否定B,肯定B就否定A,但否定A不一定就是肯定B,否定B不一定就是肯定A,因为还有C、D、E等其他意义存在的可能,即:A=-B, B=-A, 但 -A ≠ B, -B ≠ A。例如:大 --- 小,中间还可有不大不小。

据作用，语料317个词中，约占总数94%的298个（211个合音+87个合义）反义复合词词序得到了解释。

虽然语音、语义原则具有强大的解释力，但语料中仍有20个反义复合词不能被纳入解释范围。分别为：短长、弟兄、枘凿、往来、祸福、死活、异同、晦明、寒暄、牝牡、皂白、水火、鬼神、卯榫、纵横、去留、弃取、消息、供需、名实。这就要求我们继续寻找第三决定性逻辑以完整反义复合词的词序理据。

三、语用层面

源于人类与客观世界互动的词的形式与意义，是在词的使用，或称语用中逐渐固定下来的。中西方很多学者如庄子、C. S. 皮尔斯（Pierce）、维特根斯坦（Wittgenstein）（后期）等甚至将词在语言中的使用视作词的意义。可见语用对词汇的影响不容忽视。对于无法倚靠语音、语义原则得到诠释的20个反义复合词，我们在此尝试从语用层面寻找其序列理据。

1. 偏义凸显的语用需求

反义复合词的语义通常取决于它的组成词素，时而为两个词素意义的简单并列，时而超出两词素的意义而生成新的语义。而在实际语用中的反义复合词语义解读情况似乎更加复杂，也更灵活，因为语言使用者的个体意愿或倾向会对词义的表达产生影响。以"死活、祸福和异同"为例，三个词的基本语义[1]依据《现代汉语词典》（第6版），虽基本等同于两个对立词素语义的合成，即（复合词义）AB≈（语素1）A+（语素2）B，如，异同≈异+同，但在语用中却常常凸显首词素的语义，有偏义倾向[2]。如：

（1）不过，官家或中央政权所注意的，并不是人民的死活，而是"威

---

[1] 祸福（594）：灾难和幸福；死活（1232）：活得下去活不下去，副词（口）无论如何；异同（1543）：不同之处和相同之处，异议。
[2] 与偏义词两个并列词素中只有一个词素表示词义的概念不同，此处偏义倾向是指词汇在使用中多侧重于其中一个对立词素所表达的语义，而词汇意义则仍由两个词素联合表达。

福分于豪强"。

（2）他摆开阵势，决心和邓艾拼个死活。但是毕竟敌不过邓艾，诸葛瞻和他的儿子诸葛尚都战死了。

（3）天有不测风云，人有旦夕祸福。不久宋美龄又接到来自台北的加急电报："蒋中正病重速回。"

（4）古代思想家老子曾说："祸兮福之所倚，福兮祸之所伏。"这是一种祸福相依的哲学观，认为世事变幻无常，因祸可以得福，坏事可以变为好事。

（5）在分析煤层瓦斯含量的影响因素时，要注意各因素的异同，从中筛析出差异较大的因素。

（6）各民族不论人口多少，经济社会发展程度高低，风俗习惯和宗教信仰异同，都是中华民族的一部分，具有同等的地位。

（上述例句选自北京大学语料库。）

事实上，这三个词自古代凝固成词起便有偏义倾向。（曾丹，2007；束定芳，黄洁，2008）我们认为，这是因为虽然人类有喜"好"厌"恶"的本能追求，但不能否认，事体或行为的负面特征有时却更须也更易引起人们的关注，以便能够适时、及时避"重"就"轻"或"未雨绸缪，防范于未然"。同类词还有"皂白"[①]。

2. 约定俗成

约定俗成是指某种事物的名称或社会习惯是由人们经过长期实践而认定或形成的。有些反义复合词，如名实、供需[②]、晦明、寒暄、牝牡、水

[①] "皂白"基本义与"黑白"同，且出现较"黑白"晚，我们或也可将"皂白"视作是与"黑白"具有互文性的同义词或近义词。
[②] "供需"的词序在现汉中常被视作违反了语义原则的时间逻辑序。事实上，在造词原初，该词词序是合乎语义原则的。供需（亦作"供须"）在现代汉语中有两个义位（《现代汉语词典》[第6版]：454）：一是供给和需求；二是供给所需之物，语法结构上属于并列关系。但它在出现初始却只有"供给所需之物"一个义位，在语法上实为动宾结构。虽然现汉中扩大了"供需"的词义，但词序未做改变。由此，从词源上看，"供需"的词序是合理的，只是在历时发展中，因词义变化或原初造词背景的消失，理据被掩盖或已然不复存在了。

火、鬼神、卯榫、纵横、去留、弃取、消息，我们不能完全否认这些词在原初产生时的理据性存在，但现今无论从共时层面还是历时层面却均无法明晰寻得其理据，对此，我们将之视作约定俗成的结果。与现代语言学中的"任意性"概念不同，约定和俗成是以人们的认知加工为基础的，有理据关系应首当其选，更易被约定，更易俗成，也更易被大众接受（王寅，2007）[1]。此外还需明确的是，所谓"约定俗成"，并非依据语言使用团体中普通民众的共同意向而制定。从历时角度来看，它是"王者"约定，王者使其民相效；从共时角度来看则多是建立在专家语言自省基础上的政府规范，而后使大众效仿。当然，也不排除有些词汇始于民众，而后因其能反映时下社会的某些新生现象、特征，且使用频率高，流通广，最终为语言共同体成员所接纳而上升为本族语词汇系统成员的情形。

3. 语用中的细微义辨别

在不合语音规则与语义原则的反义复合词中，还有一类同素逆序词，即两个词的词素相同，顺序可互换。如：长短－短长、凿枘－枘凿、来往－往来、兄弟－弟兄。马清华（2004）认为这些逆序词对顺序词具有优势抑制的作用[2]。换言之，逆序词的出现是为压制顺序词的垄断作用。同素逆序词虽在现汉中已为数不多，但在中古汉语中却极为常见。曾丹（2007）在其博士论文《反义复合词形成演变的认知》中曾列举出66组同素逆序词，如大小－小大，生死－死生等。我们认为彼时该类词数量较多的原因在于：其一中古时期词汇结构尚不稳固，其二是传统阴阳观思想的平衡作用。而今同素逆序词的大幅减少多是应着我们下节将要论及的语言经济性的要求。保留至今的同素逆序词则多是为满足语用中词汇细微意义辨别的需要。现汉中除去以上四组外，还有士女－女士、问答－答问、浮沉－沉浮、厚薄－薄厚四组。但这四组的词序均可被语音、语义原则覆盖，故不在此处论。

依据语用层面上述三类情形，综合语音、语义原则，反义复合词词序

---

[1] 王寅. 中西语义理论对比研究初探：基于体验哲学与认知语言学的思考 [M]. 北京：高等教育出版社，2007：102.
[2] 马清华. 并列结构的自组织原则 [D]. 上海：华东师范大学，2004：127.

可得以全部理据化。

第二节　经济原则：汉、法三层面理据共循原则

一、法语反义复合词组序列理据

由于法语反义复合词组数量有限，其理据原则近乎一目了然，经考察发现：在我们搜集的 31 个词条中，有 24 条在语义层面分别遵循了汉语反义复合词所依据的"自我中心原则"与"波丽安娜原则"，如 bon gré mal gré, envers et contre tout/tous。语义层面的两个例外 à tort ou à raison 与 peu ou prou 可从语音层面加以解释：包含音素较少的词总是趋于置于音素较多的词前；而对于 jour et nuit 与 nuit et jour 的共存则表明了语用层面约定俗成或语用效果的需求影响。简言之，在法语反义复合词组的词序构成中，语义理据占据着主导地位。

截至目前，通过对语音、语义、语用三个层面的理据考察，我们对语料中搜集的 313 个汉语反义复合词词序，以及 31 个法语反义复合词组词序均做出了解释。并认为，上述理据亦可覆盖之后或将出现的反义复合词与反义复合词组词序。那么，反义复合词与反义复合词组以上述三层面原则为理据的依据是什么？换言之，反义复合词何以依据上述原则进行排序？我们对上述理据原则考察后发现，语音、语义以及语用三层面具象原则及各层面原则间的关系均显示出语言省力、经济的特点。在上一章我们已经提到，经济原则，也被称作省力原则，是语言运转的基本原理。美国哈佛大学教授齐夫（Zipf，1936）与法国语言学家马丁内（Martinet，1980）均明确表示过：人类言语行为遵循省力原则。那么，经济原则是如何作用于反义复合词（组）的三个层面的？以下我们将逐一做出说明。

二、语音、语义、语用三层面原则的经济性

1. 语音原则的经济性

如前所述，反义复合词词序在中古和现代汉语中分别遵循着"平上去入"和"阴阳上去"的调序原则。古代学者对四个调值有过比较形象的描

绘:"平声哀而安,上声厉而举,去声清而远,入声直而促";"平声平道莫低昂,上声高呼猛烈强,去声分明哀远道,入声短促急收藏"。这些描绘大致说明:就声调发音难易来说,平声要易,上去入三声要难(李思明,1997)[①]。现代汉语普通话中,入声被取消,声调被分为阴平、阳平、上声、去声四个调值。一般来说,"平声读起来语调平缓,仄声读起来语调屈折多变,口气较重"(王希杰,2004/2013)[②]。唐伶(2002)也指出:"四声中去音音域最宽,升降幅度最大,因而难度最大,上声次之,阳平再次之,阴平则是发音最简单的。"[③]可见,古、今汉语对声调的难易感知顺序基本一致。反义复合词则无论依据哪个调序原则,在对立词素的发音序列上都呈现了由易至难的特点。此外,反义复合同调词所遵循的声母上的"先清后浊"序列以及韵母上的"先舌位高音后舌位低音"序列也呈现了由易至难的特点。唐伶(2002)指出:"清浊声母的重要区别是清声母声带不颤动,而浊声母声带颤动,显然声带不颤动的要比颤动的省力;就元音舌位而言,由高滑向低比由低滑向高自然、省力,所以在一定条件下,高舌位音在前,低舌位音在后。"[④]史蒂芬·平克(2004)将元音和辅音分别称作母音和子音。认为舌头的高低决定字序。舌头高起来所发出的母音,字序在前,反之亦然,如 ping-pong, pitter-patte, zig-zag 等。而子音之间的差别在于它们被阻碍的程度,即空气流动出来时被阻碍的程度。一个字开头的子音若是比较没有阻力的子音,它会比阻力大的子音开头的字先说出来,如 razzle-dazzle, supper-dupper, holy-moly 等。[⑤]格拉蒙(Grammont)等人在有元音交替的法语拟声词中也有类似的发现,此类拟声词遵循着一条简单而严格的规则:重读元音 i、a、ou 总是按照从最亮音到最沉音的顺序出现,不会颠倒,如 tic-tac, pif-paf-pouf(Gérard Genette,1976)。[⑥]

[①] 李思明. 中古汉语并列合成词中决定词素词序诸因素考察[J]. 安庆师院社会科学学报,1997(1):69.
[②] 王希杰. 汉语修辞学(修订本)[M]. 北京:商务印书馆,2004/2013:188.
[③] 唐伶. 双音节并列式复合词语素序研究[D]. 长春:东北师范大学,2002:13.
[④] 同上。
[⑤] 史蒂芬·平克. 语言本能:探索人类语言进化的奥秘[M]. 洪兰,译. 广州:汕头大学出版社,2004:181-184.
[⑥] Gérard Genette. *Mimologique* [M]. Paris: Seuil, 1976:413.

关于语音原则由易至难的序列倾向，前期研究基本认为是发音在生理上的省力要求所致。陈爱文、于平（1979）指出并列复合词的词序只能从发音的生理要求上解释。人们说话的时候，有一种本能的要求：在不影响表达思想的前提下，发音尽可能省力一点。尹铁超、包丽坤（2010）从人类语言学视角出发，对语音的简化性进行研究时指出："无论是元音还是辅音，在固定搭配中，其出现的顺序都基本遵循指导人类行为的一条根本性原则——省力原则：人会本能地把费力小、容易发的音先发，把费力大、难发的音后发出来。简言之，发音所需能量值越小、越省力者就先发。"①由此可见，反义复合词词序语音层面的三个序列原则均受到了语言经济原则的支配。

2. 语义原则的经济性

语义层面的自我中心原则与波丽安娜原则以自我的生理体验与心理感受为基础，指导人们对具有对立关系的事体、行为或其特征进行认知，表现出人们先易后难的认知倾向。记录在语言中，表现为序列上词素的先"正"后"负"。据我们的语料统计，若将符合语音原则的合义反义复合词也计入在内，合乎语义原则的复合词数量将占到总数的81.5%。而法语反义复合词组中则有近77%的词组遵循语义原则。这些数据充分证明了人类在意义探寻活动中的省力倾向，也即对经济性的追求。

3. 语用原则的经济性

反义复合词语用层面的经济性主要体现在同素逆序词历时性的减少，以及不合音、义原则的反义复合词词素在音、义序列上具有一致性特点这两个方面。同素逆序词的有限存在既可避免为表达细微差别创造新语言单位的行为，又能表现出与其对应的顺序词之间的联系。如此，既减轻了记忆和理解上的负担，又保证了与顺序词细微区分的语用需求，经济性特点一览无余。关于反义复合词在语用层面经济性的第二个表现我们将在下节

---

① 尹铁超，包丽坤. 普通人类语言学视角下的语音简化性研究[M]. 北京：北京大学出版社，2010：62，73.

做专门论述。

4. 语音原则与语义原则的内在一致性

4.1 相互制约

语音原则对于语义原则的制约，其根本在于人类的生理机制要求。维科（1986/2008）在讲到语言起源时曾言及这样一条公理：各族语言一定都从单音节开始，因为即使现在词汇中多音词很丰富，儿童们在初学语言时也还是从单音节开始，尽管儿童的发音器官纤维现已很灵活。[①]可以推断，自人类能够表达思想的语音出现起，人类便是沿着由易入难、由简入繁的轨迹发展的。这种避繁就简的倾向可被看作是人的生理本能。因此，语音原则在汉语反义复合词的词序构建中必然对语义原则具有一定的制约作用。

虽然语音原则对语义原则有着生理性基础上的制约，但这种制约却非绝对优势化的单向制约，而是一种相对化的相互制约。且在反义复合词中，语义原则似乎发挥着比语音原则更大的作用。在我们搜集的317个汉语反义复合词中，若将不合声、韵序的同调词计算在内，合音序词有256个，合义序词有259个；若不将同调词计算在内，合义序词数量不变，合音序词则会更少。我们认为，语义原则对反义复合词词序具有更大解释力这一现象与反义复合词的产生背景有关。反义复合词是应人类表达抽象概念的需要而生，是人类认知由感性阶段进入理性阶段辩证思维的产物。这个时期，人的心理需求被更多关注，如此，人们自主选择克服生理上的限制而多遵从心理上的倾向，因此便出现了反义复合词中语义原则在作用范围上略胜一筹的结果。

值得一提的是，对于部分只合语音原则或音、义原则均不合的词汇：迟早、女士、没有、弟兄、死活、异同，前期研究（曾丹，2007；束定芳、黄洁，2008；王兴社，2014）也曾从语义上对它们做出过解释，认为这些词中第一个词素表达的语义是人们的关注点，故而被置于词首。而该现象进一步扩大了语义在反义复合词词序上的解释力。

[①] 维科. 新科学[M]. 朱光潜, 译. 北京：人民文学出版社, 1986/2008：107.

4.2 一致关系

4.2.1 相似性

语音原则与语义原则作为反义复合词的词序理据，除了相互制约的关系之外，还在很大程度上存在着一致性。我们知道，语音原则作用于汉语反义复合词的构词词序，多表现为人们由易到难的生理选择，而语义原则则多体现了人们在语义上由易到难的认知特点。我们把词序在音、义原则上体现出的由易到难或由难到易的同步性特点称作二者的相似性。据语料统计，共计189个反义复合词（音、义原则均合与均不合）的词序具有这种相似性关系，约占总数60%还多。

4.2.2 象似性

关于上述语义原则与语音原则之间的这种相似性，我们认为，与构成反义复合词词素所具有的音义象似性特征有关。象似性是指语言符号在语音、语形或结构上与其所指之间存在映照性相似的现象（王寅，2007）。[1] 音义象似性是指语音（此处主要指声调）与所表意义之间存在一定的象似关系。

汉语是声调语言，声调具有区分意义的重要作用。清代学者陈澧曾主张"声象呼义"说，在《东塾读书记·小学》里这样说到："盖天下之象，人目见之则心有意，意欲达之则口有声。意者，象乎事物而构之者也；声者，象乎意而宜之者也。……如'大'字之声大，'小'字之声小，'长'字之声长，'短'字之声短。"李世中（1987）在《谈汉语声调对词义的象征性》一文中也指出了汉语的声调对词义具有的象征性："通常，含'轻'意者为平声，含'重'意者为仄声；汉语中的许多多音字会随着词义的加重，由平声变为去声。如'难'（nán）指'困难'，而'难'（nàn）则指苦难、灾难，是加倍的困难了。"[2] 可见，汉语的声调与意义之间是存在有一定的联系的。构成反义复合词的两个词素，语义上具有正面、积极、易感知等特点的词素与其对立词素相比，在语音上总倾向于选择相较对方更省力的声调，如优 yōu- 劣 liè、扬 yáng- 弃 qì、内 nèi- 外 wài、活 huó-

---

[1] 王寅. 认知语言学[M]. 上海：上海外语教育出版社，2007：510.
[2] 李世中. 谈汉语声调对词义的象征性[M]// 王寅. 中国语言象似性研究论文精选. 长沙：湖南人民出版社，1987/2009：159-160.

死 sǐ、同 tóng- 异 yì 等。这种音义间的象似关系使遵守语音原则的反义复合词词序也总倾向于遵循语义原则。这个事实充分说明了与人类认知具有同构性的语言现象遵循经济性原则的特点。

第三节　反义复合词的构词理据

以上讨论中，我们主要针对汉语反义复合词以及法语反义复合词组词序的形成理据进行了分析说明，而构词以成词为前提，那么，反义词素可在汉语中复合成词，在法语中却只能构成少数短语的原因是什么？本小节将首先对汉语反义复合词的成词理据进行分析，继而对反义词素复合构词在汉语中的可行与法语中的不可行，从语言学与哲学思想层面做出阐述。

一、对立词素语言学层面的组合可能性

构成反义复合词的词素都是具有意义的语言单位，它们在组合成词时要遵循一定的规则。张志毅、张庆云（2001）在论及构词原则时曾言："语素搭配要求遵循'默契'原则，即组合成一个词的语言单位之间至少含有一个共同的义素或者是具有同一方向这一语义特征。"[①] 比尔维斯希称之为"概念和谐"。反义复合词是由意义相反的词素构成的合成词。有人曾给反义关系下过一个比较严格的定义，认为："反义词是具有共同义素，但同时具有相反的语义特征的词。"（程依荣，2007）[②] 比如"进"和"出"这一对反义词，它们都是动词，都表示运动，这是它们的共同点，但它们表示相反的运动方向，这是它们的语义差别。表反义关系的两个词素隶属同一上位语义范畴，并共享同一义素的特点使其搭配成词遵循了"默契"原则，进而具有了语言学上的依据和保障。而事实上，语言中所谓的"反义关系也只是一种心理现象，并不一定反映事物之间事实上或科学意义上的对立，而是我们对客观世界的印象的对立"（程依荣，2007）[③]。热奈特（1969）在《辞格 II》《 Le jour, la nuit 》一文中也曾表示：事物之间并

[①] 张志毅, 张庆云. 词汇语义学 [M]. 北京：商务印书馆, 2001: 212.
[②] 程依荣. 法语词汇学概论 [M]. 上海：上海外语教育出版社, 2007: 169.
[③] 同上。

不存在真正的对立，所谓的对立只存在于语言所表达的概念之中。[①]既如此，对立词素又多具备了一重组合构成反义复合词的有效前提。

二、上位概念的构建需求

亚里士多德曾言：求知是人的本性。随着社会实践的发展和深化，人类思维不断发展，抽象概念应运而生，在语言中具体表现为对概念上位词的构建需求。汉语反义复合词正是在此需求下的产物。不少反义复合词，尤其是在成词原初，其构成词素与词之间均可以形成上下位关系。换言之，具有一定抽象意义的反义复合词整体，绝大多数可构成一个集合作为两个对立词素的上位词。如：日夜→日－夜，生死→生－死，父母→父－母等。但是，也有个别词汇的初始义在语言实践中并没有两个词素的并列意义，一直只有一个词素表义，如：干净、忘记。还有些词的并列词素起初都表义，后来发生了偏义化[②]，如质量、宇宙、动静等（张志毅，张庆云，2012）。[③]束定芳、黄洁（2008）根据反义复合词的语义特征，将反义复合词分为四类：并义类（综合化）、综义类（综合化）、变义类（隐喻化或转喻化）、偏义类（单极化）。[④]这个分类基本上涵盖了所有反义复合词与构成其对立词素之间的关系。

洪堡特认为："汉语中将两个对立概念的词统一起来表达一个包纳起二者的一般概念，是汉语中的一种特殊构词手段。而汉语采取此种手段的原因在于，汉语在某些情况下没有任何表示简单的一般概念的词（单语素词），因此不得不采用上述迂回表达方式。而这个特点可以归因于较早时期的未开化状态。那个时候，人们力图用词直观地表述事物及其特性，缺乏抽象的思考方式，这就导致人们忽略了概括起若干差异的一般表达，导致个别的、感性的认识领先于知性的普遍认识。"[⑤]我们不否认洪堡特认

[①] Gérard Genette. *Figure II* [M]. Paris: Seuil, 1969：102.
[②] 此处多指两个并列的词素只有一个词素表示词义。
[③] 张志毅，张庆云. 词汇语义学[M]. 3版. 北京：商务印书馆，2012：252.
[④] 束定芳，黄洁. 汉语反义复合词构词理据和语义变化的认知分析[J]. 外语教学与研究，2008（6）：418-422.
[⑤] 威廉·冯·洪堡特. 论人类语言结构的差异及其对人类精神发展的影响[M]. 姚小平，译. 北京：商务印书馆，1999/2010：367.

识的部分合理性，却不能忽视汉语中构造上位词的另一种机制——反义同词①。

反义同词是指一个词的词义系统中包含两个意义相反或相对义位的现象。它在汉语中的产生很早，在上古就有很多实例（王玉鼎，1993），我国训诂学家将这种现象叫作"反复旁通"或"相反为训"。反义同词与上古秦汉时期出现的反义成词（杨吉春，2007），作为构建汉语上位词的两种手段应为同时期产物，甚至更早。因为，在现汉的反义复合词中，我们可找到由反义同词分化演变而来的反义复合词。如"授受"："'受'字的古字形体为上下两手共持一个盛物的器皿，表示一手授予另一手。对于付出者来说就是给予，对于接受者来说就是获得，因此在古汉语中，'受'兼有'授予'和'接受'两义。后来将表示前一个意思的'受'加了一个提手旁写成了'授'字，专表'给予'，而'受'只表示'接受'。"②如此，兼表两义的"受"字首先经历了分化，构成"受–授"二字，而后，这组反义词又重新组合为"授受"一词，作为"受"与"授"的上位概念。与"授受"成词类似的再如"买卖"（王玉鼎，1993）。还有一种情况，如："治乱""废置""日夜""子女"，构成这四个词的反义词素之间虽然不存在类似构成"买卖""授受"反义词素间的分化关系，但在原初，"治"和"乱"，"废"和"置"两个词素的意义是分别统一于"治"与"废"中的，而"日夜"与"子女"中的两个词素，在现汉中仍可统一于"日"与"子"中。

上述反义同词与反义复合词之间的渊源关系说明，汉民族很早就具备了对立统一的辩证抽象思维，而反义复合词的构词机制也并非完全如洪堡特所说是未开化状态下的产物。反义同词的分化消亡，以及反义复合成词相对于反义同词成为对立词素构建上位概念更为普及的做法，当是人们为避免歧义，严谨语言，便捷理解，更为直观清晰表达概念的选择需要。

---

① 王寅（2007：254-255）用ECM（事件域认知模型）来解释这种现象：人们在体验的基础上，认识到同一个事件可包括某些相对固定的要素（包括行为和事体）。它们有机地融合在一起就能构成一个整体事件域E，其中各要素互为依存，处于对立统一的关系之中，如一个动作会有始末关系，因果关系，施受关系，如果用一个字词来表示这种对立关系，就产生了一词两反义的现象。
② 王寅. 认知语言学[M]. 上海：上海外语教育出版社，2007：256.

三、独具优势的造词机制

复合造词是汉语制造新词的主要机制，这与汉语单音编码的特点密不可分。单音节具有非线性的特点，该特点使单音词发生保持与言语联系需要的词形变化有着量度上的不可容性。用洪堡特（2010）的话说："汉语的语音结构已经固化，它严格地把音节相互区别开来，阻止音节发生形变和组合。"[①] 然而，汉语词汇单音节性的这个局限，却成就了复合造词在汉语造词机制中的重要地位。汉语中数以万计的单音词作为造词词素，为复合造词提供了取之不尽、用之不竭的材料源泉。

如果说复合造词是人类语言中具有一定普遍性的造词机制的话，对立词素组合成词则可谓汉语独具特色的造词方式。比如，这种造词机制在印欧语中就是行不通的。汉语反义复合词在译作法语时，有时对译为反义义丛，有时对译为简单词。如：祸福 bonheur et malheur，东西 est et ouest；chose，machin，始终 d'un bout à l'autre，多少 une certaine quantité；呼吸 respirer，忘记 oublier，高低 hauteur，干净 propre, net。[②]（《利氏汉法辞典》，2014）那么，是哪些元素造成了反义词素在汉法语言中的不同构词表现？以下尝试从中法哲学传统思想与文字性质层面对该问题做一解答。

1. 哲学思想

每个词汇都是所属语言中概念与文化的载体，因此讲词不可不讲语义概念，讲概念不可不讲文化，尤其是与相关语言休戚相关的传统哲学思想。中国文化乍看之下同质性显著，事实上却是多种思想的交汇体。在铸就中国思想的各种哲学中，道家与儒家思想的影响最甚。这不仅在于它们在中国长达多个世纪的主导，且主要缘于二者对于具有辩证性、实用性与具象化特点的中国传统思想形成和发展所产生的有力深远的影响（Eve

---

[①] 威廉·冯·洪堡特. 论人类语言结构的差异及其对人类精神发展的影响 [M]. 姚小平，译. 北京：商务印书馆，1999/2010：98.
[②] 法国利氏辞典推展协会，商务印书馆辞书研究中心. 利氏汉法辞典 [M]. 北京：商务印书馆，2014.

Martin，2007）。① 这两个重要的思想旨在为宇宙秩序中存在的对立、限制寻找和谐与平衡。反义词素之所以可以在汉语中复合成词，我们认为主要就是受到了中国传统道家阴阳观思想的影响。

古人认为天地宇宙间的万物都具有阴阳对立的两面，所谓"一阴一阳谓之道"。而阴阳两面可相互作用，所谓"天地合而万物生，阴阳接而变化起"（《荀子集解》），"两者交通成和而物生焉"（《庄子集释》），"万物负阴抱阳，冲气以为和"（《老子校释》）。按照吴泓缈（2014）的说法，"在一个阴阳圈内，有三种 identité（本质、身份、认同）：阴的，阳的，和整体的；整体的是双方利益的整合，是相互协作或相互斗争的结果"②。这种观念反映在语言中，首先体现为两个对立词素的并立，继而通过词素间的相互协作或斗争最终形成一个整体，用于表达更具概括性或普遍性的抽象概念。正如苏新春所说（1995）："总是喜欢在这样一对矛盾的词素上看到它们相辅相成、统一和谐的一面；在表述一件事物一个观念，描绘一种状态一个动作时，都喜欢顾及矛盾的两端，从中进行概括。"③

与中国传统辩证思想相反，形而上思想贯穿并主导了西方对于宇宙哲学思考的整个过程。此处"形而上"这一术语只指向相对于辩证法而摒弃了所有中立思想的思维方式。缘于形而上的排中律原则使法语中产生类似于汉语反义复合词这种具有折中性质（traits éclectiques）的词类失去了可能。

2. 文字性质

汉、法语言文字的不同性质是固化对立词素成词在汉语中可行与在印欧语中不可行的又一元素。众所周知，印欧语是拼音文字，汉语是非拼音文字。二者有着根本上的区别：汉字以形表意，拼音文字以形记音。潘文国（2002）表示："人类认识世界，形成概念，再通过语言表达出来，可

---

① Eve Martin. L'éclectisme méthodologique dans l'enseignement/ apprentissage du français en Chine: échanges conceptuels, représentations et pratiques de classe [J]// FU Rong et al. *Synergies Chine*. Sylvains les Moulins: Gerflint, 2007：45.
② 吴泓缈."差异"与"间距"之辨：朱利安的两个概念在中国造成误解的语义探源 [M]// 方维规. 思想与方法：全球化时代中西对话的可能. 北京：北京大学出版社，2014：183-184.
③ 苏新春. 当代中国词汇学 [M]. 广州：广东出版社，1995：199.

以有不同的途径。表音文字和表意文字正好体现了两条不同的途径，一条走的是曲线，是从概念经过语音的中介再到文字，也就是说，与概念直接联系的是词的读音，然后再用文字把读音记下来；另一条走的是直线，从概念直接到文字，或者说，使用文字直接表示概念，语音只是在这过程中的附加物，当然是必不可少的附加物，否则就不能成其为文字。"①"汉字在汉语这种由字符构建起的系统中，具体字符之间的联系始终是概念的而不是语音的。"（洪堡特，1999/2010）② 而"作为字符表征的方块字一展现在眼前就是二维平面的，它立即就导致我们在思考问题的时候更容易趋向于空间的思维方式"（吴泓缈，2014）③。如此，用于表征对立概念的对立词素，以其空间架构性使人们在认知心理上获得了对事体或行为的整体印象，而并立的对立词素则多被视作整体，成为了两对立概念的上位概念。

与汉语文字的空间性相对，法语书写，作为一系列字母的组合产物显现出线性的特点。这个特点是形而上思想流畅性的表现，也体现了时间性与逻辑性的观念。如果说"汉字是一件事物（un être），那么西方字母就是一种行为、姿势或运动（un acte, un geste, un mouvement）"，如果说"汉文字是综合性的，那么西方文字则是分析性的"。（Paul Claudel, 2006）④ 因此西方文字不宜在认知上给人以完整性的体验。此外，法语复合成词时对音素组合的和谐性也有要求，而这一要求无疑需要人们花费更多的努力去协调完成，不符合语言中的经济原则。鉴于上述原因，表达对立概念的词汇在法语中总不宜作为词素复合成词。

---

① 潘文国. 字本位与汉语研究 [M]. 上海：华东师范大学出版社，2002：89.
② 威廉·冯·洪堡特. 论人类语言结构的差异及其对人类精神发展的影响 [M]. 姚小平，译. 北京：商务印书馆，1999/2010：317.
③ 吴泓缈. 大国文化心态：法国卷 [M]. 武汉：武汉大学出版社，2014：77.
④ Paul Claudel. Idéogrammes occidentaux [J]//Jacques Petit et Charles Galpérine. *Oeuvres en Prose*. Paris: Gallimard, 2006：89.

小　结

　　本章以《现代汉语词典》(第6版,2012)与《现代汉语规范词典》(2004)中搜集的317个反义复合词,以及《新法汉词典》(2001)与《拉鲁斯法汉词典》(2014)中搜集的31个反义复合词组为语料,对反义复合词(组)的词序理据与成词理据进行了认知与语言学上的分析思考。通过汉语反义复合词与法语反义复合词组的对比,我们看到:词汇的出现及构成特点与其所依附的思想形态、认知模式、语言本体元素密切相关。汉语反义复合词贯穿了汉民族兼具辩证性与整体性的阴阳观思想,是运用单音节进行编码、并具有二维空间特征的汉字的特色构词,其构成遵循词汇语义学上的"默契原则",且很大程度满足了构建包纳两对立概念之上位概念的需要。与汉语相对,法语词汇编码实行音素机制,用于记录语音的字母文字所表现出的线性特征体现并强化着西方传统思维的线性与形而上性,因此,反义复合词组只能以固定词组的形式少量存现于法语中。

结　论

自人类开始关注语言起，语言与现实、语言与思维、语言系统内部的关系问题便成为哲学与语言学的研究重点，语言理据因此也一直是语言研究关注的主要理论问题之一。

本研究立足于对比语言学与认知语言学理据论、原型论等相关理论，将汉法词汇理据作为研究对象，首先，重申了语言理据性与任意性的辩证关系，并指出二者实为语言中同等重要的基本原则。虽然20世纪索绪尔的语言任意论曾一度垄断对语言性质的认识，但事实上它从来都是一个有限条件下的存在：立足于共时、同质的语言符号系统；基于以希腊字母为原始型的拼音文字；指向单纯词语音能指与概念所指之间的关系；将拟声词与感叹词排除在外。显然，若跨出索绪尔结构主义对语言性质的考察范围，将自然、社会、人文等语言外因素纳入对语言生成、发展、演变的思考，语言任意性论断则需被重新审视。因此，一定范围内对语言任意性的肯定并不能否认语言理据性的存在，语言符号中的理据性与任意性一直都是辩证互补的。

1. 本研究的发现与结论

语音象征与语音诗性功能是汉法语音理据的两个表现层面，对比显示：语音象征这一具有原生性质的语音理据，以"音—义"模式体现音义关系，在汉法中表现出较大的一致性。就辅音而言，可总结为以下四种情况：爆破音常可用于模拟撞击和破裂的声音，表突发性、爆发性的运动或事件，

其中以 /p/、/d/ 最为典型; 擦音表现力更为丰富,既可表姿态行为的明快迅速,也可表其缓慢起伏,汉法各有特色,典型擦音 /f/、[f] 均可表犹如风来之感,/s/、[s] 音中都充溢着起伏的摩擦; 鼻音 /m/、/n/、[m]、[n] 听来感觉柔美,均蕴含有柔和效应; 边音或流音 /l/、[l] 总可给人轻柔流畅印象。就元音而言,汉语韵母的阴、阳性之分与法语元音的亮、低音之别有"异曲同工"之效: 汉语阳性韵母与法语亮音相对应,宏大、雄伟、高昂、厚重等正面意义常用之表示,其中汉法均以 /a/、/ao/、[a]、[ɔ] 以及相关的鼻化元音为典型代表; 汉语阴性韵母与法语低音相对应,轻微、尖细、矮小等负面意义常用之表示,以 /i/、/ü/、/ê/（ue）、[i]、[y]、[ɛ] 以及相关的鼻化元音为典型代表。此外,/u/、/o/、/ou/、[u]、[o] 以及其他发音开口度介于响音与低音（或阳性音与阴性音）之间的音,所表示意义常有温和、沉稳之态。语音诗性功能因与语音象征有部分存续关系,属次生性质理据,以"音—音（组）—义"模式体现音义关系,其作用形式及形式作用语域在汉法中有较大差别: 韵在汉语中只可由韵母（元音）构成押在句尾,而法语元、辅音均可成韵,且形式颇为多样; 重叠、谐音在汉语中除了可以作为构词方式表现音义理据,也是文学作品中惯用表现语音理据的形式,而它们在法语中则多见于非文学语言中。汉法语音象征一致性显著的原因在于人类原初对语音意义的感知基于相似的发音姿势,生理相似引发心理体验的相似; 汉法语音诗性功能差别明显的原因在于汉法语言词音框架的编码基本单位不同: 法语这一多音节屈折型语言的词音框架基础建立在音素层上,即音素是它的编码基本单位; 汉语这一单音节孤立型语言的词音框架基础建立在音节层上,以音节为它的编码基本单位。该语言事实也表明: 语音形式确是构成、扩大并主导语言差异的真正原因。

　　语言文字理据与文字诗性功能是汉法文字理据的两个表现层面,对比显示: 汉语文字理据性远远高于法语。文字理据性的强弱与文字的发生性质有着根本的联系。汉字是典型的自源文字,汉民族通过模拟现实世界,用"文"与"字"直接记录、组织本民族人们对世界的印象与认知,重在表意,文字创制理据性因此显著; 法语是典型的他源文字,借由经埃及圣书字、两河流域锲形文字—闪米特文字—腓尼基文字—希腊文字—厄脱鲁斯根文字转化演变而来的拉丁字母,最终成型为现在的法语字母。由于各民族文化有别，字母在借用过程中通常只被借音或用作记音的符号，且具体到各语言中，字母还会根据借入语言的自身需要进行调整，因此，蕴含在原初文字中的理据在转借中或被遗弃或被销蚀。如果说法语文字中尚有理据可寻，那么更多是文学作品著者或文学评论者带有主观色彩却又不失理性的塑造、解读或阐释。除去文字发生性质外，语言起源观及认知思维方式也是影响汉法文字理据性的元素。在西方，语言神授说一直备受推崇，文字也被认为是神赐的产物，任意性可见。与之相对，汉民族有关语言起源的神话颇为鲜见，文字也被认为是黄帝史官仓颉等"近取诸身，远取诸物"的创造，理据性明显。在认知方面，汉民族"整体感知、意象思维、模拟推理"的认知模式强调并凸显对事物整体性、临摹性、视觉感的把握，作用于文字创制，便形成了汉字注重视觉信息、二维型"以形表义"的特点；西方民族"细部感知、抽象思维、形式思维"的认知模式强调并凸显人们对事物细节性征与内在逻辑的认识与思考，主观因素注入更多，作用于词汇符号创制，基于他源性记音符号之上，便形成了西方词汇文字注重听觉信息、线性型"以形表音"的特点。在文字诗性功能这一层面，汉法语言表现理据的方式类同，均是借助文字构成部件——汉语为偏旁部首，法语为字母——的形式特点或形式间的可能关系来完成对意的表达。

　　派生词与复合词，统称为合成词，是汉法形态理据考察的主要对象，对比显示：汉语合成词理据性要高于法语。就派生词而言，从语法功能上看，汉语词缀所表现出的影响与法语词缀具有一致性：前缀，汉语中主要指向类词缀，对根词通常只有语义影响，并不改变根词的语法性质；后缀多数可引起根词的词性变化，不改变根词性质的后缀体现的是词汇所指的情态陪义，即表示"主体对基本意义的感情、态度和评价"。从表义功能上看，汉语词缀，无论前缀还是后缀，形式与意义基本保持着一一对应关系，比例为 1 : 1.29；而法语词缀常多义，我们对 *Le Bon Usage*（《法语语法的正确用法》，1986）中列出的、在法语构词中相对多产且重要的 50 个词缀的形义对应关系进行统计，得出比例为 1 : 2.3。且从形式上看，法语指向同一所指的词缀能指常有变体，而同一所指还可对应完全不同的词缀能指。该特征使法语派生词词义透明度低于汉语，故理据性也随之降低。就复合词而言，一般来说，同心结构复合词和向心结构复合词的理解要比离心结构复合词的理解容易。因为同心结构与向心结构复合词的构成语素在语义与语法上与复合词总保持一致，因此，无论从认知理解还是解码过程上看，同心与向心复合词总会更省力，词义透明度也相应较高，理据自然也更明显。在汉语中，根据周荇（2004）对《现代汉语词典》中双音复合词的统计，同心结构与向心结构的复合词比例达78.92%。而在法语复合词中，因"法语一开始就是一种有着极高水准的思辨传统的组成部分……人们对抽象定义和精确性（有）偏好"（丹尼斯·于思曼，2015）[1]，若以同义词或近义词并列构词表义则会造成同义反复，使意义冗余，如此将有害词汇意义的准确性，有悖法语讲究精准的宗旨，因此，同义或近义语素构成的同心结构复合词在法语中屈指可数，同心结构在法语复合词中总体比例因此不及汉语。汉法离心结构复合词理据性均相对较低。该类复合词以动宾、动补类结构居多。法语动宾关系构成的复合词总为名词，且总为表示具体事物的名词，如 tire-bouchon（开塞钻），brise-glace（破冰船）。这就意味着两语素之间形成的逻辑语义所指总需要对应一个相对确定的指称对象，而这个指称对象的最终确定，除了基于相关语素的所指提示，还需要其他诸如生活习惯、文化常识等百科知识的辅助推理，因此会使词义的透明度有所降低。汉语动宾结构复合词意义也总非两语素意义的简单相加，词义常常发生隐喻性引申，理据性偏低。但汉语动补结构复合词词义透明度较高，词义与语素义对等关系明显，而法语中的动补复合词词义却多引申。因此，汉语复合词理据性整体要高于法语复合词。

  一词多义是汉法语中的普遍现象，也是词汇语义理据的具体表现，对比显示：原型范畴机制是多义词语义网络形成的认知基础，转隐喻是多义词语义网络形成的具化保障，汉法无异。"头"与tête是汉法语言中基义相等的人体核心词汇，鉴于人类所处自然环境与转隐喻机制在语义网络形成中的一致性，两词在引申义中总有可对应义项，如均可指向"头发""首领""物体顶端"等义。然而，语言团体生存的自然、社会、历史、文化、语言、文字、思维方式等主客观因素方面存在差异性，最终导致语义网络的特殊性。例如，tête表示"与思维或精神活动"相关的义项在"头"的

---

[1] 丹尼斯·于思曼. 法国哲学史 [M]. 北京：商务印书馆，2015：7.

义项中是或缺的，这是因为，在西方，"脑"被认为是思维活动的作用中枢，而在中国，"心"却被认为是思维与精神的控制中心。另外，转隐喻机制在法语多义词中的作用能力要大于汉语。这一现象与汉法语言在处理新概念或新所指意义出现时采用的策略不同有关：现代汉语总是通过构造双音词或多音节词的方式来作为新概念或新意义的能指，而法语则倾向于以增加原有词汇义项的方式完成。

本书在汉法外来词与汉法反义复合词（组）对比分析中发现：经济原则是汉法词汇各层面理据所遵守的共性原则；语言内因素——编码机制与文字性质，及语言外因素——文化传统与思维方式是造成汉法词汇理据差异的根本性因素。

外来词是汉法词汇的重要组成，也是特殊组成，因为它是两种文化与语言性征的承载体。对汉法外来词相关理据的分析对比发现：汉法语言在吸收过程中对外来词所进行的语音、语法、语义层面的处理均依据了模因理据，而模因理据因其模仿、复制的性质本身就是对经济原则的遵循。具体而言，汉语文字是典型的表意文字，在吸收外来语时，总是力图使选择的汉字在承担注音符号角色的同时，也可从书写形式上展现与借入词所指概念相近或相关的意义。如此，可在最大程度上实现对借出语与借入语的双向模因，进而简化并利于外来词的被理解与被接纳。法语是表音文字，音义关系是其核心，因此，法语在吸收外来词时，无论借出语是拼音语言还是汉语，法语对外来词的语音改造始终是第一位的。如此，与法语使用者关注音义关系的心理取向一致，使外来词更易被认可并习得。而与此同时，我们也发现，为保障语言活动的经济性，汉法语言吸收外来词时的手段是各有侧重的：汉语侧重以意译化的方式实现该活动，而法语则侧重以音译化的方式来完成。这一差别与汉法文字性质密切相关，如上所述。另外，汉法哲学文化心理的不同也是造成该差别的因素之一：汉语推崇具体形象和联想顿悟，要求语言"名实统一"，因此，为缓和或弱化用来转写外来词的汉字的纯表音性质，人们总会利用表音字形声化、兼顾音意、全部意译等方式来调整被转写的外来词的形义关系；法语推崇抽象理性与演绎推理，法语字母他源性质造成的任意性又强化了这种文化思维，因此，法语在吸收外来语时，常常只限于寻求合适的语音记录新概念，而不必担心来自类似汉字形式上的干扰。

反义复合词可谓独属汉语的词类，法语中除 aller-retour，allée et venue，clair-obscur 和 va-et-vient 四个词外，仅有 31 个反义复合词组可与之相较。选择具有一定民族语言特色的词类作为分析对象，可更好地观照不同语言的特点。对比发现：汉语反义复合词与法语反义复合词组的词素序列均可在语音、语义、语用三个层面获得理据支撑。语音层面，汉语反义复合词遵循声调序列的阴阳上去，声母序列的先清后浊，韵母序列舌位的先高后低；法语反义复合词组遵循词汇音素的先少后多。语义层面，汉法词（组）均遵循了自我中心原则与波丽安娜原则。语用层面，汉语遵循偏义凸显、约定俗成与细微义区分原则；法语主要遵循细微意义的区分原则。汉法词类三个层面的各项理据，以及语音层面与语义层面的理据关系，无论从生理、心理还是语言学的视角，均包含着对经济原则的遵循。然而，汉语反义复合词与法语反义复合词组在语法构成上的差别也是显而易见的。究其原因在于：汉语反义复合词贯穿了汉民族兼具辩证性与整体性的阴阳观思想，是运用单音节进行编码、并具有二维空间特征的汉字特色构词，其构成遵循词汇语义学上的"默契原则"，且很大程度满足了构建包纳两对立概念之上位概念的需要。与汉语相对，法语词汇编码实行音素机制，用于记录语音的字母文字所表现出的线性特征体现并强化着西方传统思维的线性与形而上性，且法语复合成词时对音素组合的和谐性也有要求，而这一要求无疑需要人们花费更多的努力去协调完成，不符合语言中的经济原则。因此，反义复合词组只能以固定词组的形式有限地存现于法语中。

2. 本研究的不足

本书有关汉法词汇理据的对比，虽不失为汉法语言对比研究的一项有益补充，具有一定的创新性与可行性，但因对该主题相对有体系的研究尚属首次，局限与不足不可避免。

（1）研究多限于对汉法单纯词、合成词与外来词三类词汇中相对典型的理据现象的分析。例如，语音理据诗性功能层面的分析，仅取重叠、近音、双关等五种语音现象作为理据对比载体；形态理据复合词层面的对比，汉法复合词主要指向由两个可自由成词语素构成的合成词，且汉语中还将不少不能纳入主谓、动宾、偏正等典型语法结构的词汇排除了在外。

（2）语音理据部分语音象征层面的对比，多基于前期汉、法语言本体研究中所取得的成果，且例证选取难免具有主观倾向性。因此，研究尚待搜集更多数量的具有代表性的语料，对结论的可行性做进一步支撑与证明。

（3）本书中有关语义理据的对比，只将汉法词汇中的多义单纯词作为分析对象。转隐喻机制在汉法复合词语义生成中的理据作用有待说明。

3. 本研究的展望

鉴于上述研究不足，未来相关汉法词汇的对比研究拟从以下几个方面加以拓展与完善：

（1）理据对比应将富含民族文化特色的词汇纳入研究之中。如此，民族语言之特性将得到更为全面、深刻的彰显与诠释，而语言类型学也将受益于对比语言学中此"借异窥同"之道。

（2）充实语料，提升以人文性质为根本属性的语言在对比研究中的实证性与客观性。

（3）践行并具化本研究成果在教学、翻译、文学作品赏析等实践活动中的可指导性及可操作性。

（4）将汉法词汇中一定时限内的"新词"作为理据考察对象。透过新词，明晰词汇发展过程中具有相对稳定性与机动性的理据元素，如此，可助于对新词的掌握，并为续继出现的新词解读与习得提供依据。

以理据为对象，以对比为手段，词汇被剥丝抽茧，化身为一个内涵丰富的灵动载体，既呈现了本族人们与他族人们的认知共性，又彰显了自身民族的思维个性。对理据的分析探寻，不仅符合语言研究的最高目的，即对语言现象的解释，同时也为我们透过语言结构洞悉人类精神发展打开了又一扇大门。因此，对于理据的研究，虽路漫漫其修远，然，若上下求索，却终将不负人类念念求解斯芬克斯所设谜局之心！

附录1　汉语反义复合词[①]

共 317 词：
A　安危　凹凸　爱憎　哀乐
B　捭阖　褒贬　本末　彼此　标本　表里　宾主　薄厚
C　裁缝　操纵　长短　唱和　朝野　沉浮　晨昏　成败　乘除　迟早　出没　出纳　出入　春秋　雌雄　粗细　存亡　传习　拆装　弛张
D　大小　旦夕　得失　弟兄　东西　动静　多寡　多少　弟妹　敌我　敌友　爹妈　爹娘　短长　答问　断续
E　恩怨　儿女　恩仇
F　反正　方圆　肥瘦　废置　凤凰　夫妇　夫妻　浮沉　俯仰　父母　父女　父子　腹背　丰歉
G　干支　甘苦　纲目　高矮　高低　高下　公婆　公私　功过　功罪　供求　供需　购销　官兵　广袤　贵贱　刚柔　工农　干净　鬼神　干群　攻守　古今
H　寒暖　寒热　寒暑　寒暄　行列　好赖　好恶　好歹　黑白　横竖　横直　厚薄　呼吸　缓急　毁誉　晦明　晦朔　荤素　呼应　好坏　祸福
J　吉凶　稼穑　奖惩　将士　交接　教（jiāo）学　教（jiào）学　姐

[①] 词条翻阅搜集自《现代汉语词典》（2012）和《现代汉语规范词典》（2004），搜集过程不能排除主观性，且不免疏漏，但不至影响所得结论。

妹　今昔　今后　进出　进退　举止　巨细　绝续　军民　君臣　聚散　嫁娶　饥饱　集散　加减　奖罚　接送　经纬

K　开关　考妣　快慢　宽窄　可否　枯荣

L　来回　来去　来往　劳逸　劳资　老少　老小　老幼　冷暖　离合　利弊　利钝　利害　录放　里外

M　买卖　矛盾　卯榫　明灭　没有　母女　母子　名实

N　南北　男女　内外　浓淡　女士

P　平仄　贫富　婆媳　赔赚　牝牡

Q　起伏　起落　起降　起讫　起止　阡陌　前后　乾坤　亲疏　轻重　曲直　取舍　去就　去留　弃取　强弱　清浊　权责

R　人物　任免　日夕　日夜　日月　荣枯　荣辱　枘凿

S　僧尼　僧俗　山谷　山水　赏罚　上下　伸缩　参商　深浅　升降　生死　胜败　胜负　始末　始终　士女　是非　是否　收发　收支　手脚　手足　首尾　授受　舒卷　输赢　水火　睡觉　朔望　死活　松紧　夙夜　损益　善恶　盛衰　师生　疏密　水旱

T　题跋　天地　天壤　天渊　吞吐　听说　头尾

W　往返　往复　往还　往来　忘记　文武　问答

X　翕张　遐迩　先后　向背　消长　消息　霄壤　兴衰　兴亡　行止　兄弟　休戚　虚实　序跋　轩轾　喜丧　咸淡　详略

Y　妍媸　炎凉　扬弃　依违　异同　抑扬　因果　阴阳　隐现　盈亏　优劣　幽明　鸳鸯　宇宙　原委　源流　远近　爷娘　迎送

Z　臧否　凿枘　早晚　增删　赠答　涨落　朝夕　真伪　质量　治乱　中外　中西　昼夜　主次　主从　主客　装卸　子女　姊妹　纵横　祖孙　左右　作息　尊卑　正误　皂白　真假　正负　枝干

附录2 法语反义复合词组[1]

共31条:

bon gré mal gré	comme ci comme ça	ça et là
de-ci de-là	envers et contre tout/tous	deça (et) delà
à droite et à gauche	de droite et de gauche	de gré ou de force
de haut en bas	ici et là	par-ci par-là
jour et nuit	nuit et jour	ni jour ni nuit
au long et au large	en long et en large	de long en large
à la vie (et) à la mort	sans tête ni queue	peu ou prou
ni peu ni prou	(en) noir et blanc	plus ou moins
ni plus ni moins	sens devant derrière	tant bien que mal
tant plus que moins	à tort ou à raison	tôt ou tard
nègre blanc		

---

[1] 词条翻阅搜集自《新法汉词典》(2001)与《拉鲁斯法汉词典》(2014),难免疏漏,但不会影响所得结论。另,有些组合,如 des hauts et des bas, oui ou non 等虽常见,但并未被词典收录,故不列入其中。

参考文献

[1]（德）洪堡特，威廉·冯.论人类语言结构的差异及其对人类精神发展的影响[M].姚小平，译.北京：商务印书馆，1999/2010.

[2]（德）赫尔德，J. G.论语言的起源[M].姚小平，译.北京：商务印书馆，1772/2014.

[3]（法）于思曼，丹尼斯.法国哲学史[M].北京：商务印书馆，2015.

[4]（法）索绪尔，费尔迪南·德.普通语言学教程[M].高名凯，译.北京：商务印书馆，1980/2010.

[5]（法）格雷马斯.结构语义学[M].吴泓缈，译.北京：生活·读书·新知三联书店，1999.

[6]（法）德里达，雅克.论文字学[M].汪堂家，译.上海：上海译文出版社，1967/2015.

[7]（加）洛根，罗伯特.字母表效应：拼音文字与西方文字[M].何道宽，译.上海：复旦大学出版社，2012.

[8]（加）平克，史蒂芬.语言本能：探索人类语言进化的奥秘[M].洪兰，译.广州：汕头大学出版社，2004.

[9]（美）布龙菲尔德.语言论[M].袁家骅，赵世开，甘世福，译.北京：商务印书馆，1955/2014.

[10]（美）皮尔斯.皮尔斯文选[M].涂纪亮，周兆平，译.北京：社会科学文献出版社，1955/2006.

[11]（美）萨丕尔. 语言论 [M]. 陆卓元，译. 北京：商务印书馆，1921/2009.

[12]（瑞典）高本汉. 中国语和中国文 [M]. 张世禄，译. 北京：商务印书馆，1923/1930.

[13]（希）亚里士多德. 范畴篇 解释篇 [M]. 方书春，译. 上海：上海三联书店，2011.

[14]（意）维科. 新科学 [M]. 朱光潜，译. 北京：人民文学出版社，1986/2008.

[15] 蔡基刚. 英汉词汇对比研究 [M]. 上海：复旦大学出版社，2008.

[16] 曹雪芹，高鹗. 红楼梦 [M]. 启功，等，注释. 北京：中华书局，2010.

[17] 曹念明. 文字哲学 [M]. 成都：巴蜀书社，2006.

[18] 曹聪孙，柳瑛绪. 汉语外来词及其规范化进程 [J]. 天津师大学报，1997（1）：59-65.

[19] 陈定民. 法语中借词的发音 [J]. 外语教学与研究：外国语文双月刊，1965（1）：36-43.

[20] 陈梦家. 中国文字学 [M]. 北京：中华书局，1939/2006.

[21] 陈燕. 汉语外来词词典收词论略 [J]. 辞书研究，2011（6）：35-49.

[22] 程依荣. 法语词汇学概论 [M]. 上海：上海外语教育出版社，2007.

[23] 鄂巧玲. 再谈并列双音词的字序 [J]. 甘肃教育学院学报：社会科学版，2001（1）：63-65.

[24] 法国利氏辞典推展协会，商务印书馆辞书研究中心. 利氏汉法辞典 [M]. 北京：商务印书馆，2014.

[25] 冯胜利. 汉语韵律句法学 [M]. 上海：上海教育出版社，2000.

[26] 符章琼，吴学进. 象似性和语音意义：论汉语诗韵的意象经营 [J]. 现代语文，2006（4）：54-56.

[27] 高名凯. 语言的内部发展规律与外来词 [M]// 高名凯. 高名凯语言学论文集. 北京：商务印书馆，1963/1990.

[28] 高瑛. 英汉外来词的对比研究 [J]. 长春师范学院学报，2001（4）：

60-62.

[29] 郜元宝. 音本位与字本位：在汉语中理解汉语 [J]. 批评家论坛，2002（2）：53-73.

[30] 耿幼壮. 姿势与书写：当代西方艺术哲学思想中的中国"内容"[M]// 方维规. 思想与方法. 北京：北京大学出版社，2014.

[31] 辜正坤. 人类语言音义同构现象与人类文化模式：兼论汉诗音象美 [J]. 北京大学学报：哲学社会科学版，1995（6）：87-95+108.

[32] 郭锐. 现代汉语词类研究 [M]. 北京：商务印书馆，2002.

[33] 郭小英. 法语叠音词小议 [J]. 法语学习，1996（2）：10-11.

[34] 郭玉梅. 汉语叠音词的法语翻译探讨：读《红楼梦》法译本随感 [J]. 法国研究，2010（3）：42-50.

[35] 贺川生. 音义学：研究音义关系的一门学科 [M]// 王寅. 中国语言象似性研究论文精选. 长沙：湖南人民出版社，2002/2009.

[36] 胡壮麟. 让符号学与语言学"联姻"：《现代语言符号学》评介 [N]. 中国社会科学报，2014-01-20.

[37] 黄伯荣，廖序东. 现代汉语 [M]. 4版. 北京：高等教育出版社，2007.

[38] 贾秀英，孟晓琦. 汉语趋向补语与法语相应结构的对比 [J]. 山西大学学报：哲学社会科学版，2008（5）：136-140.

[39] 贾秀英. 汉法语言句法结构对比研究 [M]. 北京：科学出版社，2012.

[40] 姜望琪. Zipf 与省力原则 [J]. 同济大学学报，2005（1）：87-95.

[41] 蒋勋. 汉字书法之美 [M]. 桂林：广西师范大学出版社，2009.

[42] 蒯佳. Calembour 在《高卢英雄历险记》系列漫画中的翻译初探 [J]. 法语学习，2014（6）：24-27.

[43] 李二占. 词语理据丧失原因考证 [J]. 外国语文，2013（4）：61-65.

[44] 李二占. 语言理据研究中的几个理论问题 [J]. 大连大学学报，2010（2）：70-74.

[45] 李二占. 理据论语"字"本位论关系初探 [J]. 同济大学学报：社

会科学版,2008(4):77-83.

[46] 李二占.汉语理据学雏建中的若干基本理论问题 [J].同济大学学报,2013(4):110-118.

[47] 李梵.汉字简史 [M].北京:中国友谊出版公司,2005.

[48] 李晋霞,李宇明.论词义的透明度 [J].语言研究,2008(3):60-65.

[49] 李俊凯.浅议法语中的日语外来词 [J].法语学习,2014(2):57-59.

[50] 李世中.谈汉语声调对词义的象征性 [M]// 王寅.中国语言象似性研究论文精选.长沙:湖南人民出版社,1987/2009.

[51] 李思明.中古汉语并列合成词中决定词素词序诸因素考察 [J].安庆师院社会科学学报,1997(1):64-69.

[52] 李维琦.修辞学 [M].长沙:湖南大学出版社,1986.

[53] 李兆宗.汉字的圈套 [J].东方艺术,1998(1):3-5.

[54] 黎昌抱.英汉外来词对比研究 [J].外语教学,2001(5):92-96.

[55] 黎千驹."音近义通"原理论 [J].保定学院学报,2009(5):82-86.

[56] 梁光华.试论汉语词汇双音化的形成原因 [J].贵州文史丛刊,1995(5):50-55.

[57] 刘月华,潘文娱,故韡.实用现代汉语语法(增订本)[M].北京:商务印书馆,2001/2013.

[58] 刘又辛.论假借 [M]// 刘又辛.文字训诂论集.北京:中华书局,1984/1993.

[59] 刘又辛,李茂康.训诂学新论 [M].成都:巴蜀书社,1989.

[60] 陆宗达,王宁.训诂与训诂学 [M].太原:山西教育出版社,1994.

[61] 吕叔湘.汉语语法分析问题 [M].北京:商务印书馆,1979.

[62] 马清华.并列结构的自组织原则 [D].上海:华东师范大学,2004.

[63] 马文峰,单少杰.中国古典直觉思维概论 [J].中国社会科学,1990(2):91-108.

[64] 潘文国.汉英语对比纲要 [M].北京:北京语言大学出版社,1997.

[65] 潘文国. 字本位与汉语研究 [M]. 上海：华东师范大学出版社，2002.

[66] 潘文国. 外来语新论 [M]//《中国语言学》工作委员会. 中国语言学：第一辑. 济南：山东教育出版社，2008.

[67] 潘文国. 汉英语言对比纲要 [M]. 北京：商务印书馆，2010.

[68] 潘悟云. 上古指代词的强调式和弱化式 [M]// 潘悟云. 著名中年语言学家自选集：潘悟云卷. 安徽：安徽教育出版社，2002.

[69] 皮鸿鸣. 汉语词汇双音化演变的性质和意义 [J]. 古汉语研究，1992（1）：56-59.

[70] 齐佩瑢. 训诂学概论 [M]. 北京：中华书局，2004.

[71] 曲辰. 语言类型学视角下的汉语和法语研究 [D]. 上海：上海外国语大学，2012.

[72] 钱培鑫. 法语常用词组 [M]. 上海：上海译文出版社，2005.

[73] 沈祥源. 文艺音韵学 [M]. 武汉：武汉大学出版社，1998.

[74] 史有为. 汉语外来词 [M]. 北京：商务印书馆，2000.

[75] 束定芳. 隐喻学研究 [M]. 上海：上海外语教育出版社，2000.

[76] 束定芳. 认知语义学 [M]. 上海：上海外语教育出版社，2008.

[77] 束定芳，黄洁. 汉语反义复合词构词理据和语义变化的认知分析 [J]. 外语教学与研究，2008（6）：418-422+480.

[78] 苏新春. 当代中国词汇学 [M]. 广州：广东出版社，1995.

[79] 苏新春. 当代汉语外来单音语素的形成与提取 [J]. 中国语文，2003（6）：549-558+576.

[80] 唐兰. 中国文字学 [M]. 上海：上海古籍出版社，1949/2005.

[81] 唐伶. 双音节并列式复合词语素序研究 [D]. 长春：东北师范大学，2002.

[82] 王艾录，司富珍. 语言理据研究 [M]. 北京：中国社会科学出版社，2002.

[83] 王艾录. 汉语内部形式研究 [M]. 成都：电子科技大学出版社，2014.

[84] 王改燕. 认知语言学框架下的词汇理据解析与二语词汇教学 [J].

外语教学，2012（6）：54-57+62.

[85] 王洪君，富丽.试论现代汉语的类词缀 [J].语言科学，2005（5）：3-17.

[86] 王力.上古韵母系统研究 [J].清华大学学报：自然科学版，1937（3）：473-539.

[87] 王力.汉语史稿 [M].北京：中华书局，1980.

[88] 王力.同源词典 [M].北京：商务印书馆，1982.

[89] 王力.王力论学新著 [M].南宁：广西人民出版社，1983.

[90] 王力.王力文集 [M].济南：山东教育出版社，1984.

[91] 王力.汉语史稿 [M].2版.北京：中华书局，2004.

[92] 王铁昆.汉语新外来语的文化心理透视 [J].汉语学习，1993（1）：35-40.

[93] 王文融.法语文体学教程 [M].北京：北京大学出版社，1997.

[94] 王希杰.汉语修辞学（修订本）[M].北京：商务印书馆，2004/2013.

[95] 王寅.认知语言学 [M].上海：上海教育出版社，2007.

[96] 王寅.中西语义理论对比研究初探：基于体验哲学与认知语言学的思考 [M].北京：高等教育出版社，2007.

[97] 王寅.Iconicity 的译名与定义 [M]// 王寅.中国语言象似性研究论文精选.长沙：湖南人民出版社，1999/ 2009.

[98] 王寅，李弘.象似说与任意说的哲学基础与辨证关系 [M]// 王寅.中国语言象似性研究论文精选.长沙：湖南人民出版社，2002/2009.

[99] 汪寿明，潘文国.汉语音韵学引论[M].上海:华东师范大学出版社，1992.

[100] 吴泓缈.采采卷耳　不盈顷筐：汉语动词的重复与法语未完成过去时的比较 [J].法国研究，1996（1）：29-41.

[101] 吴泓缈."相似"和"相近"：Jakobson 的隐喻和借喻 [J].长江学术，2008（2）：193-198.

[102] 吴泓缈."差异"与"间距"之辨：朱利安的两个概念在中国造成误解的语义探源 [M]// 方维规.思想与方法：全球化时代中西对话的可能.

北京：北京大学出版社，2014.

[103] 吴泓缈. 大国文化心态：法国卷 [M]. 武汉：武汉大学出版社，2014.

[104] 吴泓缈. 法、汉语序比较研究（一）[J]. 法国研究，1996（2）：5-26.

[105] 吴泓缈. 法、汉语序比较研究（二）[J]. 法国研究，1997（2）：18-33+82.

[106] 谢超群，林大津. Meme 的翻译 [J]. 外语学刊，2008（1）：63-67.

[107] 辛红娟，宋子燕. 汉语外来词音译回潮之文化剖析 [J]. 中南大学学报，2012（6）：220-224.

[108] 邢路威. 法语重叠词浅析 [J]. 法语学习，2014（3）：19-22.

[109] 许高渝，张建理. 汉外语言对比研究 [M]. 北京：高等教育出版社，2006.

[110] 许慎. 说文解字叙 [M]// 许慎. 说文解字今注. 宋易麟，注. 南昌：江西教育出版社，2004.

[111] 徐通锵. 语言论 [M]. 长春：东北师范大学出版社，1997.

[112] 徐通锵. 语言论：语义型语言的结构原理和研究方法 [M]. 北京：商务印书馆，2014.

[113] 徐通锵. 汉语字本位语法导论 [M]. 济南：山东教育出版社，2008.

[114] 徐通锵. 汉语结构的基本原理：字本位和汉语研究 [M]. 青岛：中国海洋大学出版社，2005.

[115] 徐通锵. 汉语字本位语法导论 [M]. 济南：山东教育出版社，2008.

[116] 许余龙. 对比语言学 [M]. 2 版. 上海：上海外语教育出版社，2010.

[117] 严辰松. 语言理据探究 [M]// 王寅. 中国语言象似性研究论文精选. 长沙：湖南人民出版社，2000/ 2009.

[118] 杨建华. 试论汉语单纯词象似性 [D]. 北京：首都师范大学，2009.

[119] 杨锡彭. 汉语外来词研究 [M]. 上海：上海人民出版社，2007.

[120] 杨振兰. 现代汉语 AA 式叠音词、重叠词对比研究 [J]. 齐鲁学刊，2003（4）：65-69.

[121] 杨振淇. 京剧音韵知识 [M]. 北京：中国戏剧出版社，1991.

[122] 杨自俭. 字本位理论与应用研究 [M]. 济南：山东教育出版社，2008.

[123] 姚淦铭. 汉字文化思维 [M]. 北京：首都师范大学出版社，2008.

[124] 叶舒宪. 诗经的文化阐释 [M]. 武汉：湖北人民出版社，1994.

[125] 殷寄明. 汉语同源字词丛考 [M]. 上海：东方出版中心，2007.

[126] 尹铁超，包丽坤. 普通人类语言学视角下的语音简化性研究 [M]. 北京：北京大学出版社，2010.

[127] 应小华. 认知角度的语言教学：从中国学生法语学习的典型错误分析及对策出发 [D]. 武汉：武汉大学，2013.

[128] 游玉祥. 新词语的特点分析及其认知解释 [D]. 上海：上海外国语大学，2012.

[129] 语言学名词审定委员会. 语言学名词 [M]. 北京：商务印书馆，2011.

[130] 郑立华. 语音象征意义初探 [J]. 现代外语，1989（1）：55-59.

[131] 周有光. 字母的故事 [M]. 上海：上海教育出版社，1958.

[132] 周有光. 语文闲谈（上册）[M]. 北京：生活·读书·新知三联书店，1995.

[133] 朱宪超. 现代汉语中声音意义的初探 [D]. 成都：西南交通大学，2003.

[134] 张泽乾. 翻译经纬 [M]. 武汉：武汉大学出版社，1994.

[135] 张志毅. 词的理据 [J]. 语言教学与研究，1990（3）：115-131.

[136] 张立昌. 声调意义的疆域：汉语普通话单音名词声调理据研究 [J]. 齐鲁学刊，2014（1）：155-160.

[137] 张立昌，蔡基刚. 20 世纪以来的语音象征研究：成就、问题与前景 [J]. 解放军外国语学院学报，2013（6）：8-13+25+125.

[138] 张志毅，张庆云. 词汇语义学 [M]. 3 版. 北京：商务印书馆，

2001/2012.

[139] 张薇. 文化视角下的英汉词语理据性对比研究 [D]. 郑州：解放军信息工程大学，2010.

[140] 张谊生. 副词的重叠形式与基础形式 [J]. 世界汉语教学，1997（4）：43-55.

[141] 张明冈. 比喻常识 [M]. 北京：北京出版社，1985.

[142] 张寅德. 新法汉词典 [M]. 上海：上海译文出版社，2001.

[143] 章宜华. 语义认知释义 [M]. 上海：上海外语教育出版社，2009.

[144] 赵雄，魏家海，吴新华. 汉英词的互借及同化 [J]. 北京第二外国语学院学报，2001（6）：31-33.

[145] 赵毅衡. 符号学 [M]. 南京：南京大学出版社，2012.

[146] 赵宏. 英汉词汇理据对比研究 [D]. 上海：华东师范大学，2011.

[147] 钟吉娅. 汉语外源词：基于语料的研究 [D]. 上海：华东师范大学，2003.

[148] 中国社会科学院语言研究所词典编辑室. 现代汉语词典 [M]. 6 版. 北京：商务印书馆，2014.

[149] 周荐. 汉语词汇结构论 [M]. 上海：上海辞书出版社，2004.

[150] 朱德熙. 语法讲义 [M]. 北京：商务印书馆，1983.

[151] 朱光潜. 朱光潜全集：卷三 [M]. 北京：中华书局，2012.

[152] 朱文俊. 人类语言学论题研究 [M]. 北京：北京语言文化大学出版社，2000.

[153] 朱晓农. 亲密与高调：对小称调、女国音、美眉等语言现象的生物学解释 [J]. 当代语言学，2004（3）：193-222+285.

[154] Blackmore, S. *The Meme Machine* [M]. Oxford: Oxford University Press, 1999.

[155] Alan, Cruse. *Lexical Semantics* [M]. Cambridge: Cambridge University Press, 1986.

[156] Dawkins, R. *The Selfish Gene* [M]. Oxford: Oxford University Press, 1976.

[157] Jespersen, Otto. *Language: Its Nature, Development and Origin* [M].

London: George Allen & Unwin LTD, 1922.

[158] Klaus-Uwe, Panther & Radden, G. *Metonymy in Language and Thought* [M]. Amsterdam: John Benjamin, 1999.

[159] Lakoff, G. *Women, Fire, and Dangerous Things: What Categories Reveal about the Mind* [M]. Chicago: the University of Chicago Press, 1987.

[160] Langacker, R. W. *Grammar and Conceptualization* [M]. Berlin: Mouton de Gruyter, 2000.

[161] Langacker, R. W. *Ten Lectures on Cognitive Grammar by Ronald Langacker* [M]. Beijing: Foreign Language Teaching and Research Press, 2007.

[162] Marsden, P. Forefathers of Memetics: Gabriel Tarde and the Laws of Imitation [EB/OL]. https://www.researchgate.net/publication/242289980_Forefathers_of_Memetics_Gabriel_Tarde_and_the_Laws_of_lmitation.

[163] Miller, G. A. & Johnson-Laird, P. N. *Language and Perception* [M]. Cambridge, Mass.: Harvard University Press, 1976.

[164] Osherson & Smith. On the Adequacy of Prototype Theory as a Theory of Concepts [J]. *Cognition*, 1981(1): 35-58.

[165] Packard, Jerome L. *The Morphology of Chinese: A Linguistic and Cognitive Approach* [M]. Cambridge University Press and Foreign Language Teaching and Research Press, 2001.

[166] Riegel, Martin & Humboldt, Wilhelm Von. On Alphabetic Script and Its Relation to the Structure of Language [M]//Harden and D. Farrelly. *Essays on Language/Wilhelm von Humboldt*. Frankfurt am Main: Lang, 1997.

[167] Saeed, J. *Semantics* [M]. Beijing: Foreign Language Teaching and Research Press, 2000.

[168] Sapir, Edward. A study in phonetic symbolism [J]. *Journal of Experimental Psychology*, 1929(12).

[169] Simone, R. Forword: Under the Sign of Cratylus [M]//Raffaele Simone. *Iconicity in Language*. Amsterdam: John Benjamins, 1995.

[170] Taylor, John. *Linguistic Categorization: Prototypes in Linguistic Theory* [M]. Oxford: OUP, 1989.

[171] Ullmann, S. *Semantics, An Introduction to the Science of Meaning* [M]. Oxford: Blackwell, 1962.

[172] Baylon, Christian & Fabre, Paul. *La Sémantique avec des travaux pratiques d'application et leurs corrigés* [M]. Paris: Nathan, 1978.

[173] Campaignolle-Catel, Hélène. La lettre: désoblitération [J]. *Poétique*, 2007(149): 85-106.

[174] Cazal,Yvonne & Parussa, Gabriella et al. L'orthographe: du manuscrit médiéval à la linguistique moderne [J]. *Médiévales*, 2003(45): 99-118.

[175] Cheng, François. Le « Langage Poétique » Chinois [M]//Kristeva, Julia & Cheng Madeleine Biardeau-François et al. *La Traversée des Signes*. Paris: Seuil, 1975.

[176] Chevalier, Jean & Gheerbrant, Alain. *Dictionnaire des symboles* [M]. Paris: Robert Laffont, 1982.

[177] Claudel, Paul. Idéogrammes occidentaux [M]//Jacques Petit et Charles Galpérine. *Oeuvres en Prose*. Paris: Gallimard, 2006.

[178] Contini, Michel. Les phonosymbolismes: continuité d'une motivation primaire? [J]. *Travaux de linguistique*, 2009 (59): 77-103.

[179] Cotaud, Maurice. Deux types de motivation dans quelques langues orientales et autres, Exemple dans le lexique de la flore et de la faune [M]// Valentin, Paul & Fruyt, Michèle. *Lexique et cognition*. Paris: Presse de l'Université de Paris-Sorbonne, 1998.

[180] Dubois, Jean et al. *Grand Dictionnaire Linguistique & Sciences du Langage* [M]. Paris: Larousse, 1994/2007.

[181] Février, James G. *Histoire de l'Ecriture* [M]. Paris: Payot, 1984.

[182] Fónagy, Ivan. *La Vive Voix* [M]. Paris: Payot, 1983.

[183] Genette, Gérard. *Figure II* [M]. Paris: Seuil, 1969.

[184] Genette, Gérard. *Figures III* [M]. Paris: Seuil, 1972.

[185] Genette, Gérard. *Mimologiques:Voyage en Cratylie* [M]. Paris: Seuil, 1976.

[186] Grevisse, Maurice. *Le Bon Usage* [M]. par André Goosse. 12e éd.

Paris: Louvain-la-Neuve, Duculot, 1986.

[187] Grammont, Maurice. *Petit Traité de Versification française* [M]. Paris: Armand Colin, 1965.

[188] Greimas, A.-J. *Sémantique structurale* [M]. Paris: Larousse, 1966.

[189] Greimas, A.-J. *Essais de sémiotique poétique* [M]. Paris: Larousse, 1972.

[190] Guilbert, Louis. *La créativité lexicale* [M]. Paris: Larousse, 1975.

[191] Guiraud, Pierre. *Structures étymologiques du lexique français* [M]. Paris: Larousse, 1967.

[192] Huot, Hélène. *La morphologie, forme et sens des mots du français* [M]. 2e éd. Paris: Armand Colin, 2006.

[193] Jaffré, Jean-Pierre. De la Variation en Orthographe [J]. *Etudes de linguistique appliquée*, 2010(159): 309-323.

[194] Jakobson, Roman. *Essai de Linguistique Générale* [M]. Paris: Minuit, 1963.

[195] Jakobson, Roman. *Six leçons sur le son et le sens* [M]. Paris: Minuit, 1976.

[196] Jakobson, Roman. *La Charpente phonique du langage* [M]. Paris: Minuit, 1980.

[197] Launay, Michel. Note sur le dogme de l'arbitraire du signe et ses possibles motivations idéologiques [J]. *Mélanges de la Casa de Velázquez*, 2003(33): 275-286.

[198] Ledent, R. *Comprendre la Sémantique* [M]. Verviers: Marabout, 1974.

[199] Laclau, Ernesto. Articulation du Sens et les Limites de la Métaphore [J]. Centre Sèvres: *Archives de Philosophie*, 2007 (70): 599-624.

[200] Martinet, André. Peut-on dire d'une langue qu'elle est belle? [J]. *Revue d'esthétique*, 1965(1): 227-239.

[201] Martin, Eve. L'éclectisme méthodologique dans l'enseignement/ apprentissage du français en Chine: échanges conceptuels, représentations et

pratiques de classe [M]//FU Rong et al. *Synergies Chine*. Sylvains les Moulins: Gerflint, 2007.

[202] Niklas-Salminen, Aïno. *La Lexicologie* [M]. Paris: Armand Colin, 1997.

[203] Pellat, Jean-Christophe & Rioul, René. *Grammaire méthodique du français* [M]. Paris: PUF, 1994/2004.

[204] Rey, Alain. *Le Petit Robert* [M]. Paris: Robert, 2012.

[205] Rico, Christophe. Le signe, «domaine fermé» [J], *Poétique*, 2005 (144): 387-411.

[206] Robert, Paul. *Dictionnaire alphabétique et analogique de la langue française* [M]. Paris: Société du Nouveau Littré, 1978.

[207] Saussure, Ferdinand de. *Cours de Linguistique Générale* [M]. Édition critique préparée par Tulio de Mauro. Paris: Payot, 1916/1985.

[208] Stosic, Dejan & Fagard, Benjamin. Fomes et sens: de l'unicité à la variabilité[J]. *Langage*, 2012(188): 3-24.

[209] Ullmann, S. *Précis de Sémantique française* [M]. 5e éd. Berne: A. Francke AG. Verlag, 1952/1975.

[210] Vandermeersch, Léon. Écriture et langue graphique en Chine [J]. *Le Débat*, 1990(62): 55-66.

[211] Walter, Henriette. *L'aventure des mots français venus d'ailleurs* [M]. Paris: Robert Laffont, 1997.

[212] Walter, Henriette & Walter, Gérard. *Dictionnaire des mots d'origine étrangère* [M]. Paris: Larousse, 1991.

[213] http://www.logilangue.com/public/Site/clicGrammaire/ListNomsAdjCompos.php.